| 光明社科文库 |

上海参与国家援外研究

（1950—1993）

闫红果◎著

光明日报出版社

图书在版编目（CIP）数据

上海参与国家援外研究：1950—1993 / 闫红果著
. -- 北京：光明日报出版社，2023.8
ISBN 978 - 7 - 5194 - 7434 - 8

Ⅰ. ①上… Ⅱ. ①闫… Ⅲ. ①对外援助—研究—中国
Ⅳ. ①D822.2

中国国家版本馆 CIP 数据核字（2023）第 171832 号

上海参与国家援外研究：1950—1993

SHANGHAI CANYU GUOJIA YUANWAI YANJIU：1950—1993

著　　者：闫红果	
责任编辑：杨　娜	责任校对：杨　茹　乔宇佳
封面设计：中联华文	责任印制：曹　净

出版发行：光明日报出版社

地　　址：北京市西城区永安路 106 号，100050

电　　话：010 - 63169890（咨询），010 - 63131930（邮购）

传　　真：010 - 63131930

网　　址：http：// book. gmw. cn

E - mail：gmrbcbs@ gmw. cn

法律顾问：北京市兰台律师事务所龚柳方律师

印　　刷：三河市华东印刷有限公司

装　　订：三河市华东印刷有限公司

本书如有破损、缺页、装订错误，请与本社联系调换，电话：010-63131930

开　　本：170mm×240mm	
字　　数：287 千字	印　　张：16
版　　次：2023 年 8 月第 1 版	印　　次：2023 年 8 月第 1 次印刷
书　　号：ISBN 978 - 7 - 5194 - 7434 - 8	

定　　价：95.00 元

前　言

　　中国的对外援助"独树一帜"，除坚持平等相待、不附加任何政治条件、互利共赢、注重"授人以渔"等原则与理念外，还可以科学统筹、调配全国各地的资源，为有需要的国家和地区提供真诚帮助。在中央政府强有力的领导下，通过部门间的协作和地方省市的积极参与共同完成援外任务，既是中国援外事业不断发展和走向成功的"秘密"，也为世界上中央集权型国家如何开展对外援助提供了中国经验和中国方案。毫无疑问，主权国家作为最主要的国际行为体，在对外援助中发挥着主导作用。然而，随着经济全球化和区域一体化趋势的加快，国家的权力日渐呈现多向度的流散，作为地方省市的"次国家行为体"，在中央授权和允许下参与对外事务已是不争的事实。在我国这样的社会主义国家中，同样存在着像北京、上海这样的大城市参与国家对外援助的现象，在不同的历史时期，这类主体以"一省包国""项目承包""协作分包""参与援建"等多元化方式充当中央政府对外援助执行人的角色，在国家援外工作中发挥着"不可或缺"的作用。因此，将地方省市作为参与国家援外的一个主体进行考察，对进一步挖掘中国对外援助的生动例证和实践细节具有重要意义。

　　本书由浙江生态文明干部学院党建教研室副教授闫红果博士撰写，全书坚持理论—实证—对策分析的思路，行文逻辑主要包括以下三点：

　　其一，理论溯源。马克思"共同体"理论和马克思主义经典作家关于国家结构的学说，对"次国家行为体"如何参与国家的对外援助提供了方向指导和原则遵循。中国共产党人继承并发展了这一理论与学说，均十分注重妥善处理好在援外工作中地方省市与中央之间的关系，并始终强调地方参与援外工作必须服从服务于国家援外工作的大局。在我国，地方参与国家对外援助有其内在的逻辑：中央政府的授权，是地方开展对外援助的合法性来源，所谓"参与"，在本质上是一种"有限参与"；地方"参与权"的获得，需通盘考虑国家层面的需要和地方的实际与实力，是中央与地方间互动选择的结果；地方参与国家援外的方式是多元化的，但"全国一盘棋"的思维决定了"分工协作"是地方参与国家援外的主要方式；地方参与国家援外与国家援外之间存在着对立统一性，一般情况下，地方参与国家援外有助于国家对外战略利益的实现，但地方政府因"争利"而不惜职能"越界"或行为"膨胀"，极有可能扰乱中央的援外战略部署，无益于国家利益的实现。基于对上述理论的解读和逻辑的认知，本书主要运用历史分析法、档案文献梳理法、典型个案研究法，全面回顾了1950—1993年作为"次国家行为体"的上海市参与国家对外援助的风雨历程。

　　其二，实证分析。新中国成立之初，帝国主义对我国进行全方位的封锁，通过对外援助争取一个和平的外部环境尤为必要。1950年，中国除对朝鲜、越南提供物资援助外，还组织动员全国各地广泛开展抗美援朝运动。作为新中国的"王牌"城市，上海市于1950年向朝鲜提供了一批医药器械援助，并在1950—1954年通过捐献武器、募捐吃穿用品、派遣医疗救援队、动员青年志愿参军等方式支援抗美援朝斗争，为保卫国家安全和支援朝鲜的民族解放事业做出了重要贡献；万隆会议之后，中国与民族主义国家建立了联系，对外援助的范围有所扩大，上海市也被赋予更多的援外任务。在"总交货人部制"下，上海以援建成套项目、提供成套设备、派遣援外专家、为受援国培训实习生的方式对社会主义国家和部分民族主义国家提供援助，有力展示了新中国的良好形象；"对外经济技术援助八项原则"提出后，中国与第三世界国家联系有所加强，尤其是1971年中国在联合国合法席位恢复后，一些国家纷纷向我国提出援助请求，上海参与国家援外的力度也急剧增长，并在20世纪70年代中后期迎来高峰。援外弊端显现后，国家以"适度"和"提质"为目标对援外工作进行了调整，上海的援外力度也随之收缩，并按照中央的要求在1978年停止了对越南和阿尔巴尼亚这两个"反华"国家的援助。在"承建部负责制"下，上海为第三世界国家援建了大量的成套项目，对外一般物资援助的势头强劲，同时开启了对外多边援助的脚步，为扩大中国在世界的影响力发挥了重要作用；改革开放后，随着国家工作重心的转移，我国对外援助逐步淡化意识形态的影响，日益突出经济属性，为适应这一变化，上海除继续承担国家援外成套项目任务外，还通过对外承包工程和劳务人员输出等方式积极开展多种形式的经济技术合作。同时，对外一般物资援助继续发展，对外紧急人道主义援助进一步展开。而在"承包责任制"下，上海参与国家援外的多元互动模式，成功激发了援外主体的能动性，在促进我国与受援国之间经济互惠、政治互信以及扩大上海在国际社会的影响力等方面发挥了重要作用。

　　其三，发展展望。当今时代，面对世情、国情的重大变化，上海积极响应国家号召，不断提升对外开放水平，相继出台《关于上海加快实施走出去战略的指导意见》《上海服务国家"一带一路"建设发挥桥头堡作用行动方案》等政策，在服务国家经济社会发展的同时，也在不断拓展对外经济技术合作，组织加大对外医疗援助力度，深化与发展中国家的人力资源开发合作，努力提升对外紧急人道主义援助水平和援外志愿服务质量，为推动构建"人类命运共同体"发挥积极作用。客观而言，上海在参与国家的对外援助中，既有自身特点和成功经验，也存在工作上的失误和教训，但实现国家利益、维护国家利益始终是上海参与国家援外的主要目标。借助对外援助这一工具，上海市较好地实现了这个目标，为推动我国政治、经济、社会建设与发展，做出了重要贡献。同时需要看到，在不同的历史时期，上海对外援助关注的国家利益侧重点是不同的。在计划经济时代，上海参与国家援外旨在维护国家安定与国家政治利益；进入改革开放时期，上海参与国家援外重在服务国家经济建设与经济利益。此外，通过对外援助，上海市在维护国家根本利益的同时，也注重谋求自身的发展，尤其是改革开放之后，上海市在对外经济技术援助与对外经济技术合作中，也开始重视运用"两种资源""两个市场"来发展地方经济，甚至一度出现了与国家"争利"、片面强调经济利益的倾向。面对一些问题和教训，上海市曾进行了补救，当时的收效也较为明显。进入新时代，上海在参与国家对外援助中，应在援外理念、援外主体结构、援外渠道、援外机制、援外宣传等层面做进一步改进和完善。

本专著的出版得到浙江生态文明干部学院领导的关心和支持，本专著的选题属于马克思主义理论学科。

目 录
CONTENTS

绪　论

一直以来，党和政府十分重视地方层面的外事工作，并将其视为国家外事工作中不可或缺的组成部分。中国特色社会主义进入新时代以来，以习近平同志为核心的党中央高度重视地方外事工作，并就妥善处理好中央与地方在外事工作中的关系提出了一系列重要论断。2017 年 10 月 18 日，习近平总书记在党的十九大报告中指出："加强同各国政党和政治组织的交流合作，推进人大、政协、军队、地方、人民团体等的对外交往。"① 2018 年 5 月 15 日，习近平总书记在主持召开中央外事工作委员会第一次会议时强调："地方外事工作是党和国家对外工作的重要组成部分，对推动对外交往合作、促进地方改革发展具有重要意义。要在中央外事工作委员会集中统一领导下，统筹做好地方外事工作，从全局高度集中调度、合理配置各地资源，有目标、有步骤推进相关工作。"②

在地方各项外事工作中，地方省市作为"次国家行为体"积极承担或参与国家的对外援助早已是"不争的事实"，也是地方开展外事工作的重要着力点。然而，在我国这样的中央集权型社会主义国家中，地方参与国家援外本质上属于一种"有限参与"，中央政府的授权和允许是地方开展对外援助的前提，没有或失去这个前提，地方的对外援助便丧失了合法性。另外，中国地大物博，东西南北之间差异明显，各省、市、自治区等地方单位也各有所长，中央与地方之间各具优势。因此，开展对外援助不单单是国家的任务，参与或分担相应的援外任务也是地方义不容辞的责任。

除国家对外援助的现实需要之外，地方作为"次国家行为体"，能否成功充当国家援外执行人的角色与地方自身的实力和发展优势密切相关。在不同的历史时期，像上海这样的大城市，由于工业基础较好、经济实力雄厚、对外联系

---

① 习近平 . 决胜全面建成小康社会 夺取新时代中国特色社会主义伟大胜利［M］. 北京：人民出版社，2017：60.

② 习近平 . 习近平谈治国理政：第 3 卷［M］. 北京：外文出版社，2020：425.

强度大等，在我国对外援助中发挥着十分重要的作用。将上海作为"次国家行为体"，探讨其参与国家对外援助的具体状况具有一定的代表性，将这一典型的个案详细解剖，也可以为地方如何更好地参与国家对外援助提供有益参考。

此外，从我国对外援助的发展历程来看，1993年是非常特殊的年份，这一年我国对外经济贸易部印发了《关于我部改革援外管理体制的通知》，将对外经济贸易部改为对外贸易经济合作部，对援外项目实行企业总承包责任制。至此，我国援外管理体制先后实现了由"总交货人部制"到"承建部负责制"再到"承包责任制"的转变，且"承包责任制"得到进一步完善。考察1950—1993年上海参与国家援外状况，可以较完整地分析我国援外管理体制的变化，加之博士论文篇幅所限，笔者将以上海为研究个案，详细考察1950—1993年"次国家行为体"参与国家对外援助的发展历程、重点领域、主要模式和具体方式，总结其中的成功经验和失败教训，并为"次国家行为体"参与对外援助探索新的规律之道。

一、问题提出

诚如学者周弘所言："对外援助是跨越国界的财政转移，牵涉众多的跨国行为者、复杂的利益关系、烦琐的行为规则和行为方式，以及厚重的历史背景和特殊的国家间关系。"[①] 毫无疑问，在众多的跨国行为者当中，代表整体的主权国家是对外援助的主要国际行为体。而作为构成主权国家各个部分的地方省市，无疑是连接国家内政与外交的纽带，在对外援助活动中扮演着不可或缺的角色。尤其是改革开放之后，在国家政策的指引下，中国各省市与外部世界的联系普遍加强，各地在吸收、内化国际资源谋求发展的同时，也通过"一省包国""项目承包""协作分包""参与援建"等方式积极参与国家的对外援助，充当中央政府对外援助执行人的角色。

新中国成立后，上海作为工业基础相对雄厚的大城市之一，为国家对亚洲、非洲、拉丁美洲提供具体的经济技术援助和开展经济技术合作发挥了重要作用。对于这一论断，不仅获得了政界认可，学界也达成了共识。1987年的"上海国际关系讨论会"，便对上海的对外经济技术合作情况进行了专门探讨。仅从对外经济技术援助角度而言，包括上海在内的许多中国省市在历史时期，乃至今天都为中国的对外援助事业做出了重要贡献。大量的新闻报道、商务部等官方部门已公布的统计数据、学界已有的研究成果，以及中央与地方档案馆披露的档

[①] 周弘. 外援书札［M］. 北京：中国社会科学出版社，2015：自序1.

案资料等，也为研究中国对外援助中的地方实践提供了可能。

从学界的研究来看，对外援助当前颇受学者们的关注，但研究的重点多聚焦在援外战略和援助理念等宏观层面，微观层面的研究或案例方面的研究并不多，专门从"次国家行为体"的视角探讨地方省市参与国家援外的研究更为不足。对于"次国家行为体"缘何要参与国家援外以及如何参与国家援外等问题，有待学界从不同视角展开进一步掘进。同时，需要注意的是，在中国的政治语境下，地方省市参与国家对外援助绝非一种纯粹的自主行为，而是在中央政府强有力的领导下，以"次国家行为体"的身份，在得到中央的授权和允许后，依法、依规、有序地开展对外援助活动。在国家的对外援助中，"次国家行为体"参与援外的动机何在，方式有哪些，经历了哪些历程与变化，在不同时期的援外活动中地方与中央之间的关系呈现什么样的发展态势？认识和把握这些问题，亟须学界提供相关个案研究。为此，本书选取上海市作为"次国家行为体"，尝试从马克思主义经典作家"共同体"理论和国家结构理论入手，具体考察1950—1993年上海市参与国家对外援助的理论依据、风雨历程、成败经验，并就当下"次国家行为体"如何更好地参与国家援外提出相关对策建议。

二、研究意义

对于研究1950—1993年"地方参与国家援外"这一课题的意义，笔者认为至少可以从理论维度、现实维度、地方维度三个层面进行考察。

（一）理论维度层面，本书是对"地方参与对外关系"理论的有益探索

众所周知，以主权国家为主的国家行为体和以国际组织、跨国集团等为代表的非国家行为体，是构成国际关系行为体的主要部分。但也有学者认为，地方政府也是组成国际关系行为体不可或缺的部分，如美国学者卡伦·明斯特和伊万·阿雷奎恩-托夫特强调："国际关系中的各种行为体不仅包括今日世界上公认的193个国家及其领导人和政府机构，还包括市政当局、营利性和非营利性私人组织、国际组织……"[①] 然而，在实际运作层面，由于外交权与主权国家的高度关联性，对外行使外交权的往往是主权国家，而非地方政府这类"次国家行为体"。因此，地方在对外事务中具有明显的"依附性"，其活动范围往往被框定在"国家"的边界之内。这反映在国际关系学科中，主要体现为地方部门是国际关系研究中的被动角色和被消解的对象，不在重要研究对象之列，而对主权国家间关系的研究，仍然是国际关系学科关注的中心与焦点。

---

① 明斯特，托夫特.国际关系精要：第7版［M］.上海：上海人民出版社，2018：2.

伴随着全球化进程的加快和多元化治理理论的兴起，地方政府间的竞争和地方政府改革成为无法回避的"时代议题"，这反映在学界也随之出现了诸如地方政府学、微观市政学等政治学学科分支。尤其是在西方国家，关于州与联邦的关系、地方部门改革、地方政治等成为学界研究的重要内容。但整体而言，侧重国内行政改革研究和比较政治研究，对地方参与对外关系的关注度不高。

具体到中国而言，伴随着改革开放的步伐，包括政治学、国际关系学在内的哲学社会科学在国内出现了欣欣向荣的发展势头，围绕中央与地方财政分权、社会治理重心下移、区域竞争加剧等问题，学界产生了从政治学、经济学、管理学等多个学科研究地方政治、地方经济、地方治理、地方与国家关系的重要成果。但从宏观层面来看，关于地方与中央关系的探讨多聚焦在个别学科和个别领域，尚未形成完整的系统和可观的规模，仍然存在较大的研究空间。就我国的国际关系学科而言，新的研究视角、研究领域得以拓展，相关学术成果丰厚。但由于我国的国情、国家政治制度的特殊性以及地方外事授权有限性原则，导致"地方参与对外关系"理论、实践层面的研究相对滞后，且比较分散，尤其是如何从地方角度认识新中国开展对外援助、发展对外关系、实施对外战略，这方面的研究存在较大的可挖掘空间。本书通过对1950—1993年中国对外援助中上海角色的考察，旨在从地方角度梳理分析新中国的援外实践活动，对国家进一步整合对外援助中可利用的地方资源，以及地方如何配合国家对外战略，均有一定的借鉴意义和参考价值。

（二）现实维度层面，本书是对"中国援外"有关争议的有力回应

作为世界上最大的发展中国家，中国历来重视对外援助工作，自1950年开始实施援外活动至今，虽然在不同的历史时期，我国的援外战略与援外政策不尽相同，但中国以对外援助的方式为帮助欠发达国家发展、维护地区稳定、共建"人类命运共同体"所做的贡献有目共睹。然而，随着中国日益成为对外援助的"新兴大国"，中国帮助欠发达国家发展、通过与发展中国家合作以引导其自力更生的义举往往被西方守成大国"误解"和"打压"，导致中国的对外援助事业经常受到这样或那样的质疑。尤其是围绕"援外模式"之争和"援外空间"竞争，中国对非洲国家提供的发展援助，备受西方一些守成大国的争议、质疑甚至是污蔑。同时，从国内层面来看，在历史时期，新中国的对外援助力度与规模一度超过国力可承受的范围，对此民众存在疑惑，在新时代，对中国在不平衡、不充分发展以及脱贫攻坚任务十分繁重的前提下依然加大对外援助的力度，民众表示不解，甚至当前社会存在一定的负面情绪。

中国的对外援助事业，之所以在一定程度上受到国内、国外的争议，既是

大国角力的策略使然，也与政界、学界、媒体界不能够更好地向世界说明中国有关。就学界而言，既需要加强宏观理论层面的研究，从整体层面解读中国对外援助的战略、政策、理念，努力构建"中国援外"理论体系和学术话语权，也需要加强实践层面的研究，积极寻找中国对外援助的生动例证，不断掘进"中国援外"的细节。为此，梳理总结 1950—1993 年中国对外援助的上海实践，从地方的视角客观解读这一时期中国对外援助的动机与初心，对及时回应西方一些国家的"武断"言论，消除国内民众的困惑与不解，从而更好地向世界说明中国，更好地引导民众理解国家的对外战略，均具有重要意义。

（三）地方维度层面，本书是提升上海在世界上"软实力"的有效举措

美国著名学者约瑟夫·奈（Josephs Nye）率先提出了"软实力"的理论，他认为"软实力"是一种能力，"是一种依靠吸引力而非通过威逼或利诱的手段来达到目标的能力"①。"软实力"理论的出场，对全球城市建设产生了深刻影响，西方发达国家纷纷转变传统的城市设计、建设理念，在追求城市经济指标和注重城市基础设施建设等方面的同时，日益重视城市文化的挖掘、精神的培育以及城市形象的宣传，并以此作为意识形态输出和文化影响的新方式，从而不断塑造一座城市在国际社会的"软实力"和"知名度"。"软实力"理论对全球城市建设，尤其是大都市建设产生了新启示并提出了新要求，挖掘一座城市对国际社会的贡献，客观理性地解读一座城市对促进世界和平与发展事业产生的积极影响，是在世界范围内塑造城市文化"软实力"的重要举措。

毋庸置疑，在激烈的全球城市竞争中，上海十分注重城市文化"软实力"建设。《上海市城市总体规划（2017—2035 年）》中明确提出，要将上海建设成卓越的全球城市、具有世界影响力的社会主义现代化国际大都市。其中，创新、人文、生态是上海不可或缺的城市元素。而上海的人文精神，既体现在"百年中国看上海"的发展史当中，也厚植在新中国成立后上海挑起中国对外援助重担的伟大实践中。自 20 世纪 50 年代开始，上海凭借自身的经济实力和工业优势，以援建成套项目、提供一般物资、人力资源开发等援外方式，对亚、非、拉、东欧等第三世界国家和社会主义国家进行援助，成为新中国对外经济技术援助事业中不可或缺的角色，为有效配合国家外交工作和实施对外战略发挥了重要作用。对 1950—1993 年中国对外援助中上海实践的考察，不但有助于勾起历史记忆与反思，而且能够向世界展示上海在国家对外援助中的历史角色，以及上海以对外援助的形式为世界和平发展事业所做贡献的"立体画卷"，从而

① 约瑟夫·奈．软实力［M］．马娟娟，译．北京：中信出版社，2013：12.

唤醒受援国，乃至国际社会对这座城市的"尊重"和重新认知，不断塑造上海在世界范围内的城市文化"软实力"。

三、相关概念辨析

（一）对外援助

对外援助，简称"援外"，其概念的界定，学界尚未形成统一的认识，国内、国外也存在着不同的称谓并赋予其不同的内涵。据《辞海》中的解释，"援"含有"救助"的意思。① 《现代汉语词典》第 7 版认为"援助"指的是"支援帮助"。② 商务印书馆 1996 年修订出版的《现代汉语词典》对"援外"进行了界定，认为是在经济、技术等方面支援外国。③ 这一界定基本说明了对外援助的内涵，但对"谁支援"没有进行回答，且以"外国"作为支援对象也显得较为单一。

英国学者约翰·怀特（John Wyatt）主张从主权国家的角度考察对外援助的内涵，认为对外援助"只能严格地用来指一个国家的人民或机构对另一个国家的人民或机构所实施的帮助或计划进行帮助的行为"④。在这里，实施对外援助的主体，是主权国家而不包括国际组织、民间协会等其他主体形式。也有外国学者主张从宏观意义上认识对外援助，如兰凯斯特理解为："一个政府、非政府组织或国际组织，将资源转移到另外一个政府、非政府组织或国际组织，其目的是改善受援国的民生。"⑤ 在我国，有学者强调要从广义上理解对外援助的概念，如陈金明认为："它是指一个国家、国家集团或国际组织对发展中国家以优惠的方式所给予的物资、设备、资金和技术等，帮助受援国发展民族经济和提高社会福利，或达到援助国特定目标的一种手段。"⑥ 这一界定将主权国家、国家集团和国际组织纳入援外主体的范畴，并将受援国限定为发展中国家。也有学者强调援外的主体一般仅指主权国家，如丁韶彬认为："对外援助最常用的含义，通常指主权国家提供的包括发展援助、军事援助、人道主义援助等各种形

① 辞海编辑委员会. 辞海：第 2 册［M］. 彩图本. 上海：上海辞书出版社，1999：1911.
② 中国社会科学院语言研究所词典编辑室. 现代汉语词典［M］. 第 7 版. 北京：商务印书馆，2016：1613.
③ 中国社会科学院语言研究所词典编辑室. 现代汉语词典［M］. 修订本. 北京：商务印书馆，1996：1551.
④ 张郁慧. 中国对外援助研究［D］. 北京：中央党校，2006：12.
⑤ 陈莹. 冷战后国际社会对东南亚的援助［M］. 北京：世界知识出版社，2017：56.
⑥ 陈金明. 新中国外援战略研究［M］. 北京：中国社会科学出版社，2009：36.

式在内的援助。"① 而商务部 2014 年 12 月 15 日施行的《对外援助管理办法（试行）》中，第一章第二条明确规定："对外援助是指使用政府对外援助资金（以下称援外资金）向受援方提供经济、技术、物资、人才和管理等支持的活动。"②

关于对外援助的称谓，不同国家和地区间也存在着明显的差异。美国自实施"马歇尔计划"后多在官方表述中使用"对外援助"的概念；国际组织和部分西欧国家倾向于使用"官方发展援助（ODA）"或"发展援助"；北欧国家则喜欢用"发展合作"的称谓；在历史时期，中国的对外援助被称为"对外经济技术援助"，现官方文件中一般用"对外援助"统一表述。

关于对外援助的类型，学者们也存在着不同的理解。周弘认为，流向外国的援助可以分为官方发展援助、其他政府间援助（人道主义援助、其他官方资金流动等）、非政府援助（包括私人援助和基金会捐赠）。③ 陈金明根据不同的标准，从四个角度对对外援助进行了划分。以援外内容为准，分为直接军事援助、经济技术援助、医疗卫生及教育援助；以援外形式为准，分为双边援助和多边援助；以"国家内部因素外化理论"为准，分为人道主义、现实主义、激进主义援助；以援外主体为准，分为官方发展援助、非政府组织和企业及个人提供的对外援助。④

学界和政界关于"对外援助"概念的研究与认定，为本书界定这一概念提供了基础和参考。考虑到对外援助的复杂性和本书的学术语境，并在借鉴前人相关研究的基础上，笔者认为：对外援助是指一个国家的政府、社会组织、企业、团体协会乃至个人出于政治、经济、文化、人道主义等方面的动机，以优惠或无偿的方式向受援国或者受援地区提供有形帮助的活动。把握这一概念，需要注意以下四个方面。一是对援助方的把握。实施对外援助行为的主体是多元化的，包括官方的和非官方的，但以政府官方部门为主。这里的政府既包括中央政府，又包括地方政府。二是对受援方的把握。受援方既包括受到援助的主权国家，也包括世界上其他的一些民族地区。三是对援外目的的把握。对外

---

① 丁韶彬. 大国对外援助：社会交换论的视角 [M]. 北京：社会科学文献出版社，2010：13.

② 商务部条约法律司. 商务部令 2014 年第 5 号《对外援助管理办法（试行）》 [A/OL]. (2015-10-30) [2019-12-31]. http://yws.mofcom.gov.cn/article/jyjl/201510/20151001151563.shtml.

③ 周弘，张浚，张敏. 外援在中国 [M]. 北京：社会科学文献出版社，2007：37-40.

④ 陈金明. 新中国外援战略研究 [M]. 北京：中国社会科学出版社，2009：37.

援助是基于援助方的现实利益而展开的，尤其是政府提供的对外援助，是国内政治的延续，主要是为了配合国家外交工作和实现对外战略利益的需要。即便是具有无偿性质的紧急人道主义援助，在维护援助方在国际社会的良好形象方面也发挥着重要作用。四是对援外内容的把握。主要包括资金、物资、技术、贸易等有形的客体，无形的内容，如声援、慰问等本书不归入援外的范畴。五是对援外方式的把握。本书以《中国的对外援助（2014）》白皮书中指出的 8 种方式为准，包括成套项目、一般物资、技术合作、人力资源开发合作、援外医疗队、紧急人道主义援助、援外志愿者和债务减免。① 需要说明的是，这些援助方式均带有优惠或无偿的性质。

（二）次国家行为体

学界对"次国家行为体"概念及理论的关注，是伴随着国际关系理论的发展和外交实践的深入而展开的。在传统的国际关系理论中，主权国家在国际政治中的行为始终是主要的研究对象。有学者强调："即使在今天，对国家行为重要意义的强调仍不为过分，因为主权国家仍然是国际社会中最基本、最重要也是最有能量的行为主体。"② 然而，在经济全球化和区域一体化的大背景下，国家的权力产生了多向度的流散，国家内部的政治单位参与到全球事务或区域事务中来已是不争的事实。实践的变革催生理论的创新，自 20 世纪 80 年代开始，国内外学者从不同的角度对"次国家行为体"进行了研究和解读。

最先向"国家中心"范式提出挑战的是约瑟夫·奈与罗伯特·基欧汉（Robert O. Keohane）提出的"复合相互依赖理论"。在《权力与相互依赖》一书中，他们认为国际关系行为体出现了多元化的趋势，除了主权国家外，次国家行为体、跨国公司、国际组织等机构实体也是国际关系的参与者。詹姆斯·罗西瑙（James N. Rosenau）则提出"两枝世界理论"，认为当今世界"一体化"与"分散化"并存，"国家行为体"与"次国家行为体"对等，两者间的相互作用突出了"次国家行为体"的作用，并对世界政治产生重要影响。③ 赫德利·布尔（Hedley Bull）则认为："可以把世界政治体系理解为一个世界性的互动网络，它不仅包括国家，也包括在国家'之上'或在国家'之下'的政治

---

① 中华人民共和国国务院新闻办公室. 中国的对外援助（2014）［M］. 北京：人民出版社，2014：5.
② 苏长和. 非国家行为体与当代国际政治［J］. 欧洲，1998（1）：4.
③ ROSENAU J N. Distant Proximities, Dynamics beyond Globalization ［M］. Princeton：Princeton University Press，2003：78.

行为体。"① 1993 年 11 月，随着《马斯特里赫特条约》的正式生效，欧盟宣告正式成立，这一"超国家行为体"的出现，更是冲击了"国家中心主义"的论断。以欧盟为研究样本，加里·马克斯和利斯贝特·胡格提出了"多层治理理论"，认为在"超国家行为体"的发展中，单一主权国家的权力存在向上或向下让渡的现象，"次国家行为体"同样是参与决策的重要行为体。

也有学者就"次国家行为体"对外关系理论进行了研究，主要包括"平行外交"理论与"多层外交"理论这两种具有代表性的观点。帕纳耀惕·索尔达托（Panayotos Soldatos）与伊夫·杜恰切克（Ivo D. Duchacek）等人提出了"平行外交"理论，认为地方政府作为"次国家行为体"的一个典型代表，可以从事平行于中央政府外交的国际活动，地方政府外交活动与中央政府外交活动是对立统一的关系。② 与此观点针锋相对的是布雷恩·霍金（Brain Hocking）提出的"多层外交"理论，强调"次国家行为体"与跨国公司不同，并不是一个独立自主的国际行为体，该行为体必须在地方、国家、国际层面进行多层博弈才能实现自身的政策目标。③

对于"次国家行为体"，我国学者陈志敏、苏长和、杨洁勉等人也进行了深入研究，尽管理论视角与研究侧重点有所差异，但均聚焦国家权力多向度分散的现象和趋势。

如何界定"次国家行为体"这一概念呢？学界的认识可谓见仁见智。从国家外交与国际政治的角度出发，在考察这一概念的过程中，首先需要从"国际关系行为体"谈起。有学者指出："国际关系行为体是指世界舞台上能够独立参与国际事务，独立行使国际权利，承担国际责任和义务的实体。"④ 也有学者持相似的观点，认为"国际关系行为体是指能够独立地参加国际事务并发挥影响和作用的政治实体"⑤。一个机构或组织要想成为"国际关系行为体"，至少要满足以下三个条件，即组织结构和存在形式稳定且有一定的实力、拥有独立自主权与决策权、具备独立的对外行为能力。按照这种标准，"国际关系行为体"主要分为主权国家、非国家行为体。很显然，两者间存在明显的区别，"国家行

---

① 布尔. 无政府社会：世界政治秩序研究［M］. 北京：世界知识出版社，2003：204.

② DUCHACEK I D. Perforated Sovereign Ties：Towards a Typology of New Actors in International Relations ［M］//MICHELMANN H J, SOLDATOS P. Federalism and International Relations：The Role of Subnational Units. Oxford：Oxford University Press, 2001：32.

③ HOCKING B. Localizing Foreign Policy：Noncentral Governments and Multilayered Diplomacy ［M］. London：The Mac Millan Press Limited, 1993：34-35.

④ 邢悦. 国际关系学入门［M］. 北京：北京大学出版社，2011：81.

⑤ 蔡拓. 国际关系学［M］. 北京：高等教育出版社，2011：47.

为体就是指国家，它是国际政治最基本的行为体，除此之外的非国家行为体则包括有国际组织、争取独立的民族和跨国公司等"①。《外交辞典》则对"非国家行为体"这一概念进行了明确的界定，认为其是"寻求对一个或多个国家的国际决定和政策产生影响的实体或团体"②。它包括国际组织、非政府组织、多国公司、谋求解放与独立的武装力量或恐怖团体，以及个人等。

何为"次国家行为体"呢？我国学者从"次国家政府"角度进行了解读，认为："'次国家政府'一词指那些只在一国局部领土上行使管辖权的政府，即所有在中央政府以下的各级政府。"③ 很显然，这里包括单一制国家中的各级地方政府以及联邦制国家中的联邦成员单位等。也有研究者指出："次国家行为体则由地方政府、社会组织、民间组织、公司和企业等行为体组成，城市是地方政府中的次国家行为体。"④笔者认为，"次国家行为体"首先属于"国家行为体"，它与"非国家行为体"既有区别又有联系，是"国际关系行为体"的重要组成部分。结合中国的政治语境以及本书的范围，笔者倾向于将"次国家行为体"视为陈志敏老师提到的"次国家政府"，具体是指在中央政府的领导和授权下，在国家一定地域与范围的领土上行使管辖权的省一级政府及其领导的各种力量。

（三）央地关系

伴随着国家纵向层面权力的划分，央地关系成为人们热议的话题。董娟认为："央地关系是一国中央与地方政府在行使各自职能过程中所形成的一系列复杂动态关系的总和。"⑤ 也有学者将我国的央地关系理解为同一个组织上下不同层级的关系，这种关系为"委托—代理"的关系。"中央是国家治理的委托方，地方则是代理方。地方运用中央授予的权威来实现中央规定的任务，中央则回报给地方以部分利益。"⑥ 张斌则认为："中央与地方关系的本质是国家权力在中央地方之间的纵向配置，其内容包括行政区划、政府级次、政府间财政关系等多个方面。"⑦ 众所周知，我国实行单一制的国家结构形式，在这种制度之下，央地关系呈现什么样的特点呢？朱旭峰和吴冠生认为，我国的央地关系调

---

① 梁云祥. 国际关系与国际法［M］. 北京：北京大学出版社，2012：52.
② 贝里奇，詹姆斯. 外交辞典［M］. 北京：北京大学出版社，2008：201.
③ 陈志敏. 次国家政府与对外事务［M］. 北京：长征出版社，2001：5.
④ 黄海涛. 中新合作中城市次国家行为体的地位与作用：以中新广州"知识城"为例［J］. 东南亚研究，2020（3）：116.
⑤ 董娟. 多学科视角下央地关系研究述评［J］. 北京行政学院学报，2013（1）：34.
⑥ 张璋. 基于央地关系分析大国治理的制度逻辑［J］. 中国人民大学学报，2017（4）：91.
⑦ 张斌. 央地关系的演进脉络［J］. 人民论坛，2018（33）：32.

整旨在充分调动中央和地方的积极性,具有"复杂且灵活的动态调整"特征,如采取渐进式的集(分)权、有选择的集(分)权、差异化的集(分)权。① 关于央地关系在不同时期的表现,也有学者进行了专门的研究。如李康对新中国成立以来"央地关系"的历史演变进行了系统的总结,认为1949—1977年计划经济时期,"集权"与"放权"的循环往复是央地关系的典型写照;1978—2012年,中央与地方围绕行政性分权、经济性分权展开博弈;2013年进入全面深化改革阶段之后,央地关系日益走向制度化、法治化的道路。②

2018年3月11日,中华人民共和国第十三届全国人民代表大会第一次会议通过的《中华人民共和国宪法修正案》中继续强调,我国的国家机构实行民主集中制原则,在中央和地方的国家机构职权划分上,遵循在中央的统一领导下,充分发挥地方的主动性、积极性的原则。

(四)外交权与外事权

毋庸置疑,外交权是国家主权的一部分,对这一论断的理解,国内外社会普遍存在着共识。英国学者杰夫·贝里奇(G. R. Berridge)在其著作《外交辞典》中对外交的概念进行了专门的界定,即"主权国家之间通过国内和驻外官员进行的交往活动"③。我国学者鲁毅等人认为:"外交是以主权国家为主体,通过正式代表国家的机构与人员的官方行为……广而言之,外交指任何以主权国家为主体,通过和平方式,对国家间关系和国际事务的处理。"④ 在这里,学者们一致认为主权国家是实施外交行为的主体。

关于外交权,洛克(Locke)在自己的著作《政府论》中有相关的表述,他将国家权力分为三种,立法权、行政权和对外权。这里的对外权在洛克看来即外交权,"是与外交有关的宣战、媾和和订约等权力"⑤。对外权因国家而产生并被国家赋予合法性,具有明显的"依附性"。而在大多数国家,对外权(外交权)被并入行政权的范畴,成为政府部门管理对外事务的重要部分。与联邦制和邦联制国家不同,我国是实行单一制的国家。在这一体制下,"国家整体才是国际交往中的主体代表"⑥,因此,外交权由中央机关统一行使,地方政府和自

---

① 朱旭峰,吴冠生. 中国特色的央地关系:演变与特点 [J]. 治理研究, 2018 (2): 50.
② 李康. 新中国70年来经济发展模式的关键:央地关系的演进与变革 [J]. 经济学家, 2019 (10): 19-22.
③ 贝里奇,詹姆斯. 外交辞典 [M]. 北京:北京大学出版社, 2008: 76.
④ 鲁毅,黄金祺,等. 外交学概论 [M]. 北京:世界知识出版社, 2004: 5.
⑤ 洛克. 政府论:下篇 [M]. 北京:商务印书馆, 2009: 14.
⑥ 田旭明. 当代中华民族凝聚力研究 [M]. 北京:人民出版社, 2016: 216.

治地区对外不具有独立性，故不拥有独立的外交权。具体而言，我国的外交权归国务院行使，由国务院管理对外事务，保护华侨、归侨、侨眷的权利与利益。①

　　然而，考虑到国家统一的需要和地区的差异性，在外交权归中央的前提下，我国地方享有一定的外事权。外事权是中央依法授予地方拥有的对外进行经济、人文、科技等交流与合作的权力。比如，在外交权归属中央的原则下，澳门享有在经贸、文化等领域依法处理对外事务的权力。② 同样，"在外交权属于中央的原则下，授予香港特别行政区处理对外事务的权力"③。在对外关系层面，外交权和外事权均含有对外开展经贸、人文等领域交流与合作的成分，但二者存在着根本区别。就我国而言，在存在形式层面，外交权是国家主权的一部分，被国家和国际社会认可，而外事权必须被中央政府依法授予才得以存在、才具有合法性；在权力归属层面，外交权归中央独有，外事权多归中央下辖的地方政府所有；在内容属性层面，外交权属于政治性事务的范畴，而外事权多属于非政治性事务的范畴；在利益表达层面，外交权代表整个国家的利益，外事权多以维护地方利益为主；在实际效力层面，外交权与国家共存亡，具有长期性、常态性，外事权因中央政府的依法临时授权而生，具有明显的临时性、偶然性。

四、国内外研究现状综述

（一）国外研究现状

1. 国外有关对外援助理论的研究

　　随着第二次世界大战的结束，考虑和着手战后重建成为国际社会普遍关心的议题，为此美国于 1947 年 7 月正式启动了"欧洲复兴计划"，即"马歇尔计划"，旨在向被战争破坏的欧洲国家提供经济援助以帮助其实现战后恢复与重建。随后在 1949 年 1 月，美国总统杜鲁门（Truman）在就职演说中提出美国外交的"四点行动计划"，其中，"第四点计划"旨在向经济不发达地区提供技术援助和生产性投资与开发。毋庸置疑，美国这两大计划，对当时欧洲的恢复重建和不发达地区状况的改善起到了十分重要的作用，对世界政治经济的发展影响深远。在此背景下，对外援助和"南北合作"也日益引起各界的关注与重视，学界一些经济学家和政治学家躬耕于这方面的研究，试图从不同的层面解释这

---

①　杨凤春. 图解中国政治［M］. 北京：人民出版社，2014：246.

②　吴邦国. 吴邦国论人大工作：下［M］. 北京：人民出版社，2017：702.

③　中共中央文献研究室. 十六大以来重要文献选编：下［M］. 北京：中央文献出版社，2008：1144.

一现象。从早期来看，西方国家有关对外援助的理论成果主要有：汉密尔顿·弗利德曼（Milten Friedman）的《国际经济援助：方式和目的》①，汉斯·摩根索（Hans Morgenthau）的《对外援助政策理论》②，大卫·鲍德温（David A. Baldwin）的《对外援助和国际政治的分析》③ 以及塞缪尔·亨廷顿（Samuel P. Huntington）的《为了什么和为了谁而进行对外援助》④ 等。此后，在国际政治与国际关系学的研究中，对外援助理论呈现多元化发展趋势，形成国家利益理论、受援国中心论、超国家理论、国家内部因素外化理论等竞相发展的局面。

一是国家利益理论。国家利益理论以现实主义的理论为典型代表，持这一理论的代表人物有摩根索、华尔兹（Waltz）、多斯桑托斯等人。该理论认为对外援助作为国家对外政策的重要工具，是维护民族生存、保障国家安全与主权的重要手段。在国际现实主义大师摩根索看来，对外援助本质上是政治性的，其战略目标都是为了维护和促进国家利益。⑤ 华尔兹进一步补充，认为对外援助是世界大国谋求霸权的工具，军事援助和经济援助都是为了维护援助国的安全与国力，服务于理想的国际秩序的构建。⑥ 多斯桑托斯认为对外援助是调解和平衡援助国与受援国之间贸易差额的重要手段，但这种调解与平衡最终维护的是援助国的利益。帝国主义国家的政府（亦即这些国家的纳税人），以"对外援助""国际贷款"等形式为这种不平等贸易提供资金，从而得以补偿这些巨额差额。只有这样，这种严重剥削性的不平等的世界贸易才能够存在下去。⑦ 此外，援助国在受援国的投资具有选择性和利己性，对外援助旨在为援助国开发市场，而非促进受援国的自主发展，最终导致受援国在经济上长期依赖援助国的援助。

二是受援国中心论。如果说代表现实主义的援助国中心论旨在研究援助国的援助动机，那么受援国中心论则关注受援国怎样使用外援。传统的受援国中

---

① FRIEDMAN M. Foreign Economic Aid：Means and Objectives ［J］. Yale Review, 1958, 47 (4)：500–516.

② MORGENTHAU H. A Policy Theory of Foreign Aid ［J］. The American Policy Science Review, 1962, 56 (2)：8–27.

③ BALDWIN D A. Analytical Notes on Foreign Aid and Politics ［J］. Background, 1966, 10 (1)：66–90.

④ HUNTINGTON S P. Foreign Aid for What and for Whom ［J］. Foreign Policy, 1970 (1)：161–186.

⑤ MORGENTHAU H. A Political Theory of Foreign Aid ［J］. American Political Science Review 56, 1962 (2)：301–309.

⑥ WALTZ K. Theory of International Politics ［M］. New York：Random House, 1979：200.

⑦ 多斯桑托斯. 帝国主义与依附 ［M］. 北京：社会科学文献出版社, 1999：331.

心论认为，外来的援助能够为受援国的发展提供资源、技术、基础设施等方面的支持，从而促进受援国的发展，并且当受援国经济发展到一定程度之后，可以不再依靠外援而实现自主发展。但实践证明，这种论调具有一定的理想主义色彩，援助国的援助往往使受援国的市场得不到开发，从而缺少自主发展的动力，不得不持续依赖于外援，持这种观点的代表性学者是美国的约翰·怀特。他认为对外援助能够使受援国得到一些必需的资源，但并不能引领受援国的自主发展，而是强化彼此间从属关系、实现援助国对受援国控制和压迫的工具。[①]

三是超国家理论。对外援助的主体除了主权国家外，还包括各种各样的国际组织和多边机构。这些机构和组织的资金不仅来自各个成员国，其对外援助的预期、援外的理念与动机、实施援外的模式等因素也深受各个主权国的影响，最终经过整合和妥协达成援外共识，从而形成超国家理论。如经济合作与发展组织下属的发展委员会于1992年提出的"一致性"理论、欧共体提出的对外援助"3C"原则（协调性、互补性、一致性），以及援助国俱乐部"主流观念"的形成，均是以超国家的理论与政策就对外援助活动进行规范和指导，从而提高发展援助的效率。

四是国家内部因素外化理论。对外援助是不同国家和地区间经贸往来、政治对话、思想沟通、文化交流的重要载体。通过对外援助政策的实施，许多国内决策都可能在远隔千里的他国产生影响，而这些现象既不能为国家利益理论涵盖，也不能为超国家理论解释。[②] 在国际交流交往日益便捷化的时代，对外援助无形中承载着向外输出或释放援助国发展经验、模式以及社会文化等因素的功能作用，是国内因素外化的重要渠道。

此外，有学者指出，国外学术界就对外援助理论的研究，可以从经济学、政治学及社会学三大视角来分析。经济学注重从受援方的角度研究外援的经济功能，包括：强调资本积累的补充论，代表人物如罗斯托（W. W. Rostow）、多马（E. D. Domer）、钱纳里（Hollis B. Chenery）以及斯特劳特（Alan M. Strout）等人；强调资源再分配的减贫论，代表人物如希尔斯（Seers）；强调宏观政策环境的结构调整论，以彼特·鲍尔（Peter Ball）、雅各布·斯文森（Jakob Svensson）等人为代表。政治学侧重从援助方探讨援助的动机及政治作用，包括：激进主义的剥削论，代表人物有劳尔·普雷维什（Paul Prebisch）、萨米尔·阿明（Samir Amin）等人；自由主义的人道主义关怀论，代表人物有约瑟夫·奈

---

① WHITE J. The Politics of Foreign Aid［M］. New York：St. Martins Press，1974：31.

② 周弘. 对外援助与现代国际关系［J］. 欧洲，2002（3）：4-5.

（Joseph S. Nye）、罗伯特·基欧汉（Robert O. Keohane）等人；现实主义的国家利益论，以汉斯·摩根索（Hans Morgenthau）、肯尼思·华尔兹（Kenneth Waltz）等人为代表。社会学主要基于社会交换理论来分析援助方与受援方的利益互动关系，代表人物如皮埃尔·布迪厄（Pierre Bourdieu）、马歇尔·萨林斯（Marshall Sahlins）等人。①

2. 国外有关中国对外援助的研究

新中国成立后，为了维护国家安全以及配合外交工作的需要，中国开启了对外援助的步伐。对于中国的援外活动，国际社会给予充分的关注，尤其是随着中国援外规模的扩大、援外政策与理念的调整以及援外空间的变迁，外国学界表现出浓厚的兴趣，从不同的层面展开研究，试图解释中国的援外战略。

一是对中国援外规模与援外效果的研究。在不同的历史时期，中国对外援助的力度和规模不尽相同，但对外援助的效果明显，较好地维护了国家利益并促进了受援国的发展。就中国对外援助的力度和规模，外国学者给予充分的肯定。哈尔山（Hal Hill）表示，鉴于中国仍处于中等收入发展中国家的行列，中国已经是这样一个主要的捐助国，这也许是不寻常的。② 北野尚宏（Naohiro Kitano）与原田由纪诺里（Yukinori Harada）运用实证研究的方法，分析了 21 世纪初期中国对外援助的力度和规模。两位学者通过估算 2001—2013 年中国的对外援助净额，并和经济合作与发展组织（OECD）、发展援助委员会（DAC）通常使用的官方发展援助净额数据做比较，发现中国的捐助者排名从 2001 年的第 16 位上升到 2012 年和 2013 年的第 6 位。③ 随着援外活动的开展和援外规模的扩大，对中国援外成效的探究成为学者们关注的焦点。斯特芬·里姆纳（Steffen Rimner）指出，通过从对社会主义国家（朝鲜、越南北部、阿尔巴尼亚）的军事援助过渡到对非洲与世界各地的经济援助，均有助于提升中国在国际舞台上日益增强的政治与经济影响力。④ 古斯塔夫·梅尔文（Gurtov Melvin）认为，自 20 世纪 60 年代以来，中国对外援助的力度不断加大，这一时期虽然中国的对外援助在数量上无法与美国或苏联相比，但在激烈的国际竞争中，它

---

① 邓红英. 国外对外援助理论研究述评 [J]. 国外社会科学，2009（5）：82-89.

② HILL H. Comment on "China's Foreign Aid at a Transitional Stage" [J]. Asian Economic Policy Review，2014，9（2）：320.

③ KITANO N，HARADA Y. Estimating China's Foreign Aid 2001-2013 [J]. Journal of International Development，2016，28（7）：1050-1074.

④ RIMNER S. China's Foreign Aid and Investment Diplomacy [J]. New Global Studies，2017，11（2）：161.

对提升中国的政治影响力起到了很好作用。① 约翰·富兰克林·库珀（John Franklin Copper）表示，中国对共产主义国家的援助、对非共产主义的亚洲国家的援助、对非洲国家的援助、对其他国家的援助状况显示，中国是一个拥有广泛的对外援助计划的贫穷国家，它仍将是富国和苏联的良知。②

　　二是对中国援助非洲国家的研究。由于历史时期政治因素的影响以及改革开放后我国加强对外经济合作的需要，非洲逐步成为中国援助的重点地区，尤其是随着中非经济联系的增强与双边合作的深化，中国援非战略和中非关系成为国外学界热议的话题。罗伯特·罗特伯格（Robert I. Rotberg）认为中国援助非洲的方式多样，又有所侧重。这些援助以中小型项目为主，如援建灌溉项目，援建公共建筑（部门办公大楼、文化中心、体育馆、学校、医院和诊所、道路和桥梁等），同时对轻工业也给予支持，如援建生产砖、纺织品、纸张、木材、水泥的工厂，以及援建生产糖业和谷物的工厂……到 2008 年年初，中国已经在非洲提供了 840 多个援建项目，如保健中心、体育馆、医院等。③ 史蒂分（Chuka Enuka）等人则以中国援建坦赞铁路为例，采用相互依赖理论作为讨论中国与非洲关系的理论分析框架，考察了中国援助非洲的历史和特殊时期中国援助非洲的动机。指出中国对非洲的援助有着自己的战略目标，但中国援助非洲的一个出发点是帮助非洲国家消除贫困，并巩固非洲国家民族独立的成果，这是中非深化合作、共同发展遵循的重要原则。④ 当然，对中国援助非洲的行为，国际社会也存在着质疑的声音，认为中国对非洲的援助另有所图。但一些客观公正的学者对此进行了反驳，如雷赫尔（Axel Dreher）、安德烈亚斯·富克斯（Andreas Fuchs）、罗兰·霍德勒（Roland Hodler）三人对"中国的对外援助是否特别容易受到受援国政治领导人的政治俘获？"这一问题进行了研究和回答。学者们以援助分配的实证文献为基础，通过收集 117 个非洲领导人的出生地和种族群体的数据，并在 2000—2012 年实地调查中国在非洲的发展融资项目，发现中国的援助并没有更多地分配给政治领导人的出生地区和领导所属的民族居住地区。对于中国和世界银行的援助，也没有发现任何证据表明非洲领

① MELVIN G. COMMUNIST CHINA'S FOREIGN AID PROGRAM ［J］. Current History，1965，49（289）：150.

② COPPER J F. China's Foreign Aid in 1978 ［J］. Maryland Series in Contemporary Asian Studies，1978，1979：45.

③ ROTBERG R I. Chapter 9：China's Foreign Aid in Africa ［J］. China into Africa，2009：199-200.

④ ENUKA C，IFEOMA O C. China's Foreign Aid to Africa：Socio-Economic Impact of the Tazara Aid Project on Tanzania ［J］. The Social Sciences，2013，8（1）：41.

导人在控制区域固定效应时，将更多的援助用于分享种族群体的地区。①

　　三是就中国对外援助的相关比较研究。主要有中国援外的时间与空间的比较，如罗伯特·罗特伯格（Robert I. Rotberg）分析了不同历史时期中国对外援助的力度和重点地区。他指出，中国的对外援助始于 1950 年，最初的援助主要是朝鲜、越南和其他社会主义国家，后来中国的援助计划迅速扩大到社会主义阵营之外的南亚、中东和非洲。到 1975 年，中国在非洲国家的援助项目比美国都多，这种状况至今仍在继续。在 20 世纪 80 年代中期，中国的援助计划在全球每年达到了 2.2 亿美元的水平。到 20 世纪 90 年代，中国是石油输出国组织以外最大的发展中国家捐助国，超过 50 万中国专家被派往世界 100 多个国家从事 1426 个援助项目建设。2006 年，中国在 86 个发展中国家开展了持续的援助项目，共计有 114 个国家是中国援助的对象。虽然越南、朝鲜和柬埔寨是中国最重要的早期援助对象，但在 20 世纪 70 年代之后，非洲获得了中国大部分的援助。② 此外，有对不同国家和地区间提供援助类型的比较，如盖尔 A. 伊迪（Gail A. Eadie）与丹尼斯·M. 格里泽尔（Denise M. Grizzell）从轻工业、交通运输、农业、水利与灌溉、公共卫生与培训、电力和通信、体育和文化交流、重工业八个领域考察了中国在 1975—1978 年对外援助的状况。发现就向不同国家提供的援助类型而言，非洲国家的农业、灌溉、医药和体育设施项目相对较多，而亚洲的项目更多涉及轻工业和交通运输，只有越南、阿尔巴尼亚和巴基斯坦三个国家获得了重工业项目。③ 还有中国与其他援助国之间就某一议题的比较，如古冈文乔（Fumitaka Furuoka）就中国、日本援助非洲的动机进行了比较。该学者通过检验、比较中国与日本在非洲的外援分配模式，发现中国和日本提供的外援主要是由援助捐赠者的自身利益驱动的，两国都倾向于向市场规模较大的非洲国家提供更多的外援……此外，受援国的人口规模是决定中国和日本援助分配的重要因素。虽然日本倾向于更多地关注受援国的需求以及这些国家的治理，但是总体而言，两个援助国之间提供援助动机没有太大差异。④

　　此外，尚有一些有关中国对外援助的其他研究。比如约翰 F. 库珀（John F.

① DREHER A, FUCHS A, HODLER R. Aid on Demand：African Leaders and the Geography of China's Foreign Assistance［J］. CESifo Working Papers, 2015：1-45.

② ROTBERG R I. Chapter 9：China's Foreign Aid in Africa［J］. China into Africa, 2009：198.

③ EADIE G A, GRIZZELL D M. China's Foreign Aid, 1975—78［J］. The China Quarterly, 1979（77）：217-234.

④ FURUOKA F. Determinants of China's and Japan's Foreign Aid Allocations in Africa［J］. African Development Review, 2017, 29（3）：385-386.

Copper），以东南亚国家为例，从地缘政治视角出发，探讨了中国对周边国家和地区援助的状况，指出相邻的地理位置、重要的交通通道以及地区间经济一体化的趋势，促使中国重视与东南亚国家的联系和往来。在中国提供外援期间，由于历史原因和在该地区巨大的地缘政治利益，以及由于其他各种原因，北京承诺向东南亚提供的援助比向世界上任何其他地区都多。① 又如北野尚宏（Naohiro Kitano），在从援外形式、援外实施结构、援外政策、援外规模和数量等方面回顾中国对外援助状况的基础上，分析了未来中国援外面临的挑战和问题，指出中国对外投资过热可能会引发和加剧受援国家的债务风险、中国对外援助的信息公开性仍然有限等问题。② 再如北野尚宏（Naohiro Kitano），指出随着中国对外援助力度与规模的扩大，中国援外的主体也发生了一些变化。在提供对外援助的主体中，省级政府、地方企业和地方研究机构发挥的作用越来越大，中国的地方政府、大学和研究机构在为受援国培训人才中的作用也在增加。③

（二）国内研究现状

1. 对外援助研究现状概览

我国自1950年正式开启对外援助的步伐，至今已有70余年的历史，但关于对外援助的理论研究明显滞后于实践。改革开放前，对外援助作为配合国家外交的工具，被赋予浓厚的政治意义，因而社会各界更多的是从政治口号和对外宣传的角度来认识与解读这项活动的。改革开放后，随着国家工作重心的转移和世界两大主题的越发清晰，中国与世界的交往和联系更加紧密，在国际社会的影响力也日益增强。在此背景下，对外援助不仅是国家外交的一部分，也是加强与广大发展中国家合作，支持、引导亚非拉贫困国家与地区发展的重要手段。尤其自1978年以来，中国对外援助的政策与理念不断调整、援外的覆盖面和规模不断扩大、援外的成效日益明显，国内学界对援外的认识产生了新的变化，表现出浓厚的研究兴趣，而一系列研究成果的问世，日益使其成为"冷门绝学"中的一则"显学"。

就现有的研究而言，一是在对外援助研究领域出现了一大批颇具影响力的专家学者。如石林、周弘、丁韶彬、李小云、孙同全、黄梅波、白云真、陈力、

---

① COPPER J F. China's Foreign Aid and Investment Diplomacy in Southeast Asia［J］. China's Foreign Aid and Investment Diplomacy，2016，2：40.

② KITANO N. China's Foreign Aid：Entering a New Stage［J］. Asia-Pacific Review，2018，25（1）：107.

③ KITANO N. China's Foreign Aid at a Transitional Stage［J］. Asian Economic Policy Review，2014，9（2）：307.

张海冰、曹俊金、张郁慧、舒运国、曹亚雄、陈金明、刘鸿武、章昌裕、潘忠、杨东升、汪淳玉、张永蓬、熊淳、李小瑞、吴玉梅、葛传宇、张效民、邓智慧、陈松川、任晓、陈莹、左常升、刘方平、李安山、俞大伟等（注：相关专家学者尚未全部列出），学者们从不同的角度围绕"对外援助"进行了研究。二是在对外援助研究领域产生了一大批颇具影响力的著作和学术论文。如石林的《当代中国的对外经济合作》、周弘的《对外援助与国际关系》《中国援外 60 年》《援外书札》《外援在中国》、丁韶彬的《大国对外援助：社会交换论的视角》、李小云的《国际发展援助概论》《国际发展援助：发达国家的对外援助》《国际发展援助：非发达国家的对外援助》、黄梅波的《南南合作与中国的对外援助案例研究》、陈金明的《新中国的外援战略研究》、张海冰的《发展引导型援助：中国对非洲援助模式研究》、陈松川的《中国对外援助政策取向研究（1950—2010）》、孙同全的《对外援助规制体系比较研究》、张郁慧的《中国对外援助研究（1950—2010）》等（注：相关代表性著作尚未全部列出），陈力、周弘等专家学者在重要期刊上公开发表了大量的学术文章，就中国的对外援助展开研究。笔者初步统计了 1998 年至 2019 年 7 月期间，公开发表在国内重要期刊上的文章，数量共计 280 余篇。三是在对外援助研究领域形成了四大研究流派。①包括国际关系学派，从国家利益与国家外交的层面研究对外援助，代表人物有周弘、张郁慧、刘鸿武等；国际经济合作学派，认为对外援助是生产要素在国家间的转移，为国际经济合作的一部分，代表人物有章昌裕等；国际发展学派，认为对外援助是推动欠发达国家和地区发展、维护世界和谐、解决人类难题的重要手段，代表人物有周弘、李小云、潘忠、杨东升、孙同全、张海冰等；管理学派，视对外援助为系统工程，主张从制度和技术的层面优化援外管理系统，从而提升援外的效果，代表人物有李小瑞、丁韶彬、吴玉梅、张效民等。

2. 对外援助研究的几个视角

（1）基于政治学视角的对外援助研究

国内关于对外援助的研究，发端于政治学的视角。改革开放前，学者们主要从政治宣传的角度探讨苏联对中国的援助问题，系统的学理分析较为匮乏。改革开放后，尤其是 20 世纪 90 年代以来，随着中国对外援助的不断调整与改革，基于国际政治学视角的对外援助研究风起云涌。2002 年，学者周弘出版的《对外援助与国际关系》一书，系统地阐述了西方国家的援外理论与政策。学者们也纷纷发表重要论文，从政治学的视角分析、总结对外援助的理论和经验。

---

① 孙同全. 中国对外援助研究的现状及流派评析［J］. 国际经济合作，2014（10）：82.

一是外国援外理论引起国内专家的关注。学者樊莹、娜琳、林晓光、周永生、赵绪生、姜磊、刘丽云等人，介绍国际官方发展援助的政策目标、特点与有益经验，并将西方援外的模式与中国进行比较，以总结探讨中、外在对外援助中各自的优势和不足。如刘丽云基于现有的国际政治学理论，从现实主义、理想主义、激进主义的视角分析了不同的对外援助观。①

二是重要领导人物的援外思想备受关注。学者刘方平、佘湘、张雪娇、吴绍禹等人，分析了国家领导人和老一辈革命家的对外援助思想与援外理念，并基于不同的时代背景和历史条件，阐释了这些重要论断对中国外交的指导意义和理论贡献。

三是中国援助非洲及其他第三世界国家的动机、政策、模式、理念成为研究的热点。学者张海冰、李安山、舒运国、胡美、金玲、张浚、王小林、薛琳、朱玮玮等人，分析了中国援助非洲的政策和动机，强调中国对非洲的援助，不附加任何政治条件，从非洲国家的实际需要出发，旨在引导非洲的自主发展，目的是实现援助国与受援国的互利共赢。有学者指出，中国对非洲的援助具有自身特点，是一种"发展引导型援助模式"，这种援助方式集"援助"与"合作"为一体，目的侧重于促进受援国的发展，而实际效果则是实现援助国与受援国的共同发展、互利共赢。② 随着中国对非洲援助力度与规模的扩大，一些西方国家出于各种目的对此进行歪曲和指责，对此学界进行了积极回应。有学者认为，歪曲和指责的本质是对中非关系的政治化操作和人为的"妖魔化"。③此外，进入 21 世纪以来，中国与周边国家和第三世界国家的联系日益增强，尤其是随着"一带一路"倡议的提出，对外援助在国家对外战略与国家外交中的作用日益重要，而相关的研究也随之"红火"起来。学者刘方平、张勉励、石婧、薛力、陈莹、张家飞、罗圣荣、陈世伦等人，探讨了中国对周边国家和"一带一路"沿线国家的援助动机、援助政策以及援助中的不足，指出中国的对外援助存在偏重经济援助、缺少国别援助计划的制订、与"一带一路"倡议对接不紧密等问题，为此，要从援外理念、援外体系、援外布局上调整和完善，以更好地服务于国家对外战略的需要。

四是中国援外战略调整成为学术研究的重点。中国对外援助战略的制定，

① 刘丽云. 国际政治学理论视角下的对外援助 [J]. 教学与研究，2005（10）：83-87.
② 张海冰. 发展引导型援助：中国对非洲援助模式探讨 [J]. 世界经济研究，2012（12）：78-83.
③ 李因才. 被"妖魔化"的中非关系：中国在非洲发展中的角色 [J]. 当代世界社会主义问题，2014（4）：49.

同国内实际需要与国际环境变化息息相关，大致以 1978 年为分界线。改革开放前的援外战略主要基于政治层面的考虑，具有浓厚的意识形态色彩；改革开放后的援外战略主要为国内经济发展和世界和平发展事业服务，强调互利合作。对中国援外战略的这种调整和阶段划分，从整体层面而言，学界表示认同。但对中国援外战略具体调整的认识上，学者们持不同的观点。一种观点是"三段论"，相关学者有周弘、李小云、张效民、李小瑞等人。但对具体时间节点的划分又存在不同观点。周弘认为中国对外援助的历史大致可以分为三个主要阶段：第一个阶段始于新中国成立初期，第二个阶段始于改革开放初期，第三个阶段形成于 21 世纪初。① 张效民则指出新中国成立后至 1978 年为第一个阶段，援外的政治诉求强烈，1979—1994 年为第二个阶段，开始强调援外为经济发展服务，1995 年以来为第三个阶段，突出合作共赢。② 李小云等人则根据国际政治经济因素和中国援外规模，认为 1950—1973 年是意识形态输出型的政治援助阶段，1974—1990 年是援外调整转型阶段，1991 年至今是复合目标型的经济技术援助阶段。③ 另一种观点是"五段论"，代表性学者如熊厚，他基于对外多边援助政策导向的不同，将其战略调整分为五个阶段：20 世纪 50—70 年代初的萌芽阶段，缺乏系统和连续；1972—1977 年的初始阶段，中国对外多边援助超出了自身可承担的能力；1978—1982 年的调整阶段，中国对外多边援助开始变得务实；1983—2004 年的发展阶段，中国的多边援外力度加大、覆盖面广、形式日益多样化；2005 年至今的深化阶段，多予少取是突出特点。④

五是关于中国援外战略转变的内涵与特点，学者们进行了总结和研究。有学者认为，中国援外战略转变的过程是援外理念、援外目标及援外实践的战略转变，而援外理念的利他共赢性、援外战略目标上的经济优先性、援外实践中的高效性是中国对外援助的新特点。⑤ 黄梅波等人则认为，新中国成立以来中国对外援助中，意识形态色彩逐渐淡化、经济因素的作用增大、日益侧重能力建设、环保因素日渐被重视、人道主义援助的力度不断加大。⑥ 随着"构建人类命运共同体"目标的提出和国际形势的变化，有学者对新时代中国援外战略

---

① 周弘. 中国对外援助与改革开放 30 年［J］. 世界经济与政治，2008（11）：33.
② 张效民. 中国和平外交战略视野中的对外援助［J］. 国际论坛，2008（5）：38-39.
③ 李小云，武晋. 中国对非援助的实践经验与面临的挑战［J］. 中国农业大学学报（社会科学版），2009（4）：46-48.
④ 熊厚. 中国对外多边援助的理念与实践［J］. 外交评论，2010（5）：51-54.
⑤ 刘方平. 中国援外战略转变探析［J］. 东北亚论坛，2016（3）：51-54.
⑥ 黄梅波，任培强. 中国对外援助：政策演变及未来趋势［J］. 国际经济合作，2012（3）：81-82.

的调整提出了预案，建议中国的对外援助应加强与发展援助委员会的合作、加强与受援国的沟通、不断完善援外评估机制、进一步提升援外的透明度，从而优化我国现有的援外战略。

此外，一些学者热衷于中国对外援助理论的提炼和总结。学者陈松川于2017年出版著作《中国对外援助政策取向研究（1950—2010）》，在对中国不同时期对外援助政策特征进行案例分析的基础上，以对外政策分析中的建构主义和认知理论的视角为基础，对中国对外援助政策特征的生成机制进行了解释。潘亚玲则对中国特色对外援助理论进行了总结和提炼，认为中国特色的对外援助已经形成了以利他主义与共赢精神为核心的"本体论"、以发展目的至上为核心的"认识论"、以平等与开放为核心的"方法论"、以综合手段与循序渐进为核心的"实践论"，这种"四位一体"的格局，构成了中国特色对外援助理论的主体。① 也有学者从我国外交方针和经济基础层面寻找援外理论来源。如张海冰在解析"何为不附加政治条件原则"时指出，中国的对外援助经历了从"不附加任何条件"到"不附加任何政治条件"的转变，再到"不附加政治条件"的转变，这一原则的理论基础是主权平等原则、不干涉内政原则以及经济发展的内生性要求。②

（2）基于经济学视角的对外援助研究

改革开放后，随着国家工作重心的转移，对外援助的指导思想和功能作用发生了新的变化，援外活动服务国内经济建设和对外经济合作成为时代主题。针对这种变化，学者们展开了研究，如石林等人于1989年出版的《当代中国的对外经济合作》一书，对中国对外经济技术援助的状况进行了客观阐述与总结，并梳理出中国对外经济技术援助的发展历程、管理方式、成套项目援建与成效状况、技术援助状况、援外医疗队状况以及对外经济技术合作状况，成为了解和研究新中国对外援助的不可或缺之作。后继者们从国际发展援助、对外经济援助方式、对非洲的经济援助与经济合作、对外援助主体等层面展开了研究，大量的研究成果发表在《国际经济合作》期刊上。

一是国际发展援助成为学者们关注的对象。李小云等人出版的《国际发展援助：中国对外援助》一书，论述了中国对外援助和国际发展援助体系之间的碰撞、互动与中国对建构国际发展援助体系的回应，从援助管理、援助方式以

---

① 潘亚玲．中国特色对外援助理论建构初探［J］．当代亚太，2013（5）：97-107.

② 张海冰．论中国援外不附加政治条件原则的理论基础及现实意义［J］．当代亚太，2009（6）：94-102.

及援助理念等层面分析了中国对外援助的实践，并以中非合作论坛为例证，阐述了国内国外对这一多边机制性的发展合作方式所持的态度与评价。学者沈丹阳等人强调西方官方发展援助的经济功能与经济属性，认为官方发展援助本质上是援助国政府主导的战略性商业行为，暗含着援助国政治经济战略意图，在实现经济目标的过程中，除可以增加对受援国的投资、带动受援国经贸出口外，还能够扩大本国在受援国的经济影响。① 学者丁韶彬、毛小菁、严启发等人介绍了国际发展援助的变化与世界官方发展援助的新趋势，指出进入 21 世纪以来，官方发展援助呈现数额迅速增加、重点援助空间从亚洲向非洲转移、援助领域侧重关照公共设施建设、财政条件更加优惠的新特点。② 也有学者对西方官方发展援助存在的问题进行了分析和总结，认为西方国家在国际经济技术援助中，对发展中国家附加了更多的条件，以对外援助来推动西方国家贸易和投资的意图更加明显。在援外资金数额上，西方国家提供的官方发展援助大幅缩减，发展中国家获得的援助不增反降，穷国债务问题愈演愈烈。③

二是对外经济援助方式备受学者们热议，探讨的焦点是援外优惠贷款方式。学者黄梅波等人出版的《南南合作与中国的对外援助案例研究》一书，汇集了中国对外援助领域的专家学者收集整理并分析的 14 个中国对外援助案例。每篇案例研究在对中国对外援助项目的概况、特点、效果进行介绍的基础上，着重分析了中国对外援助的南南合作特征，体现了新兴市场国家在援助理念、援助原则、援助方式以及援助效应等方面与传统援助国的不同。学者陈力对我国援外优惠贷款方式的作用与运作过程进行了研究，认为我国政府对外提供的优惠贷款并未采取"转贷"的途径，而是经对方政府同意直接或间接地贷给中方企业，这种"变通"的做法既确保了对外援助的效果，又消除了"转贷"中加息加费的弊端，实现了降低企业投资成本与提升企业生产效率的统一。④ 他还将我国援外优惠贷款方式与经合组织成员国政府援助性贷款方式进行比较，发现两者在性质、目的、受用范围、组合方式上存在着相同之处，但也存在明显的差别，主要表现为我国提供的优惠贷款在使用要求上限制条件更少，但业务形式相对单一，与政府出口信贷结合不紧密。学者张艳则介绍了法国公共发展援助的变迁和成功经验，并对优化我国对外优惠贷款业务提出建议，如突出优惠贷款的"开放性"、建立健全国别风险评估机制、加强贷后管理工作、明确优惠

---

① 沈丹阳. 官方发展援助：作用、意义与目标［J］. 国际经济合作，2005（9）：31.
② 丁韶彬. 官方发展援助的新趋势［J］. 现代国际关系，2006（5）：24-26.
③ 麦沛然. 世纪之交的国际经济技术援助［J］. 国际经济合作，2000（3）：44-48.
④ 陈力. 对推行援外优惠贷款方式有关问题的探讨［J］. 国际经济合作，1998（5）：7.

贷款的目标等。① 学者黄梅波强调，1995 年对外援助改革后，中国援外的主要方式是提供政府贴息优惠贷款、援外项目合资合作、无偿援助三种。但优惠贷款的特点决定了其在中国对外援助中将继续处于主要地位。②

三是对非洲的经济援助与经济合作成为研究重点。中国对非洲的经济技术援助和经济合作，备受国际社会的关注，也存在一些负面的评论和声音。为回应国际社会负面的舆论，客观地认识中非经济合作，学者们从不同的层面进行了研究。学者张海冰出版的《发展引导型援助：中国对非洲援助模式研究》一书中指出，中国对非洲的发展引导型援助是通过"合作+援助"的方式来实现的，旨在"引导"非洲国家探索实现自主发展。学者贺文萍、张汉林、钟诚、闵森等人肯定了中国对非洲提供经济技术援助的成效，强调中非经济合作充满了新的机遇，是一种互利双赢。从实际作用来看，中国对非洲的援助推动了双边贸易大发展，推动了非洲债务问题的解决，有力地促进了非洲经济的复苏和增长。③ 也有学者就中国对非洲经济技术援助中的问题进行了总结和反思，如对非直接投资容易出现大幅波动、非洲国家对中国的期望越来越高等问题。同时，自主发展能力偏弱是非洲未来实现经济发展的桎梏，也将直接影响中非经济合作发展进程。④

四是对外援助主体的变化也是一些学者关注的对象。中国的对外经济技术援助主体是政府，尤其在改革开放前，官方提供的对外援助呈现压倒性态势。随着 20 世纪 90 年代的援外改革与援外政策的调整，企业参与对外援助的力度开始加大，而这方面的研究也随之兴起。学者孙丽霞、何小欧等人⑤，重点考察了中兴通讯参与对外经济技术援助的状况，强调援外项目是帮助企业走出去的重要载体，同时企业承担的援建项目有助于促进受援国的发展，有效地配合了国家援外工作的经济目的。学者余南平则以华刚公司在刚果金项目为研究个案，考察了企业参与对外经济技术援助的功能作用。他认为以企业为主体的市场援助模式，集投资、援助和贸易为一体，将企业海外投资与海外援助结合起来，既可以弥补国家援助模式脱离市场的怪圈，又能将中国企业的发展与受援

① 张艳. 从法国公共发展援助看我国优惠贷款的改进与完善［J］. 国际经济合作，2002（3）：40-41.
② 黄梅波. 中国政府对外优惠贷款的发展历程与前景［J］. 国际经济合作，2010（11）：47.
③ 贺文萍. 中国援助非洲：发展特点、作用及面临的挑战［J］. 西亚非洲，2010（7）：15-16.
④ 孙伟. 新世纪中非经济合作的发展与变化［J］. 国际经济合作，2014（9）：38.
⑤ 何小欧、马晓宇、孙丽霞. 中兴通讯"走出去"与援外工作［J］. 国际经济合作，2010（5）：41.

国的发展紧密关联起来。①

五是中国对外援助中的经济动机成为学者们关心的话题。中国的对外援助经历了侧重政治动机到政治动机与经济动机兼顾的转变，这种变化让学者们产生了研究兴趣。学者黄梅波等人认为，新中国成立后至改革开放前，中国援外的动机中，政治因素的考虑较多，改革开放后，经济因素的影响上升。20 世纪90 年代以来，中国采取对外援助与经贸互利合作相结合的形式，对外援助成为中国促进出口，保障资源供应，以及为国内企业"走出去"创造更多机会的重要工具，中国的对外援助对于加强与发展中国家的经贸关系发挥了重要作用。②刘中民则从对外援助的角度考察了中国与发展中国家的经济关系，指出中国与发展中国家的经济关系经历了三个阶段。即 20 世纪 50—70 年代，是以单方面援助为主导的经济交往；20 世纪 80 年代，是平等互利、共同发展的新型经济关系；20 世纪 90 年代以来，是互利共赢的全方位经济合作。③

（3）基于历史学视角的对外援助研究

随着学界对中国对外援助研究的深入，以及新的史料和文献被不断地挖掘与发现，一些学者开始尝试从史学研究的角度，探讨中国的对外援助活动。通过整理发现，这方面的研究又以对外援助的政策思想史、对周边国家与发展中国家的援助史、地方援外史为典型代表。从时间节点上看，基于史学视角的援外研究，探讨的主要是 1978 年以前的问题。从内容层面来看，涉及经济援助史、军事援助史、人道主义援助史等方面。

一是关于对外援助的政策思想史研究。改革开放前，无产阶级的国际主义原则是我国对外援助的指导思想，在这一原则的指导之下，中国援外政策的出台背景、内涵特点、变化调整及功能成效，引起学界的关注和热议。首先，我国的援外政策史受到学界关注。有学者分析"对外经济技术援助的八项原则"时强调，无产阶级国际主义是促使中国不附加任何政治条件的对外援助政策出台的主要原因，而国内政治"左"转的时代背景和面临孤立的国际背景是推动中国慷慨援外的主要因素。④ 此外，学者张郁慧就"一边倒"战略决策下对外

① 余南平. 一种新的国际援助混合模式？以华刚公司在刚果金项目为分析视角［J］. 华东师范大学学报（哲学社会科学版），2015（1）：62.

② 黄梅波，刘爱兰. 中国对外援助中的经济动机和经济利益［J］. 国际经济合作，2013（4）：62.

③ 刘中民. 从单方援助到互利共赢：中国与发展中国家经济关系六十年［J］. 宁夏社会科学，2009（11）：49-52.

④ 伏霄汉. "对外经济技术援助的八项原则"决策的层次分析［J］. 历史教学（高校版），2008（2）：95-98.

援助进行了历史考察。也有学者如李伟等人，就新中国对外经济技术援助政策的形成、变化调整以及发展过程进行了考察。其次，中国对某一国家的援助政策史也是学界关注的对象。有学者认为，对1956—1965年中国援助非洲政策形成的认识，应该放在国际冷战的背景下进行考察，这一时期中国援非活动忽视经济利益，更侧重政治因素的考虑。与非洲国家一道建立反帝反修的国际统一战线以及冷战背景下加强和第三世界的交流与合作，是当时中国援助非洲政策形成的主要动因。① 最后，国家领导人援外思想形成史也是学界关注的话题。有学者基于新中国对亚非国家援助的考察，探讨了周恩来对外援助思想的形成史。认为周恩来对外援助思想的形成，经历了1949—1956年的初创期、20世纪50年代中期至"文革"前的成熟期、"文革"十年的发展期三个阶段。② 周恩来的对外援助思想，以实现受援国的独立发展为基本目标，坚持尊重主权、平等互利的基本方针，出于"相互援助"的动机。

二是对周边国家与发展中国家的援助史研究。这方面的相关学者有肖非、李岩、刘军、殷晴飞、薛琳、李一平、蒋华杰、张勉励、宋梁禾、赵晋、周振等人，探讨的多是改革开放前，中国对越南、印尼、柬埔寨、尼泊尔等周边国家和非洲国家以及东欧部分社会主义国家的援助历史，涉及经济援助、粮食援助、军事援助、项目援助等方方面面。从中国对周边国家的援助史研究来看，有学者分析了1950—1978年中国对越南的经济与军事援助状况，认为改革开放前中国对越南的援助可以划分为四个阶段：1950—1954年对越南的援助以军事援助为主，同时配合一定的经济援助，以实现援越抗法的目的；1954—1964年越南相对和平的时期，中国援越以经济援助为主，军事援助为辅；1965—1973年，中国对越南的援助规模与援助领域均有所扩大；1973—1978年，随着越南民主解放革命事业的完成，中国对越南的援助逐渐减少。③ 张勉励就1958—1964年，中国对越南经济建设援助进行了历史考察。赵晋以1955—1956年越南统一火柴厂筹建为例，考察了新中国对外工业援助状况。此外，还有其他学者就中国对周边国家的援助进行了考察和研究。从中国对非洲国家的援助史研究来看，学者蒋华杰以1971—1983年农技援非为例，介绍了20世纪70—90年代

---

① 蒋华杰. 国际冷战、革命外交与对外援助：中国对非援助政策形成的再考察（1956—1965）[J]. 外交评论, 2016（5）：81-107.

② 薛琳. 周恩来对外援助思想研究：以新中国对亚非国家援助为中心的考察 [J]. 党史研究与教学, 2013（3）：69-70.

③ 刘军，唐慧云. 试析中国对越南的经济与军事援助（1950—1978年）[J]. 东南亚纵横, 2010（5）：13-18.

"顶替援助"的形成和发展始末，指出国内农业援助模式的直接搬移，因难以适应受援国的经济社会状况必然受挫。① 从中国对东欧部分社会主义国家的援助史研究来看，学者李岩考察了1978年前中国与东欧部分社会主义国家的经贸合作状况，指出改革开放前，中国在综合国力相对薄弱的情况下向东欧部分社会主义国家提供了大量的经济援助，尤其在20世纪70年代初期，中国援外支出过大，与当时的国力不相适应。此外，学者殷晴飞考察了1949—1965年中国对外人道主义援助的状况。认为中国对外人道主义援助对象主要是社会主义国家和部分非洲、拉美国家，援助的形式主要以政府、红十字会和驻外使馆的名义，这一时期的对外人道主义援助承担着多重政治功能。②

三是地方援外史研究。地方参与国家对外援助的研究是目前学界研究的薄弱环节，但随着一些原始资料和文献的面世，这方面的研究也开始受到学界重视。学者胡辉以广东省参与国家援外活动为例，考察了20世纪六七十年代地方省份在国家援外事业中的贡献，指出广东省对非洲的援助实行"归口管理""分省负责"的援助体制，这种体制在20世纪六七十年代有效保证了地方援外活动的开展。广东省援非的成效明显，不仅促进了中国对非外交战略的实现，也提升了非洲受援国的经济独立性，还有利于广东省的企业走向非洲。③ 学者杜英梳理回顾了20世纪七八十年代安徽省对非洲经济援助的状况。强调这一时期安徽对非洲的经济援助具有惠民性、协作性的特点，且援建单位以基建施工单位为主，参与援建的人员以农业、纺织和基建工程技术人员为主。该时期，安徽省对非洲的经济援助成效明显，不仅有助于中国对非洲经济援助目标的实现，也加深了安徽省和非洲受援国的联系与合作。④

（4）基于管理学视角的对外援助研究

随着我国对外援助的增加和援外在国家对外战略中的重要性日益凸显，如何确保对外援助的效率与成效，使对外援助工作更加科学、规范和有序，成为学界关注的话题。一些学者基于管理学的视角，将对外援助视为一项系统的工程，主张通过建章立制来规范援外活动，进而确保实现对外援助成效的最大化。

---

① 蒋华杰. 农技援非（1971—1983）：中国援非模式与成效的个案研究［J］. 外交评论，2013（1）：31-49.

② 殷晴飞. 1949—1965年中国对外人道主义援助分析［J］. 当代中国史研究，2011（4）：92-94.

③ 胡辉. 20世纪六七十年代广东省对非洲国家的援助［J］. 当代中国史研究，2013（2）：96-102.

④ 杜英. 20世纪70—80年代安徽省对非洲经济援助的特点和成效［J］. 安徽史学，2018（5）：164-168.

该领域的学者以李小瑞、丁韶彬、吴玉梅、葛传宇（台湾）、孙同全、张效民、邓智慧、曹俊金、黄梅波、李小云等人为代表。

一部分学者注重国际社会援外立法规范和管理规制的研究，并将外国援外管理经验与中国进行比较，进而提供借鉴和参考。如学者孙同全等人出版的《对外援助规制体系比较研究》一书，指出中国对外援助的制度规范以政策为主，以及一部分部门规章，缺少基本法，对外援助管理组织体系比较完善但缺少独立的、专门的政府管理部门。而随着援外规模的扩大与援外结构的变化，对外援助规制体系改革成为亟待解决的问题。他还运用案例研究法、比较研究法，介绍了澳大利亚、韩国、英国、美国、中国台湾对外援助规制体系的状况，进而为完善中国对外援助规制体系提供借鉴和参考，如完善对外援助法律体系、建立科学的对外援助规划与评估体系等。

另一部分学者联系我国的实际，侧重考察我国援外管理制度的发展历程，并从制度规范、组织架构、运作流程等层面对中国援外管理经验进行分析和总结。学者黄梅波等人对我国对外援助管理机构、对外援助管理体制及对外援助管理体系进行了系统考察。一是从援外管理机构演变来看。1950—1960 年是援外管理初始阶段。20 世纪 50 年代初，由中央人民政府与有关部门共同管理。1952 年成立的对外贸易部统一管理援外物资，财政部直接管理现汇援助。1954 年对外贸易部与国家计划委员会归口管理援外成套项目。1956 年技术合作局、成套设备局、对外经济联络部等是对外贸易部的下设部门，共同负责援外执行工作；1961—1982 年是援外管理发展阶段。1961—1964 年，对外经济联络总局负责援外物资和现汇援助的管理。1964—1970 年，对外经济联络委员会总管对外经济技术援助。1970—1982 年，对外经济联络部负责援外管理工作；1982 年以来是援外管理体系化阶段。国务院直属部门（先后为对外经济贸易部、对外贸易经济合作部、商务部）管理援外工作。二是从对外援助管理体制演变来看。1958—1970 年实行总交货人部制，1971—1980 年实行承建部负责制，1980—1983 年实行投资包干制，1983—1993 年实行承包责任制，1993 年以来实行企业总承包责任制。三是从当前我国援外管理体系来看。援外工作管理机构按层级分为国家归口管理机构、部门管理机构、地方管理机构、驻外管理机构。① 此外，也有学者就援外管理的某项专门制度进行了研究。如学者郑成平专门探讨了我国援外财务管理工作，认为搞好援外项目财务管理主要有两点：一是遵守

---

① 黄梅波，胡建梅．中国对外援助管理体系的形成和发展［J］．国际经济合作，2009（5）：32-37.

国家的法律法规和有关援外资金的管理规定；二是加强企业内部核算，降低费用支出。① 具体包括确保援外资金专款专用、抓好援外项目对外结算、保证援外项目质量、建立健全援外企业财务管理制度等。学者魏建国专门探讨了援外人力资源管理制度建设，强调培养援外骨干人才，需要加大援外奖励制度，为优秀的援外企业发展创造条件，通过健全援外主体管理制度来强化援外骨干队伍建设、规范援外人力资源项目管理。②

（5）基于体育学视角的对外援助研究

基于体育学视角的对外援助研究，主要探讨对外体育援助在配合国家外交工作和国家对外战略中的作用，涉及体育援外历程、体育援外方式、体育援外教练、体育援外人力资源开发等方面。这一领域的学者主要有俞大伟、袁雷、程序、侯桂明、赵海波等人，其中又以俞大伟为主要代表。

关于体育对外援助的概念，学者俞大伟进行了简要说明。他认为体育对外援助是以体育为手段进行的对外援助，其形式包括：硬件（资金、体育器材、体育设施）援助和软件（教练员、体育专家、裁判员、医生、竞赛组织管理人员、体育科研信息）援助。③ 他根据国际局势变化和国内战略定位，将我国体育对外援助分为三个阶段，即 1950—1978 年的形成阶段，1979—1991 年的调整阶段，1992 年至今的改革阶段。他强调我国的体育对外援助，具有维护国家利益、巩固与发展中国家关系、提升国家形象、促进体育事业发展的功能和作用。关于中国体育对外援助的主导方式，俞大伟根据财政条件差异和资源流向不同，认为可以分为无偿体育援外和体育援外合作两种。④ 关于体育援外主体，俞大伟认为中国体育对外援助主体是多元的，政府援助的规模和数量仍然处于主导地位。⑤ 在现有的体育援外主体格局中，社会力量和企业参与体育对外援助的力度有待提升。

学者程序对援外体育教练如何成功执教进行了思考，认为援外体育教练自身良好的身体素质、心理素质、语言能力、专项技术素质以及正确的工作方法

---

① 郑成平. 加强援外财务管理 保证项目顺利实施 [J]. 国际经济合作，1999（12）：23.
② 魏建国. 优化主体，健全管理 加强援外骨干队伍建设 [J]. 国际经济合作，2007（2）：4-6.
③ 俞大伟，袁雷. 我国体育对外援助的历史回顾 [J]. 北京体育大学学报，2010（8）：39.
④ 俞大伟. 从无偿到合作：中国体育对外援助主导方式转变探究 [J]. 天津体育学院学报，2016（2）：113.
⑤ 俞大伟. 中国体育对外援助主体的发展策略研究 [J]. 体育文化导刊，2016（12）：8.

是确保成功执教的关键因素。① 学者侯桂明对我国体育援外教练制度的发展历程进行了考察，认为这项制度经历了 1957—1963 年的初创阶段、1964—1970 年的发展阶段、1971—1978 年的急剧增长阶段、1979—1994 年的结构调整阶段、1995—2012 年的理性回归阶段。②

此外学者赵海波还对我国团体操援外工作进行了考察，指出我国团体操对外援助主要面向发展中国家，创编团体操、培养团体操人才是受援国的主要需求。团体操援外彰显了独特的体育外交魅力，对维护和谐的国际关系，推动我国体育文化走向世界发挥了重要作用。③

（6）基于其他学科视角的对外援助研究

随着国内学者就我国对外援助研究的深化、细化和分化，基于文化视角、教育视角和医疗视角的对外援助研究也随之产生。

一是基于文化视角的对外援助研究。文化视角下的对外援助主要探讨文化因素对援外活动的影响，以及对外援助本身具有的"软实力"。这方面的研究以李小云、齐顾波、魏雪梅、胡美、曹启娥、王新影等人为代表。学者李小云从"新发展示范"的视角解读了中国援外的历史经验和微观实践，指出中国对外援助不单是国际共产主义和中国战略利益的产物，也包含一些中国自身的文化因素。④ 学者胡美也表达了类似的观点，认为中国援非的独特性得益于中华优秀传统文化的影响，如"和而不同"的文化观念使中国在对非洲援助中可以坚持平等的伙伴关系，"克己复礼"的文化观念，使中国在对非洲的援助中表现出充分的尊重，"授人以鱼不如授人以渔"的传统方法论促使中国对非援助着眼于非洲的自主发展。⑤ 学者曹启娥以对外经济援助为例，考察了中国对外援助中的伦理思想，指出中国的对外援助包含韬光养晦、义利平衡、独立自主、共同发展、负责担当、构建和谐世界秩序的伦理因素。⑥ 学者魏雪梅则从文化软实力的角度审视对外援助，认为对外援助可以有效地展示一个国家的价值观念、文化形态和意识形态，是建构国家软实力的重要方式。⑦ 还有学者强调，援建项

① 程序. 援外体育教练员成功执教的两大要素 [J]. 武汉体育学院学报，1998（4）：102-104.

② 侯桂明. 我国体育援外教练研究 [J]. 体育文化导刊，2014（11）：16-17.

③ 赵海波. 我国团体操援外工作研究 [J]. 体育文化导刊，2015（4）：30-31.

④ 李小云. 中国援非的历史经验与微观实践 [J]. 文化纵横，2017（2）：88-89.

⑤ 胡美. 中国援非五十年与国际援助理论创新 [J]. 社会主义研究，2011（1）：143-144.

⑥ 曹启娥. 中国对外援助中的伦理思想研究：以对外经济援助为例 [J]. 河南社会科学，2013（6）：47-48.

⑦ 魏雪梅. 中国援助非洲与提升中国软实力 [J]. 国际关系学院学报，2011（1）：31.

目的实施和运行，既要立足中国的体制与规范，又要充分考虑受援国的社会文化制度，即寻求文化层面的适应。

二是基于教育视角的对外援助研究。教育视角下的对外援助研究主要探讨教育对外援助的意义、方式及发展历程等问题。这方面的学者以牛长松、刘鸿武、滕珺、哈巍、庄腾腾、陈莹、康乐、朴银实等人为代表。学者朴银实等人，考察了教育对外援助的重要意义。强调进一步加大对非洲教育援助的力度和规模，不仅可以改善当地落后的经济文化状况，增强非洲国家的自主发展能力，也是对外文化宣传工作的内在要求。① 学者牛长松回顾了中非教育合作的三个阶段，指出中国和非洲之间的教育合作遵循相互借鉴与影响、促进非洲社会自主发展、教育援助量力而行、互利共赢、注重实效、以双边合作为主多边合作为辅的原则。这种教育合作的形式多样，包括政府高层间的互动、院校间的交流与合作、互派留学生、人才援助、对非人力资源开发、推广非洲汉语教学与研究等，教育合作的成效明显。② 学者庄腾腾等人则考察了"一带一路"倡议下我国教育援外基地建设中存在的问题，认为中国教育援外基地仍然存在规模难以满足多国需求、地域布局具有一定局限性、专业布局面临严峻挑战、队伍建设亟待加强等问题，发挥中国教育援外基地的功能作用，需要在教育援外基地数量规模、质量水平、区域布局、专业建设等多个层面再优化、再完善。③

三是基于医疗视角的对外援助研究。医疗视角下的对外援助研究，主要探讨援外医疗队及其他医疗援外方式在援外活动中的重要作用。这一领域的研究以学者杨桂林、李安山、许铭、左耸、周海金、蒋华杰、陈金龙等人为代表。学者许铭认为中国对外医疗援助与医疗合作成效明显，"如今已形成包括双边卫生人员交流、派遣援外医疗队、人员培训、援建医院和疟疾防治中心、赠送药品和医疗器械等多层次、宽领域的工作模式"④。学者李安山对援外医疗队的历史和规模进行了系统的梳理，并分析了援外医疗队的贡献以及在配合国家外交工作中的作用和对维护世界和平的重要影响。⑤ 学者杨桂林等人，以中国对也门的医疗援助为例，分析了中国援外医疗面临的问题，指出由于我国对也门的

---

① 朴银实，魏晓明，陶谦.对派遣教师教育援外工作效果的影响因素分析［J］.中国高教研究，2000（8）：74-75.
② 牛长松.中国与非洲教育合作的新范式［J］.比较教育研究，2010（4）：22-25.
③ 庄腾腾，刘宝存."一带一路"倡议下我国教育援外基地建设：进展、挑战与对策［J］.河北师范大学学报（教育科学版），2018（4）：56-61.
④ 许铭.对非医疗合作与援助：挑战及建议［J］.国际经济合作，2013（11）：4.
⑤ 李安山.中国援外医疗队的历史、规模及其影响［J］.外交评论（外交学院学报），2009（1）：26-45.

医疗援助资源相对分散，加之当地医生损公肥私行为对我国医疗援外活动的冲击，中国对外医疗援助的效果欠佳，援外医疗形象受到较大的损害，为改变这种被动的局面，急需在也门设立中国医疗区，从而规避医疗风险和市场风险，按照中方的医疗管理模式开展对外医疗援助。①

3. 有关上海对外援助研究的回顾

有关地方参与国家对外援助的研究是当前整个援外研究的薄弱环节，有关上海对外援助的研究更是著述稀少，一些研究成果散见于工具书、通史类著作以及 5 篇硕士学位论文之中。《上海外事志》《上海轻工业志》《上海社会主义建设五十年》《上海通史》等工具书和著作当中不同程度地记载了上海对外援助的情况。此外，就目前来看，有 5 篇硕士学位论文基于不同层面探讨了上海的援外活动。

2011 年，华东师范大学的许文颖，完成硕士学位论文《上海援摩洛哥医疗队研究（1975—1985）》，着重梳理了 1975—1985 年上海援助摩洛哥医疗队的历史概况和发展规模，指出援外医疗队在艰苦的环境和困难的条件下，凭借积极的工作态度和高超的医术赢得了受援国的认可与赞许，是我国对外经济技术合作的成功范例，为建立良好的中摩友谊发挥了积极作用。同年，华东师范大学的蒋叶，完成硕士学位论文《20 世纪 60—70 年代上海对西非部分国家经济援助研究》，以上海援建几内亚卷烟火柴厂、来沪培训马里卷烟厂实习生的案例，分析了 20 世纪六七十年代上海对西非部分国家的经济援助状况，这是作为工业基础和经济实力相对雄厚的上海，对外积极承担援建项目、提供成套设备、提供技术支持、提供人力资源培训与开发的生动例证。在对外援助工作中，上海积极配合国家政策方针的需要，在新中国开展援外活动中发挥了不可或缺的作用。

2013 年，华东师范大学的叶爽，完成硕士学位论文《中非"友谊"的地方叙事——20 世纪 60—70 年代上海对非交往活动的历史考察》，运用个案研究的方法，着重介绍了 20 世纪六七十年代上海派遣援非医疗队、上海承担援非成套项目、上海对来沪学习的非洲实习生进行技术培训的状况，上海对非洲国家提供的大力援助，为新中国与非洲国家缔结良好的友谊，做出了重要贡献。

2016 年，上海师范大学的蔺瑞华，完成硕士学位论文《上海对东南亚国家经济技术援助研究（1955—1964）》，探讨了 1955—1964 年，上海在成套项目

---

① 杨桂林，谢少波，王旭梅. 援外医疗面临的困惑和思考［J］. 医学与哲学（人文社会医学版），2008（5）：77.

援建、设备提供、派遣援外专家、人力资源培训与开发等方面,对越南、柬埔寨、缅甸、印度尼西亚等东南亚国家援助的概况。

2017 年,上海师范大学朱晨晨,完成硕士学位论文《上海对非洲国家经济技术援助研究(1956—1966)》,指出对外经济技术援助是对外提供经济援助和技术援助的总称,经济援助是指资金、物资方面的帮助,技术援助是指智力、技能、资料、工艺方面的帮助。从这一概念出发,作者研究探讨了十年建设时期上海对非洲国家的经济技术援助状况,尤其是从援建成套项目、提供项目设备、人力资源援助等方面,介绍了上海援助几内亚、加纳、马里的状况。

五、研究思路与方法

(一) 研究目标、研究内容和拟解决的关键问题

研究目标是梳理 1950—1993 年上海参与国家对外援助的整体状况,以上海为例,展示这段时期地方省市对外援助的立体画卷。

研究内容分为七个部分。第一章从马克思"共同体"理论和马克思主义国家结构理论出发,寻找"次国家行为体"参与国家对外援助的原则和方向,并分析中共四代领导核心对以上理论与学说的继承和发展状况,指出注重妥善处理好援外工作中地方省市与中央之间的关系,强调地方参与援外工作必须服从服务于国家援外工作的大局是党的历代领导核心的普遍共识。第二章阐述国家对外援助中地方参与的中国逻辑,中央政府的授权,是地方开展对外援助的合法性来源。地方"参与权"的获得,需通盘考虑国家层面的需要和地方的实际与实力,是中央与地方间互动选择的结果。地方参与国家援外的方式是多元化的,但"全国一盘棋"的思维决定了"分工协作"是地方参与国家援外的主要方式。地方参与国家援外与国家援外之间存在着对立统一性,一般情况下,地方参与国家援外有助于国家整体对外战略利益的实现,但地方政府因"争利"而不惜职能"越界"或行为"膨胀",极有可能扰乱中央的援外战略部署,无益于国家利益的实现。第三章至第六章主要是运用历史分析法、档案文献梳理提炼法、典型个案研究法,全面回顾 1950—1993 年作为"次国家行为体"的上海市参与国家对外援助的风雨历程。1950—1954 年,抗美援朝开启了上海参与国家援外的步伐,1955—1964 年,上海参与国家援外的空间得以拓展,1965—1978 年,上海参与国家援外经历了急增与骤降的阶段,1979—1993 年,随着国家援外工作的调整,上海参与国家援外逐步走向理性的时期。第七章主要对上海参与国家援外进行客观解读,包括分析上海参与国家对外援助具有的自身特点和成功经验,以及工作上的失误和教训,指出虽然在不同的历史时期,上海

对外援助关注的国家利益侧重点有所不同，但实现国家利益、维护国家利益始终是上海参与国家援外的主要目标。最后论述在历史时期上海补救援外工作失误的举措，以及从援外理念、援外主体结构、援外渠道、援外机制、援外宣传等层面对如何进一步解决上海参与国家援外的一般性问题给出建议。

本书解决的关键问题是如何对上海援外主要内容及援外模式进行分析与把握，这也是本书的关键所在、亮点所在、成败所在！尤其是如何将一条条琐碎的援外信息归类整理，形成条理分明、层次清楚、系统完整的援外实践总结是研究的重点。

（二）拟采取的研究方法、技术路线、实施方案

研究方法主要包括四种：一是历史分析法，通过系统梳理 1950—1993 年上海参与国家对外援助的历史，对相关资料进行整理、归类、分析，坚持"有一份材料说一句话"，客观地总结这一时期中国对外援助的上海实践；二是文献内容分析法，通过对《上海外事志》《上海轻工业志》等以及上海市档案馆馆藏文献资料的整理和把握，围绕军事援助、工业援助、农业援助、医疗援助、紧急人道主义援助等话题，展示上海对外援助的主要内容；三是政策分析法，对外援助是国家外交的重要组成部分，在分析中国外交政策与对外援助政策的基础上，探究上海对外援助活动的政策依据及运作过程；四是统计分析法，相关档案中包含大量的具体数据，这就需要以统计学的方法，对上海对外援助活动进行必要的计量和分析。

技术路线如下：首先，对有关马克思恩格斯经典著作进行研读，并对毛泽东、邓小平、江泽民、胡锦涛、习近平等同志有关对外援助的重要论述进行学习，提炼总结上海参与国家对外援助的理论渊源；其次，对中国援外史和上海地方史进行学习与把握，客观分析上海参与国家对外援助的时代背景；再次，到上海市档案馆、上海市图书馆等机构寻找有关上海对外援助的第一手资料，并一一整理、归类；最后，根据前期的理论学习准备和资料获取，按照论文大纲进行撰写。

实施方案如下：一是通过马恩经典著作的阅读、对我国领导人有关援外重要论断的学习理解和对新中国不同时期援外政策的把握等，消除理论上的困惑，从而总结出上海参与国家对外援助的思想渊源及理论基础；二是通过到上海市档案馆、上海市图书馆搜集相关档案资料和文献资料，不断丰富研究的内容，确保论文研究的饱满、生动，有较强的可读性；三是在上述基础上对上海援外的基本经验进行总结，并就上海对外援助实践进行客观评价。

（三）本书特色与创新点

一是研究视角新。随着国际发展援助事业日益引起人们的重视，以及我国对外援助影响力的提升，对外援助不再是"冷门中的冷门"。学者们从政治学、经济学、文化学、管理学、体育学等视角进行了大量的、深入的研究，形成了数量可观的重要学术成果。但基于"次国家行为体"参与国家的对外援助，并专门以上海市为例，以1950—1993年为时间节点，探讨中国对外援助中地方实践的研究少之又少，这为从微观层面认识和把握中国的对外援助提供了一种新的视角与新的选择。二是文献材料新。上海市档案馆有丰富的有关上海对外援助的零碎资料，其中许多都未曾被使用，笔者对这些原始文献的获取、整理、分析并应用到本书中，可以客观而系统地展示1950—1993年上海参与国家对外援助的全貌。新材料、新文献的使用可以确保研究内容的饱满、真实、客观。

第一章

上海参与国家对外援助的理论基础

地方参与国家的对外援助本质上属于国家对外援助的重要组成部分，就其理论依据而言，首先应从马克思主义经典作家"共同体"思想和马克思主义国家结构理论谈起。马克思"共同体"理论是实现人类公共利益的重要学说，更是指导社会主义国家外交工作和我国对外援助事业的根本指导思想。马克思主义国家结构理论关于国家整体与局部、中央与地方关系的重要论述为"次国家行为体"如何参与国家对外援助提供了方向指导和原则遵循。

马克思主义经典作家有关对外援助的重要论断，在中国得到继承和发展，党的第一代领导核心认为反帝防修是地方参与国家援外的历史使命，党的第二代领导核心强调谋求发展是地方参与国家援外的时代任务，党的第三代领导核心主张深化合作是地方参与国家援外的重要目标，新时代的党中央指出构建人类命运共同体是地方参与国家援外的根本遵循。中共四代领导核心就对外援助提出的一系列重要论述为地方参与国家对外援助提供了新的方向。

第一节　马克思"共同体"理论

马克思"共同体"理论作为其唯物史观的重要组成部分，是研究人类社会发展的重要议题之一。马克思本人对"共同体"的认识经历了一个过程，有关论述散见于《论犹太人问题》《黑格尔法哲学批判》《德意志意识形态》《共产党宣言》《1857—1858年政治经济学批判手稿》《1844年经济学哲学手稿》等著作中。在不同的历史背景与社会语境当中，"共同体"的内涵不尽相同，马克思、恩格斯对"共同体"的概念也未进行具体的阐述，但人、人类社会的存在方式是考察这一概念时无法回避的话题。马克思"共同体"理论对社会主义国家开展外交活动和对外援助事业均产生了重要影响。

一、马克思"共同体"理论的内涵

"共同体"是人及人类社会存在的基本方式，建构真正的"共同体"需要对"自然式共同体""虚幻式共同体"进行批判和超越，而完成这一任务的关键是实现人类公共利益。

（一）"共同体"是人及人类社会存在的基本方式

"共同体"是相对于"个体"而言的，但两者在根本上又是相统一的，"共同体"是作为"个体"的人以及由个人构成的人类社会存在的基本方式。

"共同体"是维系人类社会发展的重要方式。马克思认为，在原始的自然状态中，人作为生命体以非"群居"的方式而存在。"人类不是生来就定居的；除非在特别富饶的自然环境里，人才有可能像猿猴那样栖息在某一棵树上，否则总是像野兽那样到处游荡。"① 人类在游牧和迁徙中，势必引发"领地"纠纷，而对土地的占有迫使人们定居、集聚起来，形成以土地为基础的"共同体"。这种"共同体"是其最初形态，以原始人群、氏族为基本形式而存在。在这种情况下，人类对土地以及以土地为基础的"共同体"表现出较大的依附性。"每一个单个的人，只有作为这个共同体的一个肢体，作为这个共同体的成员，才能把自己看成所有者或占有者。"②

"共同体"的形成源自以人的劳动为基础的社会实践。"共同体"的存在与人的存在密不可分，认识"共同体"的起源，需要对人的本质属性进行把握。马克思在《关于费尔巴哈的提纲》中对人的本质进行了考察，指出"人的本质不是单个人所固有的抽象物，在其现实性上，它是一切社会关系的总和"③。这表明，人同样存在于人的关系之中，存在于"共同体"之中，如果说"共同体"是一张大网，人就是构成大网的一个个"纽结"。人类的生产生活以实践为前提，其交互活动导致社会关系的产生，"共同体"也随之生成。

（二）"自由人联合体"是真正的"共同体"

"自由人联合体"是对"虚幻共同体"的批判和超越，是让每个人都获得全面发展、自由发展的社会形态。

马克思、恩格斯认为，在资本主义时代，市民社会凌驾于政治国家之上，国家被一部分人所"绑架"，成为维护少数统治阶级"特殊利益"的工具。统治阶级打着"普遍利益"的旗号，以隐蔽化的方式侵蚀着大多数人的利益，导致人的主体性逐步丧失和"共同体"的异化，"虚幻共同体"由此而生。同时，马克思、恩格斯对"资本""货币"进行了考察，认为货币是致富欲望的"唯

---

① 马克思恩格斯文集：第 8 卷 [M]．北京：人民出版社，2009：123．
② 马克思恩格斯全集：第 46 卷：上册 [M]．北京：人民出版社，1979：472．
③ 马克思恩格斯选集：第 1 卷 [M]．北京：人民出版社，1995：60．

一对象"，即"万恶的求金欲"。"货币本身就是共同体，它不能容忍任何其他共同体凌驾于它之上。"① 因此，在资本主义社会，资本万能、金钱万能，人与人的关系也就变成了物与物的关系，"资本共同体""货币共同体"成为"虚幻共同体"的典型表现形式。

在批判"虚幻共同体"的基础上，马克思、恩格斯对"自由人联合体"进行了阐释。"代替那存在着阶级和阶级对立的资产阶级旧社会的，将是这样一个联合体，在那里，每个人的自由发展是一切人的自由发展的条件。"② 可见，"自由人联合体"将个体从资本主义社会的"压迫"和"剥削"中解放出来，本质上是人性的复位和自我实现，可以确保个体的人享有真正的自由和权利。此外，马克思、恩格斯对"自由人联合体"建立的条件进行了考察，认为社会生产力高度发达、生产资料归全社会而不是少部分人占有、物质精神生活条件极大丰富、阶级与阶级差别已不复存在等是其形成的基础。因而，"自由人联合体"的建立意味着作为统治阶级工具的国家的消亡，这一美好设想将在共产主义社会成为现实。

（三）实现人类公共利益是"共同体"形成的驱动力

马克思的"共同体"思想具有鲜明的现实性，这种特性体现在马克思、恩格斯从现实人、现实社会的角度，解读了与人类社会发展息息相关的利益问题，强调利益是"共同体"发展的内驱力。

在原始自然的"共同体"当中，个人并没有形成个体的"特殊利益"，个人利益与共同利益完全重叠在一起。在虚幻的"共同体"之中，由于生产力的发展促使社会分工与产品分配不同，所有制随之产生，以个人为中心的"特殊利益"逐步形成，传统的"共同体"开始瓦解，个人利益与共同利益呈现出相互对立的态势。而在"真正的共同体"之中，个人利益与共同利益是相互统一而非对抗的关系，个人利益不再具有特殊利益的成分，共同利益不再与个人利益相分离，这种真正的公共利益，是"自由人联合体"生成的基础性要素。个人利益的最高目标，旨在实现人的自由、全面的发展，而真正的"公共利益"正是维护这一目标的顺利实现。

在阶级社会中，公共利益与特殊利益存在着矛盾，这一矛盾的解决在于社会财富的极大丰富、人民精神觉悟的极大提高和私有制与社会分工的消失。公共利益与特殊利益之间的矛盾运动，使"共同体"的发展成为历史必然，"自由

---

① 马克思恩格斯全集：第 30 卷 [M]．北京：人民出版社，1995：175.
② 马克思恩格斯文集：第 10 卷 [M]．北京：人民出版社，2009：666.

人联合体"终将到来。

二、马克思"共同体"理论对社会主义国家外交的新要求

马克思"共同体"理论为社会主义国家外交工作的开展提供了方向指导，和平、独立自主、合作等理念与价值目标成为社会主义国家对外交往的根本遵循。

（一）拥护并争取和平是社会主义国家外交的根本任务

在"虚幻共同体"中，"资本万能"成为凌驾于社会公共利益之上的唯一游戏规则，为维护少数资产阶级的"私利"与"私欲"，资本除对内压榨和剥削社会大众外，还进行海外吞并与掠夺，并常常以对外战争的方式为资本的扩张保驾护航。马克思、恩格斯在考察"威斯特伐利亚体系"和"维也纳体系"的基础上，指出在资本主义世界"国际政治的秘密"是"弱肉强食"，霸权与侵略是建构符合强国统治阶级利益秩序的前奏。对此，世界无产阶级不能沉默，而应联合起来，用尽一切手段铲除战争和霸权，建构并创造一个彻底取代旧制度的新社会，并为这个新社会植入新的价值理念。"同那个经济贫困和政治昏聩的旧社会相对立，正在诞生一个新社会，而这个新社会的国际原则将是和平。"① 为确立和平的国际原则，社会主义国家在对外交往中应有所作为，既要积极对外奉行和平的国家外交原则，又要辩证看待和平与战争的关系，做好两手准备，必要时"以战止战"，从而争取真正的和平。

（二）坚持并倡导独立自主是社会主义国家外交的基本方针

在"自由人联合体"中，每个个体都可以获得全面发展、自由发展、平等发展，而由众多个体组成的民族同样应该获得平等发展、自主发展和全面发展。不同民族之间应该是平等的，在开展对外交往活动中保持独立自主是民族发展、繁荣的前提条件。马克思、恩格斯在对民族问题考察时发现，"古往今来每个民族都在某些方面优越于其他民族……任何一个民族都永远不会优越于其他民族"②。可见，民族之间无高低贵贱之分和优劣之别，在对内对外事务中都具有独立自主性。社会主义国家外交活动的开展，要为促进世界范围内民族解放运动事业的发展服务，反对各种形式的民族压迫与民族歧视，促使每个民族都获得真正的独立自主。同时，社会主义国家在开展外交工作中，要从无产阶级的

---

① 马克思恩格斯选集：第3卷［M］. 北京：人民出版社，1995：19.
② 马克思，恩格斯. 神圣家族，或对批判的批判所做的批判［M］. 北京：人民出版社，1958：194-195.

根本利益出发，防止狭隘的民族主义出现，应致力于实现各民族之间的共同利益和普遍利益，在民族交往中坚持互利共赢。

（三）开展并深化合作是社会主义国家外交的重要目标

"自由人联合体"的建立，不是个体之间的自由组合，而是无产阶级在普遍联系、共同交往中有机结合的结果。在超越"虚幻共同体"步入"自由人联合体"的过程中，不同民族和国家间的交往与合作是实现这一目标的必然要求。尤其是在经济全球化时代，不同民族和国家之间是"你中有我、我中有你"的命运共同体，任何形式的"贸易保护主义""本国优先主义"均不符合历史潮流，与时代大势相左，唯有开展并深化合作才是破解发展难题、应对全球危机的"人间正道"。社会主义国家的外交工作要为建立和增进国家间的合作服务，在政治沟通、经贸往来、人文交流中发挥外交工具的"润滑剂"与"助推器"作用。但需要注意的是，"平等互利"乃一切国际合作的前提条件，只有合作双方在平等基础上实现某种形式的协调与联合，合作才有可能真正地建立并进一步深化。

三、马克思"共同体"理论赋予中国对外援助的新特征

马克思"共同体"理论对中国的对外援助事业产生了深远影响，无产阶级国际主义一度成为中国对外援助的指导思想，这就决定了中国的对外援助与霸权主义国家的对外援助存在着根本不同，而随着时代主题的转变和中国国情的变化，中国的对外援助也在与时俱进，但支持帮助欠发达国家发展、维护世界和平发展的"初心"不移。

（一）中国的对外援助是中国履行无产阶级国际主义义务的重要体现

实现马克思倡导的"自由人联合体"，要求全世界的无产者联合起来，在相互团结和相互支持中反抗资产阶级的剥削与压迫，从而构建每个人都能获得全面发展、自由发展的新的社会形态。从新中国成立初期至改革开放之前的这段时间里，我国的对外援助活动正是基于这种思想而开展的，面对被压迫的世界人民和亚非拉地区的民族解放运动，中国并没有选择沉默，而是及时提供有力的支持与援助，从而履行无产阶级国际主义义务。改革开放之后，虽然中国的对外援助在理念、政策、方式等层面有所调整，但支持、帮助广大发展中国家经济发展，加强和世界友好国家间的联系与合作，积极维护世界和平发展的援外宗旨没有改变。中国的对外援助作为国家外交的重要工具，在反对帝国主义、霸权主义，维护地区稳定与世界和平发展中发挥了重要作用。

（二）中国的对外援助与霸权主义国家的对外援助存在本质上的区别

新中国的对外经济技术援助与帝国主义、霸权主义国家的对外援助在性质上存在着根本区别。帝国主义、霸权主义国家的对外援助重在资本输出与扩张，根本目的在于通过对第三世界国家的"压榨"和"掠夺"获得高额利润，是一种更加隐蔽的新殖民主义行径。中国的对外援助，以平等互利为基本原则，不附加任何政治条件和"霸王条款"，不谋求任何特权，更不会干涉别国内政。从1964年周恩来同志提出"中国政府对外经济技术援助的八项原则"，到20世纪80年代对外援助奉行的"平等互利、讲求实效、形式多样、共同发展"四项原则，再到21世纪"量力而行、尽力而为"的援外原则，均表明中国是积极履行国际主义义务、促进广大发展中国家发展的重要力量。"仅八十年代的最初三年，我国就援助第三世界友好国家建设了四百零二个成套项目……为发展中国家举办了沼气、卫生、针灸、小水电、农村综合发展等培训班，培训了大批专业人才。"①

（三）中国的对外援助具有符合自身国情与受援国实际需求的多种方式

中国对外援助的根本目的在于支持、帮助发展中国家的经济社会建设，壮大维护世界和平与发展的力量，从而构建"你中有我、我中有你"的人类命运共同体。在实施援外活动中，其方式是多元化、多样化的。整体而言，中国的对外援助方式可以分为双边援助、多边援助两种，其中以前者为主、后者为辅。"双边援助有四种：一是成套项目援助，即帮助受援国建设工厂、矿山、医院、学校等工程项目，这是一种主要的援助形式；二是一般物资援助；三是现汇援助，即通过支付国际货币给予的援助；四是单项物资援助，这主要是军事物资的援助。"② 进入21世纪后，我国的对外援助形式进一步丰富，分为"成套项目、一般物资、技术合作、人力资源开发合作、援外医疗队、紧急人道主义援助、援外志愿者和债务减免"③。其中，成套项目依然是中国最主要的援外方式。需要说明的是，中国的援外方式与西方国家不尽相同，这主要是由不同国情导致的。就国际社会而言，任何主权国家均有权利自主选择适合本国国情的援外方式，而不能以此作为意识形态输出的工具，将自己的援外方式强加于人。

---

① 北京大学马克思列宁主义研究所．社会主义社会论纲［M］．北京：人民出版社，1986：298.

② 政治经济学讲话（社会主义部分）编写组．政治经济学讲话（社会主义部分）［M］．北京：人民出版社，1976：227.

③ 中华人民共和国国务院新闻办公室．中国的对外援助［M］．北京：人民出版社，2011：9.

实践表明，中国的援外方式更受受援国的欢迎，尤其是中国以基础设施建设为依托的"一揽子"援外模式对促进受援国经济发展的效果明显。

四、地方参与国家援外是助力构建"人类命运共同体"的重要途径

"人类命运共同体"理念是对马克思"共同体"理论的继承和发展，这一理念的产生，对国家援外工作提出了新的要求，比如，随着综合国力的增强进一步扩大援外规模、不断提升援外质量与成效、援外对象既兼顾全世界又聚焦发展中国家等。同时，在开展对外援助活动中，充分激发地方省市的能动性，统筹协调好中央与地方省市间的关系，进一步提升对外援助的综合效益，也是助力构建"人类命运共同体"的重要途径。

（一）在助力构建"人类命运共同体"中地方援外工作大有可为

"人类命运共同体"理念不仅解释了国与国之间的关系，也解释了一个国家的区域、地方省市与外部世界和国际社会的关系，两者之间的命运同样是相互联系、密不可分的。在经济全球化程度进一步提高的大背景下，地方省市的健康发展，除了需要依靠国家的支持与引导之外，还需要同国际社会进行市场交换和资源互补，地方省市同国外开展经济技术交流与合作是地方发展的外部驱动力，也是从地方省市的角度通过整合外部资源进而推动国家整体发展的重要举措。

中国地大物博，各地方省市的区位优势、资源特点、发展需求均不相同，对外经济技术合作的目标也存在差别，中国要实现高质量的发展，很重要的一点是注重引导各地市基于自身的发展需求有针对性地加强与国际社会的经济技术合作。因此，就上述意义而言，地方省市执行援外任务和开展经贸合作，是加强国家对外联系、配合国家对外战略布局、统筹国内国际两个大局的重要方式。

随着中国对外开放的力度不断加大，地方省市与国际社会的联系日益紧密，地方在参与国家对外援助和开展经济技术合作中同样被赋予更多的期待与使命。加强地方间的交往与合作成为拓展国家间战略对话和战略沟通的重要渠道。尤其是"一带一路"倡议提出之后，得到世界上多数国家尤其是广大发展中国家的积极响应，中国和世界的交流与合作拥有了新的载体及平台。借此东风，我国的安徽、福建、甘肃、广东、广西、海南、河南、黑龙江、湖北、湖南、吉林、江西、辽宁、内蒙古、宁夏、青海、山东、陕西、上海、四川、天津、西藏、新疆、云南、浙江、重庆、香港、澳门等省（自治区、直辖市、特别行政区）参与其中，积极承担"一带一路"项目援建，与沿线国家开展经济技术交

流与合作，在构建人类命运共同体的生动实践中贡献了中国地方力量。

（二）在助力构建"人类命运共同体"中地方援外项目应侧重民生领域

人民性是人类命运共同体的重要属性，构建人类命运共同体归根结底要靠世界人民共同来建，建设最终也是为了世界人民。国与国之间在携手构建人类命运共同体的进程中，必须将人民利益作为一切活动的基本出发点，使合作与交流的成果真正惠泽本国人民和他国人民。国家的对外援助和地方援外项目建设应该将人民利益放在第一位，多关心关注民生领域而不能过分看重援外带来的经济利益。

早在 2006 年的时候，胡锦涛同志便从以人为本的角度指导我国的援外工作，他指出："外事工作坚持以人为本……使外事工作成果惠及全体人民……要尊重和顾及别国人民合理利益和关切……力所能及多为发展中国家人民办好事、办实事。"① 以习近平同志为核心的党中央同样强调对外援助要坚持正确的义利观，在持续加大对外紧急人道主义援助力度的同时，对我国的援外工作布局也进行了优化。"使对外合作重心更多向民生领域倾斜，把对外援助更多用于社会民生项目，让合作成果更多惠及各国人民尤其是基层百姓。"② 事实上，面对 21 世纪频繁出现的自然灾害、战乱、疫情与疾病等人道主义危机，中国政府均在第一时间组织动员了地方省市、官方部门与民间组织机构及时伸出援助之手，帮助受灾国度过灾难。比如在 2001 年，面对涌入巴基斯坦的阿富汗难民问题，作为总承包企业的新疆国际经济合作公司等及时为巴境内的难民提供紧急人道主义援助；又如在 2017 年，为解决乌干达国内的粮食危机和饥荒问题，四川省援建"南南合作"乌干达项目，向乌方提供耐旱农作物并展开相关领域的合作；再如面对非洲的疫情与疾病等问题，广西壮族自治区于 2008 年向科摩罗派遣 10 人组的医疗救援队、苏州市于 2011 年向坦桑尼亚派遣 20 人组的医疗救援队等，为非洲贫穷落后的国家提供力所能及的社会服务。

（三）在助力构建"人类命运共同体"中需统筹好地方援外工作

构建人类命运共同体是一项系统工程、战略工程、长远工程，需要统筹协调好国内、国际两个大局。发挥对外援助在构建人类命运共同体中的功能作用，同样需要统筹协调好地方参与援外与国家援外大局之间的关系。

进入 21 世纪之后，面对复杂的国际环境和繁重的外事工作，党中央多次强

---

① 胡锦涛文选：第 2 卷 ［M］. 北京：人民出版社，2016：517.

② 人民日报社理论部. 深入学习习近平同志系列讲话精神 ［M］. 北京：人民出版社，2013：189.

调要提高地方部门处理涉外事务的能力。胡锦涛同志认为，地方部门在处理涉外的国内问题时，应提前做好功课，充分考虑国际影响，主动回应国际社会关切；在处理国际事务时，要顾及群众的感受，加强思想舆论引导，坚决贯彻落实中央的决策部署。① 早在主政浙江省期间，习近平同志便开始思考开展地方工作应该坚持什么样的格局问题，他指出要有世界眼光和战略思维，"切实把本地、本部门的工作放到国际国内大背景和全党全国全省的工作大局中去思考、去研究、去把握"②，主张放在大格局、大背景下开展地方工作。尤其是党的十八大以来，随着党的政治建设不断完善，"党的领导是一切的"局面进一步形成，对国家援外工作进行了规范和完善。在论述《中国必须有自己特色的大国外交》一文中，习近平同志指出："全面推进新形势下的对外工作，必须加强党的集中统一领导……强化对各领域各部门各地方对外工作的统筹协调……规范外事管理……为开创对外工作新局面提供坚强保障。"③

　　在 2018 年 6 月和 2019 年 11 月的中央外事工作会议上，习近平同志均重申了外交大权归中央的论断，地方外事工作必须坚决同党中央保持高度一致。并要求从多个领域、多个层面、多条战线强化对外工作的统筹协调，从而确保中央的对外方针与决策部署得到贯彻落实。以上重要论断，为新时代地方参与国家援外工作进行了明确规范，地方省市在与其他国家开展经济技术合作时，虽然在业务、技术层面享有一定的自主权，但在方向性、原则性、政治性等问题层面，必须绝对服从中央的领导，与国家援外工作大局保持高度一致。

第二节　马克思主义国家结构理论

　　马克思主义国家结构理论是马克思主义经典作家关于国家整体与局部、中央与地方关系的重要论断，对我国这种单一制的中央集权型国家开展对外援助事业产生了重要影响，也对作为"次国家行为体"的地方政府如何参与国家的对外援助活动提供了方向指导和原则遵循。

一、马克思主义国家结构理论的内涵
　　马克思主义经典作家关于国家结构的形式有着自己的论断，有关重要论述

---

①　胡锦涛文选：第 3 卷［M］.北京：人民出版社，2016：245.
②　习近平.之江新语［M］.杭州：浙江人民出版社，2007：20.
③　习近平.习近平谈治国理政：第 2 卷［M］.北京：外文出版社，2017：444.

主要散见于《瑞士的内战》《1847 年的运动》《法兰克福激进民主党和法兰克福左派的纲领》《德国农民战争》《德国的革命和反革命》《欧洲的金融危机》《法兰西内战》《集权和自由》《拒绝纳税和农村》《德国来信》《中央洪达》《共产主义者同盟中央委员会告同盟书》《德国的革命和反革命》等文章中。整体而言，马克思主义经典作家将中央集权制放在奴隶社会、封建社会、资本主义社会、社会主义社会中进行考察，认为中央集权制的加强，是社会进步的体现，也是人类社会发展的必然规律，更是走向社会主义社会的必由之路。从马克思、恩格斯对欧洲社会发展的考察，到列宁领导的社会主义国家的实践，马克思主义经典作家主张不同社会形态的中央集权制是存在着显著差别的。而在无产阶级专政的社会主义国家，必须坚持中央集权与地方自治的统一，实行中央集权下的地方自治。但在无产阶级专政的时期，国家结构形式如何具体的变化，以及在社会主义社会的不同时期，如何界定中央集权的程度与地方自治的限度，他们只进行原则性说明，没有给出具体的答案。

（一）中央集权

中央集权，是就国家结构形式而言的，是一种主张以中央政府为核心，将国家权力收归、聚拢到中央政府的国家结构形式。对建立和加强中央集权，马克思、恩格斯持肯定的态度。

1. 建立和加强中央集权是人类社会进步的重要体现

马克思、恩格斯对于国家结构形式的考察，是以 19 世纪之前的欧洲社会为背景的。中世纪的欧洲呈现封建割据的状态，对此，马克思、恩格斯进行了深刻批判。他们认为那种画地为牢、割据一方的做法，是愚昧、落后的表现，也是阻碍人类社会进步的桎梏，而中央集权的加强，体现了人类社会的进步与发展。在《瑞士的内战》一文中，恩格斯对瑞士分离派同盟发动的内战进行了批判，认为这是一种倒行逆施的行为，与当时资产阶级加强中央集权、实施先进改革的做法背道而驰。"旧瑞士则相反，它的所作所为恰好是反对中央集权。它简直像牲畜一样顽固地坚持与整个世界隔绝，死守着地方习惯、装束、偏见以及全部地方狭隘性和闭塞性。"① 在恩格斯看来，旧瑞士各州特权自重、割据而治的做法是一种"野蛮行径"和"动物般的状态"，也是欧洲民主化进程中的"赘瘤"，而瑞士资产阶级通过打破闭关自守、消除彼此独立以实现中央集权的做法，是历史的进步，也是民主化的体现。

马克思、恩格斯还认为，中央集权的加强，对实施反侵略、反封建的资产

---

① 马克思恩格斯全集：第 4 卷［M］. 北京：人民出版社，1958：392.

阶级革命具有重要的推动作用。在《中央洪达》《革命的西班牙》等文章中，马克思强调反对侵略需要"共同的防御"，而组建一个强大且有力的中央政府尤为重要。"各省洪达的多头政治，应该让位给一个中央政府，因为拜兰会战获胜之后它们之间的争吵愈演愈烈。"① 中央集权制可以消除"各自为政""政令多出"的弊端，从而集国家之力、民族之力于一体来应对内忧外患。"只有在中央洪达的政权下，才有可能把保卫民族的迫切问题和任务的解决同西班牙的社会改造、民族精神的解放结合起来，不做到这一点，任何政治机构只要一同实际生活发生微小的抵触就必然垮台。"② 马克思、恩格斯通过对 19 世纪中期欧洲社会革命的考察，认为割据、分权是封建势力的一致要求，加强中央集权则是进步资产阶级的强力呼吁，而随着生产力的发展和越来越多的生产资料被资产阶级掌握，阻碍资本主义萌芽、崛起的旧的上层建筑必然被砸碎，统一的中央集权的形成将是不可阻挡的潮流。正如马克思与恩格斯在《法兰克福激进民主党和法兰克福左派的纲领》中描述的那样，"即使俄罗斯不来敲德国的大门，经济关系本身也会迫使德国采取严格的中央集权制"③。列宁在《关于民族政策问题》一文中也强调："我们反对分立主义，我们深信，在其他条件相等的情况下，大国比小国能有效得多地完成促使经济进步的任务，完成无产阶级同资产阶级斗争的任务。"④ 在马克思主义经典作家看来，建立和加强中央集权是大势所趋与时代潮流，不仅是人类社会进步的体现，也是历史的必然！

2. 建立和加强中央集权是国家存在与生存的必然要求

在马克思主义经典作家看来，建立和加强中央集权是国家的本质要求，是国家存在与生存的基石，也是国之为国的根本。无论是在奴隶社会、封建社会、资本主义社会，还是在未来的社会主义社会，只要存在国家，就必然要建立和加强中央集权。一个国家无论实行什么样的政体，集权都是必要的。正如恩格斯在《集权和自由》中谈到的那样："每个国家必然要力求实现集权，每个国家，从专制君主政体起到共和政体止，都是集权的……只要存在着国家，每个国家就会有自己的中央，每个公民只是因为有集权才履行自己的公民职责。"⑤

中世纪的欧洲处于封建割据的状态，各州或各邦称雄一方，但这并不意味着缺少中央集权的社会基础，掌握生产资料的封建贵族、地主均需要"中央集

---

① 马克思恩格斯全集：第 44 卷［M］．北京：人民出版社，1982：229.
② 马克思恩格斯全集：第 10 卷［M］．北京：人民出版社，1962：483.
③ 马克思恩格斯全集：第 5 卷［M］．北京：人民出版社，1958：48.
④ 列宁全集：第 25 卷［M］．北京：人民出版社，1988：72.
⑤ 马克思恩格斯全集：第 41 卷［M］．北京：人民出版社，1982：396.

权"来维持现状和社会秩序，从而保护他们的既得利益。恩格斯将瑞士的地方性起义与德国的农民战争相比较，强调中央集权对现世统治的重要性。"瑞士的这些地方性起义之所以会成功，道理很简单，就是瑞士的中央集权情况还远不如德国。"① 19世纪中期欧洲大陆爆发的资产阶级革命运动，以砸碎旧的君主专制式的中央集权、建立新的资产阶级式的中央集权为目标，为资本主义的发展提供合适的国家主权和良好的社会环境。如恩格斯在《1847年的运动》中所言："资产者需要中央集权，而且中央集权还应当有足够的力量使各州的立法趋于一致，并依靠其巨大影响，消除各州在国家机构和法律上的区别。"② 马克思、恩格斯在批判中世纪欧洲封建割据制度的同时，指出王权存在的进步成分与合理方面，进而从新兴的资产阶级反封建君主专制斗争出发，考察不同社会阶级的利益需要与现实抗争，得出建立和加强中央集权是国家存在与生存需要的重要论断。

3. 建立和加强中央集权是无产阶级确立自己统治的必要条件

马克思主义经典作家认为，建立和加强中央集权在促进资本主义生产发展的同时，也为无产阶级的成长和登上历史舞台提供了机会与条件。建立和加强中央集权不仅是资产阶级战胜封建割据势力、建立资产阶级民主政权的重要举措，也是促使无产阶级觉醒与联合起来并最终战胜资产阶级的重要方式。面对资产阶级已拥有相当中央集权的现实，无产阶级不应担心自身利益受损，而应在中央集权的过程中实现更大范围内的联合。"民主主义的无产阶级如果要重新确立自己的统治，就应当不仅使各个国家也都中央集权化，而且应当尽快地使所有文明国家统一起来。"③ 同时，马克思、恩格斯认为，对力量相对弱小的无产阶级来说，建立和加强中央集权更有助于使有限的力量得到最大限度的发挥。在《中央委员会告共产主义者同盟书》一文中，马克思主义经典作家强调，只有在集中的条件下，才能发挥无产阶级在革命活动中的全部力量。对于资产阶级民主派反对建立统一共和国的做法，马克思、恩格斯进行了批判，主张"工人应该反对这种意图，不仅要坚持建立统一而不可分割的德意志共和国，并且还要坚决使这个共和国的一切权力集中于国家主权掌握之下"④。集权可以帮助无产阶级整合琐碎的资源与分散的力量，广泛动员一切可以团结的力量投身于革命运动之中，并促成最终的胜利和无产阶级政权的建立。

---

① 马克思恩格斯全集：第7卷 [M]．北京：人民出版社，1959：429.
② 马克思恩格斯全集：第4卷 [M]．北京：人民出版社，1958：510.
③ 马克思恩格斯全集：第4卷 [M]．北京：人民出版社，1958：392.
④ 马克思恩格斯选集：第1卷 [M]．北京：人民出版社，1972：390.

（二）地方自治

地方自治，是在中央政府的授权和领导之下，地方政府享有一定的自治权。关于地方自治，马克思主义经典作家同样认为是必要的。

马克思、恩格斯认为，无产阶级在致力于建立和加强中央集权的同时，也不可忽视地方自治，这种自治在某一社会形态的某一时期，同样体现出一定的合理性与进步性。恩格斯在考察 18 世纪末法国大革命时强调，雾月政变前，"各省、各区和各乡镇的管理机构都是由人民自己选出而可以在全国法律范围内完全自由行动的政权机关组成的；这种和美国类似的地方和省区自治制，正是革命的最强有力的杠杆"①。可见，恩格斯对地方自治进行了客观分析与考察，指出在不同的社会形势下，"地方自治"也具有一定的革命性，他对坚持中央集权制下的地方自治予以肯定和认可。

在《集权和自由》一文中，恩格斯对为了中央集权而剥夺和牺牲地方自治权的做法进行了批判，认为"中央集权国家如果像法国正在发生的和科尔梅南所承认的那样，为了中央而牺牲各省并且建立丝毫也不比门阀贵族统治和金融贵族统治更公正、更合理的寡头统治，一个地区的贵族的统治，那它自然就在制造不公正"②。在马克思主义经典作家看来，地方自治无论是在资本主义国家还是在社会主义国家，都是不可或缺的。马克思在《法兰西内战》一文中认为巴黎公社的真正秘密在于它是工人阶级的政府，这一制度"会使农村生产者在精神上受各省主要城市的领导……公社的存在自然而然会带来地方自治，但这种地方自治已经不是用来对抗现在已被废弃的国家政权的东西了"③。

列宁也强调地方自治的合理性，认为在一个情况复杂的大国，要实现真正的民主，必须允许一定的自治。他在《关于民族政策问题》中指出："一个民主国家必须承认各地区的自治权，特别是居民的民族成分复杂的地区和专区的自治权。这种自治同民主集中制一点也不矛盾；相反地，一个民族成分复杂的大国只有通过地区的自治才能够实现真正民主的集中制。"④ 在《一封给地方自治人士的信》中，为了反对俄国专制官僚，列宁呼吁各省自治机关审定、修改地方自治机关条例，要求"在不损及整个国家利益的范围内，扩大地方自治机关的职权，给予它关心一切地方公益和需要的充分独立自主权"⑤。

---

① 恩格斯. 德国的革命和反革命［M］. 北京：人民出版社，1962：125.
② 马克思恩格斯全集：第 41 卷［M］. 北京：人民出版社，1982：394.
③ 马克思恩格斯选集：第 2 卷［M］. 北京：人民出版社，1972：377.
④ 列宁全集：第 25 卷［M］. 北京：人民出版社，1988：73.
⑤ 列宁全集：第 6 卷［M］. 北京：人民出版社，2013：343.

（三）中央集权制下的地方自治

坚持中央集权制下的地方自治，要求在拥护中央政府权威与领导下，充分释放地方的活力，实现中央与地方之间的良性互动。马克思主义经典作家对实行中央集权制下的地方自治是持肯定态度的，并主张在无产阶级专政的社会主义国家应充分协调、处理好中央与地方的关系。对这一论断的把握，需要注意以下三个方面。

1. 坚持中央集权制下的地方自治要确保地方对中央的服从

马克思主义经典作家认为，在实行中央集权制的国家，地方自治的前提是坚持中央集权，中央的授权和允许是确保地方自治合法性的关键，地方必须拥护中央的权威、服从中央的指示、接受中央的领导。究其原因在于，中央集权与地方自治存在着矛盾的一面，双方斗争的结果无外乎中央政府的解散或地方政府的被驯服两种，正如马克思、恩格斯在《法兰克福激进民主党和法兰克福左派的纲领》中描述的那样："中央政府一经产生，就会同各邦政府展开斗争，在这一斗争中，不是中央政府同德国的统一同归于尽，就是各邦政府同它们的立宪君主或小共和国一起消失。"① 因此，在实行中央集权制的国家，地方必须服从中央。地方服从中央意味着它必须以中央为唯一领导核心，而不能"自搞一套"或"另立中央"。马克思在《欧洲的金融危机》一文中对"恐慌"首先爆发在德国并在那里广泛蔓延的原因进行了分析，认为"德国完全不是一个地方分权的国家，全部问题只在于集权制在这个国家里是分散的，因而不是存在一个中央，而是存在许多中央"②。马克思对德国联邦政府"另立中央"的做法进行了批判，重申了坚持中央政府统一领导的重要性。此外，恩格斯强调，集权必须集中在一个中心，这种集权活动具有普遍意义，"由此就产生了国家的中央政权有权颁布法律，统率管理机关，任命国家官吏，等等"③。可见，集权蕴含的"普遍意义"为地方服从中央提供了合理解释，也从法律层面规定了中央对地方的管辖。

2. 中央集权应有边界且在民主集中制的基础上实现

马克思主义经典作家在强调中央集权进步性、革命性、必然性的同时，也主张中央集权应有自身的边界，而一旦越过边界或无限膨胀，则极易导致专制独裁、个人专制的产生。恩格斯在《集权和自由》中认为，集权是法国的立法

---

① 马克思恩格斯全集：第5卷［M］．北京：人民出版社，1958：47.
② 马克思恩格斯全集：第12卷［M］．北京：人民出版社，1962：63.
③ 马克思恩格斯全集：第41卷［M］．北京：人民出版社，1982：396.

中出现倒退的主要原因，由于"目前统治着法国的这种极端形式的集权，乃是国家超越了自己的范围，超越了自己的本质"①，导致国家将本来只属于历史享有的权利攫为己有。这种为了整体而牺牲个人的权利超越了时代的需要，是孕育专制独裁的温床，自然是不公正的。在权力划分层面，恩格斯同样认为中央政权有其管辖范围，不能超越自身的边界。颁布法律、统率管辖机关、行政任命等权力归中央，而司法权、公共事务则不能纳入中央政权管辖范围。在马克思主义经典作家看来，中央政府不是"万能型"政府，也会存在失误和不足，在纵向层面与横向层面进行适当的分权，可以起到一定的监督作用。同时，马克思、恩格斯认为，中央集权与中央专制、个人专权有着本质上的区别，根本原因在于中央集权是在民主集中制的基础上产生的。国家集权不等于某个人就是国家的中心，而是有个人位于国家的中心，它强调的不是身居中央的个人，而是中央本身。列宁也在《中央集权制和自由》中强调，"决不能忘记，我们维护集中制只是维护民主集中制"②。

3. 中央集权与地方自治可以互为补充

马克思主义经典作家认为，中央集权与地方自治既存在着博弈性，也具有一致性。在民主共和制国家，中央集权是建立在民主集中制基础上的集权，绝非专制独裁，地方自治是在中央授权与许可下的自治，不是地方分离主义。坚持中央集权与地方自治的统一，可以在中央的领导下调动地方的积极性。中央与地方存在一定的分权，可以做到相互补充，共同促进国家发展和社会建设。马克思、恩格斯在强调中央集权制的同时，也十分重视地方自治。在《1891年社会民主党纲领草案批判》一文中，恩格斯主张"省、专区和市镇通过由普选权选出的官吏实行完全的自治。取消由国家任命的一切地方的和省的政权机关"③。列宁则认为，民主的中央集权制与地方自治或区域自治不仅不存在冲突，而且均有内在的一致性。"如果不保证每一个在经济和生活上有较大特点并且民族成分不同等等的区域享有这样的自治，那么现代真正的民主国家就不可能设想了。"④ 马克思主义经典作家关于中央集权与地方自治可以互为补充的重要论断，对建立和完善无产阶级专政国家的结构形式提供了方向指导与重要遵循，为社会主义国家妥善处理中央与地方之间的关系提供了方案选择和制度安排，对于形成"中央协调各方、地方活力四射"的良好局面，无疑具有重要意义。

---

① 马克思恩格斯全集：第41卷［M］. 北京：人民出版社，1982：393.
② 列宁选集：第2卷［M］. 北京：人民出版社，1995：358.
③ 列宁全集：第31卷［M］. 北京：人民出版社，1985：145.
④ 列宁全集：第24卷［M］. 北京：人民出版社，2017：150.

二、马克思主义国家结构理论对地方参与国家援外的启示

马克思主义国家结构理论对地方参与国家的对外援助产生了重要启示，地方参与国家对外援助，既服务于国家援外工作的大局，又使其在国际交流与合作中获得自身发展的机遇，对国家和地方而言，是一种"双赢"。但需要注意的是，国家授权是地方参与对外援助的前提，国家对外援助的实施应充分考虑地方因素，两者不可偏废。

（一）国家授权是地方参与对外援助的前提

马克思主义经典作家在批判"君权神授论""家庭扩生论""社会契约论""暴力征服论""国家要素说"的基础上，对国家的起源进行了系统考察，指出"国家是从控制阶级对立的需要中产生的，同时又是在这些阶级的冲突中产生的"①。国家的本质是一定阶级的专政，即统治阶级利益和意志的体现。因此，在国际交往活动中，代表统治阶级利益和意志的国家是国际关系的主体。尤其是在单一制中央集权型国家，代表国家整体利益的中央是决定对外关系的"合法代表"和"唯一代表"。从主权属性层面来看，无论是对内主权还是对外主权，在单一制国家内"中央政府一般不与地方政府分享主权，而主权事务未经特别授权或者委托，通常由中央政府承担"②。故而，对外援助作为国家外交的重要工具，同样是以国家的存在为基础和前提的。在马克思主义国际关系理论视域下，地方或地方部门依附于国家而存在，对外不具有"独立性"，其对外活动领域无法超越"国家的边界"，必须通过国家的"授权"和"允许"才具有合法性，而不能直接跳过中央行"僭越外交"之事。因此，地方参与国家对外援助，本质上是一种"有限的参与"，其现实价值在于协助中央政府做好对外援助事业，服务于国家外交工作和实施对外战略的大局，承认并遵循了这一点，地方参与对外援助才具有意义可言。

（二）国家的对外援助应充分考虑地方因素

在马克思主义国家结构理论中，地方或地方部门的存在同样具有合理性，地方部门作为附属于中央的内政单位，是构成国家的重要组成部分。国家整体功能的发挥在一定程度上取决于地方的能动性。事实上，在单一制国家中，马克思主义经典作家及其后继者同样重视在中央的统一领导和组织下，充分调动

---

① 马克思恩格斯全集：第21卷 [M]．北京：人民出版社，1965：196.
② 王浦劬，等．中央与地方事权划分的国别研究及启示 [M]．北京：人民出版社，2016：19-20.

地方的积极性。就对外援助事业而言，对外援助的战略选择、政策制定、规模设置等由中央来决策和部署，但对外援助活动的具体实施与任务落实则离不开地方部门的参与和配合。从这个角度来看，地方积极参与国家对外援助十分必要，而国家在援外过程中对地方因素的重视和地方实际的把握，则是确保地方参与国家对外援助意义实现的重要环节。在新中国的援外实践中，对外援助的决策权完全归中央政府所有，但具体的援外任务则需要地方和地方部门来"认领"与完成。"一省包国""项目承包""协作分包"等形式的援外任务分配模式，对新中国顺利实施对外经济技术援助活动发挥了重要作用。国家在落实对外援助任务时，既要吸纳地方积极参与，又要充分考虑地方实际，在"决策—部署—落实"的动态运作中增强国家与地方之间的互动反馈，积极发挥地方的能动性。

第三节　地方参与国家对外援助的中国逻辑

地方政府作为重要的"次国家行为体"，其参与国家对外援助的合法性源自中央政府的授权，本质上是一种"有限参与"。为了完成中央下派至地方的任务以及地方为谋求发展的内在需求是地方参与国家对外援助的重要动力。在这个"有限参与"的过程中，中央与地方之间呈现出一种彼此互动的关系，地方参与国家援外的力度、方式，既要考虑国家层面的需要，也需要国家根据地方省市的实际和实力来安排，实情符合和实力允许是地方参与国家对外援助的必要性条件。就我国而言，地方参与国家援外的渠道是多元化的，但主要分为通过"出国考察"参与国家援外决策、通过"一省（自治区、直辖市）包国"承担国家援外任务、通过"分工协作"参与国家援外项目建设这三种类型。此外，需要看到，地方参与国家援外与国家援外之间既具有统一性，也存在着对立的一面，通常情况下，"次国家行为体"运用对外援助这一工具有助于国家对外战略利益的实现，但也有可能因职能"越界"或行为"膨胀"而扰乱中央的援外战略部署，不利于国家对外利益的实现。

一、合法性来源：中央对地方的授权

在国家对外援助中，地方参与援外的合法性源自哪里？在中国这样的国家，地方参与国家援外又具有何种特殊性？这些是本书无法回避的问题。要破解上述疑惑，就需要在理论层面对次国家政府的国际行为进行考察。

在国外，学界分析次国家政府的国际行为，主要有四种理论，即地方中心论、多层外交论、市场中心论和国家中心论。主张地方中心论的学者，主要有霍华德·利森、查德维克·阿尔格、鲁杰·迪马佐、韦恩·克利福德、杜恰切克等人，相关著作主要体现在《对外关系和加拿大的联邦制》《世界中的地方、全国和全球政治：对国际研究的挑战》《联邦国家的成员单位和国际协定》《加拿大的西部省份：其国际关系的重要性和方向》《政治的领土层面》《联邦主义和国际关系》《国际关系和联邦国家》等中。而杜恰切克等人提出的"平行外交论"是地方中心论的集中体现，认为在实行联邦制的国家，联邦成员政府自主从事的国际活动，与中央的外交活动是并行展开的。坚持多层外交论的学者，主要有白里安·豪京、加里·马克斯、利斯贝特·胡格等人，代表性著作主要有《将外交政策地方化：次国家政府和多层外交》等。豪京提出的"多层外交论"和马克斯与胡格提出的"多层治理论"是多层外交论的集中体现。该理论认为，国际政治、全国政治、地方政治三者之间是相互融合的，是一个多层次的政治舞台，无论哪一层面要实现自己的政策目标，都需依靠国际、全国、地方间彼此互动与共同运作来完成。奉行市场中心论的学者主要以大前研一为代表，相关论断主要体现在其著作《地区国家的兴起》《民族国家的终结：地区经济的兴起》中。该理论提出"地区国家"的概念，即围绕一个区域中心，形成一个拥有一定人口的经济单位。在世界日益走向无边界时代的背景之下，这个"地区国家"才是真正的自然经济单位。"地区国家"主张开放式发展，反对地方保护主义，其发展的动力主要来自企业和个人，互利互惠式的发展也成为其主要追求。秉持国家中心论的学者，主要有汉斯·摩根索、肯尼思·华尔兹等人，相关著作以《国家间权力》为代表。该理论强调国家是国际政治中最重要的行为者，是其他国际行为体无法比拟和超越的。该理论对次国家政府参与国际活动持否定的态度，在作用层面认为是微不足道的，并未对国家的中心作用形成根本挑战，而且在国际化、全球化进程中，相对于次国家政府，国家的优势地位在进一步增强，在结果层面认为是可能有害的，次国家政府在外交事务中与中央政府的不一致，将影响一国的国际谈判地位。①

地方中心论与多层外交论均以政府为研究视角，但双方所持的观点截然相反，市场中心论关注世界经济游戏规则的变化及这种变化对调整经济单位的影响，国家中心论强调在对外事务中国家的中心地位，这些理论为我们探讨地方参与国家援外提供了理论参考和重要启迪。然而，上述理论的形成，均源自西

---

① 陈志敏．次国家政府与对外事务［M］．北京：长征出版社，2000：9-21.

方社会的实践，主要探讨的是在实行联邦制的国家，国家与次国家政府在外交、对外事务中彼此所起的作用以及双方间关系的问题，因而不能成为直接指导我国地方援外活动的理论。

在国内，学界同样关注对外事务中国家与地方关系的问题，这方面一些具有代表性的学者如陈志敏、苏长和、杨洁勉等人，均聚焦民族国家权威多向度分散的现象与趋势，并结合中国的实际对国家对外关系分权化与分层化的问题进行解读。陈志敏认为，次国家政府的国际行为具有非主权性、政府性、地方性和中介性，次国家政府绝对不是主权行为者，也不是独立的非国家行为者，这两点是把握次国家政府国际行为的基本出发点。① 次国家政府的国际行为源自中央政府的授权和认可，并受中央政府的管理和限制。苏长和从外交的定义出发，对中国是否存在对外关系领域的分权问题进行了考察，认为"从议题联系和内外政治联系的事实甚至大外交的角度分析，地方参与国家外交却是不容置疑的事实"②。他结合中国改革开放以来的实际情况，认为在事关外交的职能性权力和外交在纵向的央地关系层面均存在一定限度的分权现象。当然，强调地方在国家外交中的分权并不是否定中央的权威性，这种分权正是在中央的同意和授权下而展开的。杨洁勉以上海举办世博会的例证，阐述了次国家政府在国家外交中的重要作用，认为上海世博会调动了次国家等行为主体的积极性，"各级地方政府也结合本地区的特点和发展需求，在配合和落实国家外交全局的前提下，推进了形式多样、务实有效的地方外事工作"③。徐步华对非国家行为体的影响力和活动边界进行了考察，认为在现代国际体系中，非国家行为体发挥的作用越来越大，但相对于主权国家而言，它对国际政治的影响是有限度的，非国家行为体在国际社会中的作用深受主权国家的影响和制约，其在国际活动中的扩展与收缩，与主权国家的兴衰息息相关。④ 王公龙认为，在当今国际社会中存在着权力转移的现象，而权力由国家行为体向非国家行为体的转移是其基本态势之一。这种权力的转移主要有四种形式，即国家行为体主动向非国家行为体让渡部分权力、非国家行为体与国家行为体争夺权力、通过非国家行为体之间的合作削弱国家行为体的权力、非国家行为体通过暴力和施暴行为削弱

---

① 陈志敏. 次国家政府与对外事务［M］. 北京：长征出版社，2000：24-32.
② 苏长和. 中国地方政府与次区域合作：动力、行为及机制［J］. 世界经济与政治，2010（5）：8.
③ 杨洁勉. 中国世博外交：经验和创新［J］. 国际展望，2010（6）：3.
④ 徐步华. 非国家行为体的影响及其限度［J］. 理论月刊，2014（5）：110-112.

国家行为体的权力地位。①

国内学者结合我国实际对民族国家权威多向度分散现象的重要论断，虽然没有专门就地方参与国家援外活动问题进行讨论，但对回答"在国家对外援助中，地方参与援外的合法性源自哪里？"这一问题，产生了重要启示。

综合分析把握以上国内外学者的相关研究，并围绕本书的主题，笔者认为：就我国而言，地方参与国家的对外援助，本质上是一种"有限参与"实践活动，必须在中央政府的授权或允许之下展开，没有中央政府的授意则合法性荡然无存；地方在参与国家援外中，必须服从和维护中央政府的权威，配合国家的对外战略和外交工作，而不能与国家的外交方针、政策相违背；从新中国成立以来的援外实践来看，考察中央对地方的授权，应当坚持变化发展的观点，改革开放前，中央对地方的授权，更多的是一种必须服从的"命令"，地方以承建部或协作部的角色承担国家的援外任务是中央直接"指派"的，改革开放后，地方承担国家援外任务的角色虽然没有改变，但在援外动机、援外形式、援外项目落实与操作等方面发生了重要变化，中央政府的授权也日益由微观走向宏观。

二、动力性来源：国家要求及地方发展

当对外援助上升为一个国家对外战略和外交工作的重要组成部分之后，驱动地方参与国家援外的因素主要有两个，即国家层面的要求和地方层面的发展需求。这两个因素在不同历史时期均有不同程度的体现。

在改革开放之前，"以阶级斗争为纲"是计划经济时代的发展主线，在这种宏观背景之下，我国的对外战略、外交活动和援外工作深受其影响，"反帝防修"成为新中国外交的主要任务。在这一时期，虽然我国对外交流与联系的力度和范围十分有限，但以毛泽东同志为核心的党中央，还是希望通过运用对外援助这一外交工具，来帮助推动社会主义国家和第三世界国家的民族民主解放运动与经济社会发展，从而不断壮大世界上追求和平的势力，进而打破帝国主义、霸权主义对新中国的封锁、敌视和打压。在这种背景之下，无产阶级国际主义是中国应该履行的职责和义务，也是指导中国对外援助工作的根本准则。同时需要看到，新中国成立之初，百废待兴，国家财力有限，对于耗费财力、物力、人力的援外项目除需要中央的决策和部署外，还离不开地方省市的参与、支持和配合。地方省市参与国家的对外援助，是国家要求地方省市贯彻落实无产阶级国际主义的必然要求。而在一个政治经济体制高度集中的单一制国家，

---

① 王公龙. 权力转移及其对世界政治发展的影响［J］. 国际论坛，2009（4）：2.

国家层面的任务即地方省市的任务，积极履行无产阶级国际主义职责与义务成为地方省市参与国家对外援助的重要动力。

改革开放之后，"以阶级斗争为纲"的路线成为历史云烟，经济建设成为举国追求的中心工作，随着改革开放事业的起步、发展和再推进，从中央到地方各个部门，各个要素被不断激活，中国的对外援助事业也迎来新的发展春天。国家工作重心的调整，对外交工作提出了新的要求，对外援助作为重要的外交工具，也开始走向为经济建设服务的新征途。在这种历史进程中，地方省市一方面继续承担国家下达或安排的援外项目和援外任务；另一方面在经济全球化与经济区域化竞相迸发的时代，不断拓展自身与国际社会交往和活动的空间，从而为一省或一市更好利用国际资源创造良好的条件。尤其是随着我国国际友好城市的不断缔结，一些地方省市主动向国家请求要"走出去"，希望在对外承包工程、对外经济技术合作等方面获得更大、更多的权限和空间。此外，在这一时期，地方省市在承担援外任务的过程中，也是向受援国或受援地区展示自身形象和品牌的重要机遇期，为一些后续国家间的合作埋下"伏笔"。不难发现，在新的时期，地方省市参与国家的对外援助，不仅受履行无产阶级国际主义义务驱动，也受追求自身发展的经济利益驱使，且后一种动力日益强劲。

三、必要性条件：地方实情及实力

在对外援助活动中，国家将一项援外任务委托给地方省市承担，绝对不是单向度的简单的"指派"，而是多向度的精心的"挑选"。一项援外任务的成功下达，需要国家根据地方省市的实际和实力精心谋划。换言之，实情符合和实力允许是地方参与国家对外援助中的必要性条件。

众所周知，中国地大物博，东西南北之间在自然条件、经济因素、工业基础、社会状况、人文风貌等层面存在较大差异，东部、中部、西部地区之间发展不平衡、不充分，沿海与内地之间的实力悬殊。这种复杂性和差异性，使国家不得不对援外战略的制定与援外活动的实施进行调整和规划。一般来说，在落实援外任务的过程中，那些经济基础相对雄厚、工业体系相对完备的地方省市容易被"选中"，往往被委以重任，在参与国家援外工作中发挥的作用相对较大。而那些自身经济状况较差、工业体系相对残缺的地方省市，往往"难堪大用"，其在参与国家对外援助中发挥的作用也就相对较小。因此，地方省市的实情和实力是否允许，成为影响国家对外援助战略决策的重要因素，也成为影响地方自身能否承担国家下达的援外任务的基础性要素。

四、多元化渠道：参与决策、一省包国、分工协作

在我国，地方参与国家援外的渠道是多元化的，主要分为三种类型：通过"出国考察"参与国家援外决策、通过"一省（自治区、直辖市，以下简用"省"代替）包国"承担国家援外任务、通过"分工协作"参与国家援外项目建设。在不同的历史时期，地方参与国家援外的渠道是有所侧重的，也普遍存在多种渠道并存的现象，但从整体上看，通过"分工协作"参与国家援外项目建设是地方省市参与国家援外的主渠道，这与援外任务本身的要求、地方省市的特点以及我国举国援外的体制有较大关系。

一是通过"出国考察"参与国家援外决策。受援国对我国提出援助需求之后，我国并不是"全部接受"，也非"全部否定"，而是首先对受援国的国情、实际需求、有关施工建设条件等环节进行了解把握，并综合考虑我国是否有承担援助任务的能力与可能等因素，最后做出相对客观的援外决策与部署。因此，在整个援外过程中，承担援外任务之前的出国考察环节至关重要，它在一定程度上甚至决定了援外任务的立项和援外项目的成功与否。我国对外经济战线杰出的领导人方毅同志十分重视援外决策前的出国考察和实地调研工作，"强调对外商定项目前，要选派有经验的专家去受援国实地考察，认真进行可行性研究；要了解对方的实际需要，深入调查研究其经济特点、技术和管理水平、资源和自然条件；在此基础上，分析论证项目是否具备建设条件和经济合理，以及我国在经济、技术上的可能性"[①]。援外项目的"出国考察"工作由中央层面组织领导，但具体的落实与实施需要地方省市，尤其是拟承担援外任务的地方省市选派专家，跟随中央有关部门一同赴受援国进行实地考察和调研，最终形成项目考察报告，以供中央援外决策参考。

二是通过"一省包国"承担国家援外任务。受援国提出援助需求后，中央通盘考虑之后决定提供援助，并将全部的援外任务下达给某一省市承担。从新中国成立以来的援外实践来看，以"一省包国"方式承担国家援外任务的情况相对较少，这对具体承担援建任务的地方省市提出了较高要求。一般而言，只有那些经济实力相对雄厚、工业体系相对完备、科技产业相对发达的地方省市才有可能以"全部包揽"的形式参与国家的对外援助活动。同时也存在一种情况，即受援国提出的援助要求对我国来说相对容易实现，国内大多数省市均有能力可以独自承担，在这种情况下"一省包国"也成为可能。此外，当受援国

---

① 《方毅传》编写组. 回忆方毅［M］. 北京：人民出版社，1999：5.

向我国提出的援助任务带有较强的专业性时，以某一领域、某一行业、某一产业见长的个别省市，也具备通过"一省包国"承担国家援外任务的能力。

三是通过"分工协作"参与国家援外项目建设。在我国，由多个地方省市或部门通过"分工协作"参与国家援外项目的建设是一种较为普遍的现象，这里面充分体现了社会主义国家集中力量办大事的原则，也是中国对外援助的一大特色。尤其在20世纪六七十年代，随着我国援外力度的加大与援外规模的扩大，对外援助的任务十分艰巨，同时受援国提出的援助要求越来越高，"单兵作战"很难完成既定的援外目标。而以中央某一部门为承建部、中央某一或若干部门为协作部、某一地方省市为筹建单位、某一或若干地方省市为协作单位这样的形式，通过"协同作战"共同完成国家的对外援助任务。需要说明的是，在"分工协作"参与国家援外项目建设中，地方省市扮演的角色分"主角"和"配角"两种，"主角"是指地方省市担任筹建单位，对援外项目负主要责任，"配角"则意味着地方省市担任协作单位，对援外项目负有一定的责任，但主要是全力配合筹建单位共同完成国家既定的援外目标。

五、矛盾性法则：为国挣利及与国争利

地方省市在参与国家的对外援助活动中，同样存在对立统一的矛盾法则，即地方参与国家援外与国家援外之间既具有统一性，也存在着对立的一面。地方省市承担国家的援外任务，有助于国家援外目标的实现，但同时地方省市一旦"越界"或"膨胀"则极有可能打乱中央的援外战略部署，妨碍国家对外援助的有效运作。

中央政府最愿意看到的是国家的对外援助能够从地方省市那里得到贯彻落实，国家的援外战略部署和援外活动的实施能够得到地方省市的配合与支持，让地方援外成为国家援外的有益补充。从整体层面来看，我国地方省市在参与国家援外过程中基本上做到了这一点，为发展、壮大、巩固中国的对外援助事业做出了应有的"地方贡献"。但在具体的援外实践中，尤其是改革开放以来，随着我国对外关系的进一步发展，地方省市参与国际事务的机会和空间迅速增加，地方省市在执行落实好国家援外任务这块"公家田"后，也日益聚焦寻求对外经济技术合作这块"自留地"，一旦掌握不好尺度或火候，则很有可能出现"分散""混乱"的现象，甚至是"先斩后奏"的行为，容易对国家援外战略部署与援外目标的实现产生消极影响。如在20世纪80年代，个别省市出现了"重合作、轻援外"的现象，对承担国家援外任务表现不积极，对开展对外经济技术合作十分热心，这种"利益本位""地方本位"的不当行为，不利于国家

援外工作的展开。因此，地方在参与国家援外活动中，要妥善处理好追求自身发展与维护国家整体利益的关系，合理约束自身的"越界"或"膨胀"行为。

第二章

上海参与国家对外援助的起步阶段（1950—1954）

　　为打破敌对势力的"围堵"，为新中国的建设事业争取一个和平的外部环境，以毛泽东、周恩来等为代表的老一辈无产阶级革命家，开始考虑通过"争取外援"与"对外援助"来进行反对帝国主义的斗争。1950年2月14日，中国同苏联之间签订《中苏友好同盟互助条约》，正如毛泽东的设想，中苏之间的友好关系要用"条约"的形式固定下来。① 这一条约的缔结，让中国获得了来自苏联的大量援助，巩固了中苏之间的关系，壮大了世界社会主义阵营的力量，对中苏而言均是一种互利双赢。当然，新中国在"争取外援"的同时，也不忘开展"对外援助"，通过支援周边社会主义兄弟国家，来共同反对帝国主义的压迫。1950年6月25日，朝鲜战争爆发，以美国为首的帝国主义国家出兵干涉，并将战火烧至中国东北边境，严重威胁到新中国的安危，应朝鲜的请求，以毛泽东同志为核心的党中央做出"抗美援朝，保家卫国"的战略决策，号召全国各地、各族人民、各个阶层团结起来，共同反对美帝国主义的侵略行径。在抗美援朝斗争中，鉴于国家安全危机和朝鲜请求我方赴朝作战的请求，中国对朝鲜的援助主要采用了军事援助的方式。毛泽东主张"对朝鲜不能不帮，必须帮助，用志愿军的形式"②，这一号召对全国各地动员抗美援朝工作产生了重要影响。包括上海在内的一些地方省市主要通过志愿参军、志愿赴朝、志愿募捐等方式参与国家的抗美援朝运动。

第一节　新中国成立初期上海参与国家对外援助的背景

　　新中国的成立，标志着一个东方大国以新的姿态屹立于世界民族之林，也

---

① 中华人民共和国外交部，中共中央文献研究室.毛泽东外交文选［M］.北京：中央文献出版社，1994：132.
② 中共中央文献研究室.毛泽东年谱：1949—1976：第1卷［M］.北京：中央文献出版社，2013：168.

宣告了社会主义制度在东方的胜利。然而，在"冷战"背景下，以美国为首的资本主义阵营出于多种原因，对这一新生的政权持敌视、封锁、打压的态度，甚至一度威胁新中国的国家安全和边境地区的社会稳定。为改变这种"被动"的局面，毛泽东同志高瞻远瞩，在对外关系上实行"一边倒"的方针，即坚定地倒向苏联、倒向社会主义，从而努力打破帝国主义的全面封锁，为新中国获取更多的生存空间和发展机会。1950 年，朝鲜战争爆发后，作为社会主义兄弟国家的朝鲜遭受帝国主义的强势"插足"和侵略。面对朝鲜人民的求援以及帝国主义将这场战火烧至我国东北边境的事实，毛泽东等人做出了抗美援朝的重大决策，并组织动员全国各地开展抗美援朝运动。在这场运动中，作为新中国成立初期我国"王牌"城市的上海积极出钱出力，以实际行动支援朝鲜战场。

一、冷战状态下"一边倒"方针的出台

新中国成立初期，世界形势风云变幻，以苏联为首的社会主义阵营与以美国为首的帝国主义阵营呈现对峙状态，在美苏对峙左右着国际大势的格局之下，亚洲、非洲、拉丁美洲的民族解放斗争与民主运动风起云涌。而对于新中国的成立，西方一些帝国主义国家对这一新生的政权虎视眈眈，妄图将新中国扼杀在摇篮里，因而对我国实施经济上封锁、政治上孤立、文化上渗透的敌视政策，致使新中国面临的外部环境异常严峻。为了应对美帝国主义全方位的封锁与孤立，巩固新生政权并为之营造一个有利的国际环境成为当时新中国外交的首要任务。

一方面，以毛泽东为核心的第一代领导集体，在新中国成立初期渴望"朋友"，希望通过广泛的"交友"来打破帝国主义对我国全方位封锁的局面。1949年 10 月 1 日，《中华人民共和国中央人民政府公告》指出："凡愿遵守平等、互利及互相尊重领土主权等项原则的任何外国政府，本政府均愿与之建立外交关系。"① 另一方面，出于生存的需要和意识形态方面的考虑，新中国先后出台"另起炉灶""打扫干净屋子再请客""一边倒"的外交方针，主张对外建立新型的外交关系，并在对外立场上倒向苏联一边。1950 年 2 月，中苏之间签订了《中苏友好同盟互助条约》，苏联对新中国提供了大量的援助，而新中国也在国际事务上坚定地支持苏联，中苏之间成为亲密的"战友"和"兄弟"，有研究

---

① 中共中央文献研究室. 中华人民共和国开国文选［M］. 北京：中央文献出版社，1999：390.

者指出，"五十年代中苏友好合作关系处于全面发展时期"①。

二、朝鲜战争爆发后中国做出抗美援朝的重大决策

在新中国成立初期的"朋友圈"当中，朝鲜对于新中国具有重要意义，特殊的地缘因素让中朝两国成为"唇亡齿寒"的朋友，源远流长的传统情谊为20世纪50年代初期中朝关系的发展奠定了历史基础，共同的遭遇、共同的反帝斗争经历、共同的争取民族独立的愿望使中朝两国人民形成"革命的友谊"。

1949年10月6日，中朝正式建交，这符合中朝两国人民的根本利益，也有助于维护亚洲地区的和平与稳定。然而，好景不长，1950年6月朝鲜战争爆发，以美国为首的帝国主义国家派兵干涉并将战火烧至中国东北边境，新中国面临严峻的威胁，保护国家安定成为头等大事，同时为了帮助遭受战争磨难的朝鲜人民并回应朝鲜政府主动请求中方出兵的请求，中国于1950年10月19日出兵朝鲜，抗美援朝战斗就此打响。据有关资料记载："在抗美援朝战争中，中国援朝各种物资560多万吨，开支战费60万亿（人民币旧币）元，死伤志愿军指战员36万余人……1954年朝鲜遭受自然灾害，中国人民志愿军节衣缩食，向朝鲜人民捐献粮食700余万斤、衣物10万多件。"② 此外，中国人民志愿军还与朝鲜军民并肩劳作，支援朝鲜战后恢复生产与家园重建工作，用实际行动谱写了"国际主义"的颂歌。

三、国内地方抗美援朝运动的掀起

与朝鲜战场相策应的是，我国各省市也随即掀起了轰轰烈烈的抗美援朝运动，以实际行动支援抗美援朝斗争。实际上，国内各地掀起抗美援朝运动并不稀奇，因为中国是一个实行单一制的社会主义国家，在制定对外援助战略与政策的过程中，毫无疑问决定权在中央。然而，援外战略和政策的具体落实则离不开地方的配合与支持。在反抗强悍的美帝国主义侵略友邻的斗争中，以毛泽东同志为核心的党中央便注意到引导地方积极参与"反帝反霸"斗争的问题。其实在中国志愿军尚未出兵援朝之前，中共领导人便考虑到打赢这场战争需要国内各地配合和支持的问题。如1950年8月26日，周恩来在主持检查和讨论东

---

① 陈一然.亲历共和国60年：历史进程中的重大事件与决策［M］.北京：人民出版社，2009：241.

② 裴坚章.中华人民共和国外交史：1949—1956［M］.北京：世界知识出版社，1994：79.

北边防军准备工作会议时提出了"出国作战要自力更生、立足国内供应"的方针。① 抗美援朝战争打响后，全国各地掀起了支援抗美援朝的爱国运动，北京、上海、湖北等地广泛开展"增产节约"运动，积极动员参军参战，及时进行捐款捐物，以支持中国人民志愿军和朝鲜人民反对帝国主义的斗争。

首先，开展"反帝防修"斗争，坚持"全国一盘棋"的思想十分必要。按照这一思路，毛泽东号召各地应放手发动群众，积极动员社会各阶层，凝聚全国之力援助志愿军和朝鲜人民。1950 年 11 月 12 日，他在给转发北京市委关于开展抗美援朝运动情况的批语中强调"在郊区扩大抗美援朝运动"②。同年 12 月 2 日，毛泽东在给李烛尘等人的复电中主张全国各地的工人、知识分子、农民、工商业家等爱国群体团结起来，"结成一条比过去更加巩固的反对帝国主义侵略的统一战线"③。

其次，地方的抗美援朝运动必须服从国家层面反帝斗争的需要。新中国成立伊始，以毛泽东、周恩来为代表的国家领导人，便对外交的本质属性进行了考察，认为外交权是国家主权的重要组成部分，它只属于中央而非其他部门。1949 年 11 月 8 日，周恩来在外交部成立大会上指出"外交是代表国家的工作"④，这就决定了我国在开展外事工作中必须做到上下一致、步伐一致，决不能政出多门。1953 年 3 月，中共中央做出并试行《关于加强中央人民政府系统各部门向中央请示报告制度及加强中央对于政府工作领导的决定（草案）》，决定"今后政府工作中一切重要的和主要的方针、政策、计划和重大事项，必须经过党中央的讨论和决定或批准"⑤。该草案还对政府工作进行了分工，规定外交工作由周恩来负责。同时，老一辈领导人还十分重视在思想层面加强对外交工作的领导，强调一切外交活动必须从集体出发，必须坚持无产阶级的纪律性，反对自由主义，从而避免资产阶级思想对外交工作的侵蚀。

再次，老一辈国家领导人有关外交本质属性和外交权归属的重要论断，成

---

① 中共中央文献研究室. 周恩来年谱：1949—1976：上卷 [M]. 北京：中央文献出版社，1997：70.
② 中共中央文献研究室. 毛泽东年谱：1949—1976：第 1 卷 [M]. 北京：中央文献出版社，2013：240.
③ 中共中央文献研究室. 毛泽东年谱：1949—1976：第 1 卷 [M]. 北京：中央文献出版社，2013：253.
④ 中共中央文献研究室. 周恩来年谱：1949—1976：上卷 [M]. 北京：中央文献出版社，1997：10.
⑤ 中共中央文献研究室. 毛泽东年谱：1949—1976：第 2 卷 [M]. 北京：中央文献出版社，2013：54.

为开展对外援助工作的根本遵循，也为地方参与国家援外活动和开展"反帝防修"斗争提供了方向指导与重要启示。比如，地方参与国家援外活动时，在援外人员的选拔方面必须符合国家的要求。在抗美援朝战争中，毛泽东要求中国人民志愿军对朝鲜人民、政府、政党必须真心拥护，爱护朝鲜的山水草木，不拿朝鲜人民的一针一线。这对各省市在动员人民群众参军参战、组织医护人员赴朝服务时提出了政治要求，相关人员的甄选必须坚持"国家标准"。

　　最后，引导地方参与抗美援朝运动需要结合当地实际，防止产生不切实际的现象。针对北京市在抗美援朝运动中萌发的偏向，毛泽东强调地方动员人民参军参战应该是志愿的，而不应"勉强"，号召当地群众开展抗美援朝运动，应着眼于多数群众能够办到的事情来进行。

　　值得注意的是，在全国各地广泛开展的抗美援朝运动中，作为国家"王牌"城市的上海积极参与其中，并做出了重要贡献。不可否认，上海参与国家对朝鲜的援助始于一批"物资援助"，据有关资料记载："1950年向朝鲜提供医药器械，1953年接受朝鲜首批实习生8人。"① 这批医疗物资援助，拉开了上海参与国家对外援助的序幕，但真正开启上海参与国家援外步伐的则是抗美援朝运动，上海在这场运动中出钱出力，付出了大量心血。

第二节　上海抗美援朝运动的发展历程

　　上海的抗美援朝运动，根据国内外形势的变化和焦点问题的转移，大致可以分为五个发展阶段：1950年11月至1951年2月，以消除"恐美"情绪为主的宣传动员阶段；1951年3月至5月，以反对美国重新武装日本为中心环节的阶段；1951年6月至年底，以响应"六一号召"为中心工作的阶段；1952年，通过增加生产和厉行节约支援抗美援朝的阶段；1953年1月至3月，消除麻痹思想与巩固抗美援朝成果的阶段。朝鲜停战协定签订后，上海没有停止支援朝鲜的工作，而是继续通过派遣医疗队、慰问团等方式，帮助朝鲜医治战争的创伤。

一、以消除"恐美"情绪为主的宣传动员阶段

　　新中国成立之初，人们对国内来之不易的和平生活倍加珍惜，远离战争成

---

① 《上海对外经济贸易志》编纂委员会. 上海对外经济贸易志：上册［M］. 上海：上海社会科学院出版社，2001：35.

为一种社会共识。而抗美援朝战争的爆发，暂时打破了民众的和平美梦，一些人抱有抵触情绪。加之强大的美国与百废待兴的新中国之间实力差距悬殊，一些民众怀有"恐美""怕战""不愿战"的想法。1950 年曾有读者写信给《人民日报》："我们既然要保卫和平，为什么又要声援战争？"① 不得不说，这代表着国内一部分民众的心声。而如何真正将全体人民动员起来参加抗美援朝运动，成为摆在党中央面前的一件大事。因此，各地如何展开时事宣传运动，增加人民对当前形势的了解，坚决消灭民众中的"恐美"心理成为一项紧迫的任务。

为了响应党中央和毛主席的号召，1950 年 11 月初，"中国人民保卫世界和平反对美国侵略委员会上海分会"（简称"上海市抗美援朝分会"）在上海正式成立，11 月中旬，全市各界人民举行抗美援朝代表会议，各区也相继成立抗美援朝区支会，结合抗美援朝斗争的胜利形势，上海广泛开展了对民众的宣传动员工作。

从具体工作来看，一方面，上海市引导民众充分认识抗美援朝运动的战略意义，把抗美援朝斗争的正义性告知民众，使其认识到抗美援朝正义斗争在全世界产生的积极影响，不断加强爱国主义教育；另一方面，结合上海过去受帝国主义压迫和国民党反动派统治的"城市屈辱史"，加强对民众的时事政治教育，引导民众对帝国主义展开各种各样的"控诉"，不断激发民众对美帝国主义的仇视、鄙视、蔑视情绪，进而提高上海民众的民族自尊心和自信心。

经过一系列爱国主义宣传动员，广大民众纷纷加入抗美援朝运动。这一时期的抗美援朝工作，主要是动员人力、物力、财力支援朝鲜前线。上海各界人民缝制了大量的慰问袋、募集了慰问金和救济朝鲜难民的捐款，送至朝鲜前线。也有大批的技术工人、铁路员工、汽车驾驶员和医务工作者，志愿赴朝参加抗美援朝正义斗争。同时考虑到上海是一个大都市，为确保上海抗美援朝运动普遍开展，全市二十个区普遍建立了上海市抗美援朝各区支会组织，有重点地领导动员街道、里弄的居民开展抗美援朝爱国运动。

二、以反对美国重新武装日本为中心环节的阶段

1951 年 3 月之后，上海通过反对美国重新武装日本的代表会议，社会各界陆续开展八千多次控诉会，进一步激发了广大民众的反美情绪。同时，上海在这一阶段加强了与外界的互动，中国人民志愿军代表柴川若等同志在 3 月来到上海，先后向民众做了四十七场报告，影响受众百万余人。这种通过报告与民

---

① 战争与和平：答张家荫君［N］. 人民日报，1950-09-18（3）.

众互动的方式，极大地教育、鼓舞了上海各界民众，有力地推动了上海的抗美援朝工作。

在"一·二八"事变和十四年抗战中，上海各界均遭受过日本帝国主义的蹂躏，在新仇旧恨面前，更加加强了上海民众反对美国重新武装日本的决心，也进一步明确了美帝国主义对中国人民的敌意。在第三次抗美援朝代表会议上，通过了《上海市各界人民共同爱国公约》，社会各界掀起了订立、执行爱国公约的热潮。加入抗美援朝运动的队伍也不断壮大，一些包括基督教和天主教在内的宗教界人士也随之发起"三自"革新运动，以实际行动反对美国重新武装日本的卑劣行径，佛教和伊斯兰教的爱国人士也参加了抗美援朝运动。这些集中展示了上海各界人民团结一致，坚决反对美国重新武装日本的决心。

这一时期，上海积极响应国家号召，为支援抗美援朝战争出钱出力。陈毅在华东人民庆祝"五一"节广播会上，"提议全华东每一个人，都要问问自己，我为抗美援朝运动做了什么？为朝鲜前进〔别字，应为"线"〕浴血战斗的志愿军和人民军做了什么？"①。为此，上海各界人民代表组织了赴朝慰问团华东分团，携带大量的慰劳品、慰问信，与青年文工团一起赴朝慰问中朝战士。这些慰问团完成慰问任务后返回上海，又将在朝鲜战场的见闻和感受以报告的形式告知广大民众，更加激起了全市人民抗美援朝爱国运动的热潮。

三、以响应"六一号召"为中心工作的阶段

1951年6月1日，中国人民抗美援朝总会向全国发出了"推行爱国公约、捐献飞机大炮、优待烈属军属"的三大号召，上海市的抗美援朝运动开始聚焦这三项中心工作，更广泛、更深入、更持久地向前发展。

在推行爱国公约运动层面，截至1951年年底统计，已签订的爱国公约比例中，产业工人约为80%、店员约为90%、郊区居民约为80%、学生约为95%、工商界约为70%、文化教育新闻出版与科学技术界约为80%、里弄中妇女和居民约为70%②，并且各项爱国公约的执行比较到位，有力地支持了抗美援朝运动的开展。在捐献飞机大炮方面，从发起这项运动到上海市抗美援朝分会发出

---

① 刘树发.陈毅年谱：上〔M〕.北京：人民出版社，1995：623.
② 上海市档案馆.上海市抗美援朝运动概况〔A〕.上海：中国人民保卫世界和平委员会上海市分会，1953.

关于结束捐献武器运动的通知，全市共捐献飞机 498 架，超额完成预定任务的近 50%。① 在优待烈属军属层面，1951 年 8 月，上海举行全市性的优抚运动月，各街道里弄、各公共单位等场所普遍建立了优抚工作小组，开展经常性的慰问，举行军民联欢会，并及时帮助解决烈属军属遇到的实际困难，并在烈属军属房租减免，相关子女入学、学费减免等方面进行适当关照，这些均有效地配合了抗美援朝运动的展开。

四、通过增加生产和厉行节约支援抗美援朝的阶段

1951 年 10 月 23 日，毛泽东在全国政协一届三次会议上表示："为了继续坚持这个必要的正义的斗争，我们就需要继续加强抗美援朝工作，需要增加生产，厉行节约，以支持中国人民志愿军。"② 为了响应领袖的指示，上海在这一时期开展了以爱国、增产、节约为中心的各项组织动员工作。

一是考虑到"三反""五反"斗争与抗美援朝斗争的密切联系性，全市将开展"三反""五反"运动作为增产节约运动必不可少的环节；二是充分把握本年度中国人民志愿军军队代表团和朝鲜人民访华代表团分别到上海向社会各界民众做报告的机会，进一步激发上海民众的革命斗志，协同推进"三反""五反"及抗美援朝运动；三是为了调动社会各界开展增产节约运动的积极性，上海市先后公映、播放了抗美援朝文献纪录片，组织开展了抗美援朝展览会，以生动的影像和鲜活的画面，突出"浸入式体验"，进一步加强对民众的爱国主义教育和国际主义教育。

此外，上海市还组织社会各界代表和文艺工作者一同参加中国人民第二届赴朝慰问团，组织动员上海的工人赶制大批的慰问袋与慰问品，送至朝鲜前线慰问中朝士兵。截至 1951 年年底，上海市多次组织动员医务工作者参加志愿赴朝医疗队，分四批赴朝开展服务；多次组织动员汽车驾驶员参加志愿运输队，分十三批赴朝支援前线工作；多次组织动员铁路工人，分十六批赴朝支援前线工作。

---

① 上海市档案馆. 上海市人民胜利完成捐献任务：献机四百九十八架超额近百分之五十抗美援朝分会发出通知结束捐献工作/《新闻日报》剪报［A］. 上海：中国人民保卫世界和平反对美国侵略委员会上海分会，1952.

② 中共中央文献研究室. 毛泽东年谱：1949—1976：第 1 卷［M］. 北京：中央文献出版社，2013：410.

五、消除麻痹思想与巩固抗美援朝成果的阶段

这一阶段抗美援朝斗争取得阶段性胜利，"边打边谈"成为常态，战争形势日渐呈现于我有利的走向，但以美国为首的帝国主义势力心存幻想，坚持扣留中朝战俘，故意破坏停战谈判，如何继续开展抗美援朝运动成为一个重要问题。1953年2月7日，在中国人民政治协商会议第一届全国委员会第四次会议上，毛泽东强调抗美援朝斗争不能削弱，只能继续加强，"一直打到美帝国主义愿意罢手的时候为止，一直打到中朝人民完全胜利的时候为止"[1]。毛泽东的这一号召，对全国各地抗美援朝运动的继续开展提供了方向指引。

中国人民第二届赴朝慰问团第四分团（华东分团）返回上海后，上海市召开全市人民代表大会，及时听取他们的报告，并组织慰问团在多个场所向各界民众做了百余次的报告，同时发挥人民电台广播的作用，扩大报告的影响面和影响力，目的在于及时纠正部分干部和民众的太平麻痹思想和认为抗美援朝斗争是轻而易举可以胜利的不正确思想，以及帮助消除部分民众对抗美援朝的最终胜利存在的疑虑。

这一阶段，为了帮助更多国人加深对继续开展抗美援朝运动重要性的认识，中国人民第二届赴朝慰问团第四分团还走出上海，走向浙江、福建等省份，以做报告的方式继续进行宣传动员，呼吁人民群众主动克服麻痹大意的思想，以实际行动进一步巩固抗美援朝运动的成果。

第三节　上海支援抗美援朝斗争的重点领域及贡献

上海各界人民主要通过捐献武器、募捐吃穿用品、派遣医疗救援队、动员青年志愿参军的方式支援抗美援朝斗争，在人力、财力、物力方面给予中朝军民必要的支持和帮助，为配合全国的抗美援朝运动做出了重要贡献。

一、捐献武器，支持抗美援朝

自1951年6月1日中国人民抗美援朝总会向全国人民发出捐献武器的号召后，上海各界踊跃捐款，用来购买飞机大炮等武器，以支援全国的抗美援朝工

---

① 中华人民共和国外交部，中共中央文献研究室. 毛泽东外交文选［M］. 北京：中央文献出版社，1994：156.

作。这里需要说明的是，捐献武器不是武器实物的捐献，而是根据具体武器的价格，用捐款总额进行折合后来计算的。以全国为例，截至 1951 年 12 月底，全国各省市人民的武器捐款，总计人民币（旧人民币，下同）50246 亿 8779 万 6521 元，以每架战斗机值 15 亿元计，可折合 3349 余架。① 按照这种折算方法，至 1952 年 5 月，全市捐献金额 8491 亿余元，折合战斗机 566 架，且超额完成任务 222 架。② 这场捐献武器运动，有力地支援了国家的抗美援朝工作。

在捐献武器运动中，上海市工商业单位和一些组织机构发挥了重要作用，统益纺织股份有限公司、丽新纺织总管理处、安达纺织总管理处、永安纺织股份有限公司永印厂、诚孚企业股份有限公司棉纺公会、新裕纺织第二厂、上海市机器工业同业公会、上海市造船工业同业公会、上海市铅印工业同业公会、上海市纸盒工业同业公会、上海市牙骨器商业同业公会、上海市制革工业同业公会、上海市有色金属冶制工业同业公会、上海市制鞋业同业公会、上海市牙刷工业同业公会、上海市木楦跟履业同业公会、上海市水泥工业同业公会、上海市沟路瓦筒商业同业公会、上海市石料工程商业同业公会、上海市营造工业同业公会、上海市轮船运输业同业公会、上海市报关运输商业同业公会等百余家单位参与其中，而且多次组织开展捐献，为支援前线需要发挥了重要作用。诸如，1951 年 1 月，上海市 23 家搪瓷工业厂联合捐献 1 架"上海市搪瓷工业号"战斗机及 1 门大炮③；1951 年 6 月，上海水泥厂捐献 20.17 亿元用来购买飞机大炮④；1951 年 7 月，上海市合作社联合社以全市合作社员名义捐献 1 架"上海合作社号"战斗机⑤；1950 年 10 月，上海烟草行业踊跃捐款，仅颐中烟厂一家捐款达 12 亿元，捐献的一架飞机被命名为"颐中工人号"⑥；1951 年 10 月，上海橡胶行业以开展增产节约劳动竞赛支援抗美援朝，全行业捐献飞机 10

① 　上海市档案馆.抗美援朝总会公布武器捐款情况：剪报［A］.上海：中国人民保卫世界和平反对美国侵略委员会上海分会，1952.
② 　《上海人民政府志》编纂委员会.上海人民政府志［M］.上海：上海社会科学院出版社，2004：143.
③ 　《上海轻工业志》编纂委员会.上海轻工业志［M］.上海：上海社会科学院出版社，1996：30.
④ 　《上海建筑材料工业志》编纂委员会.上海建筑材料工业志［M］.上海：上海社会科学院出版社，1997：16.
⑤ 　《上海二轻工业志》编纂委员会.上海二轻工业志［M］.上海：上海社会科学院出版社，1997：26.
⑥ 　《上海烟草志》编纂委员会.上海烟草志［M］.上海：上海社会科学院出版社，1998：25.

余架①；1951 年，全市医务职工捐献 2 架"医工号"飞机，开业医务人员捐献 1 架"白求恩号"飞机②等。

各县区在上海市的领导下，也积极组织开展捐献武器运动。以宝山县、上海县（现闵行区）、奉贤县（现奉贤区）、嘉定县（现嘉定区）、南汇县（现南汇区）、虹口区、长宁区为代表的县区积极响应国家号召，组织动员县区各界人民踊跃捐款购买飞机大炮（详见表 1），以支援抗美援朝运动。

表 1　抗美援朝中上海市部分县区主要捐献武器情况

序号	时间	县区	捐献明细
1	1951 年 1 月、6 月	宝山县	1 月捐献慰问金 6805.99 元，6 月捐款 16 万元，可购战斗机 1 架有余
2	1951 年 5 月	上海县	上海县捐款 29.6 万元，新泾区捐款 9 万元、金戒指 10 枚、银圆百余枚，龙华区捐款 13.88 万元、铜圆 1 万余枚
3	1951 年 6 月	奉贤县	6 月开始捐献飞机大炮，至 12 月，捐款 33 万余元
4	1951 年 7 月	嘉定县	7 月开始至 11 月结束，捐款 61.48 万元，折合飞机 4 架
5	1951 年 10 月	南汇县	捐款 45 亿元（旧币），折合战斗机 4 架
6	1951 年	虹口区	捐献飞机大炮款项 200 多亿元（旧币）
7	1951 年	长宁区	捐献飞机大炮 162 亿余元（旧币）

资料来源：上海市宝山区地方编纂委员会. 宝山县志［M］. 上海：上海人民出版社，1992：34；上海县县志编纂委员会. 上海县志［M］. 上海：上海人民出版社，1993：289；上海市奉贤县县志修编委员会. 奉贤县志［M］. 上海：上海人民出版社，1987：40；上海市嘉定县县志编纂委员会. 嘉定县志［M］. 上海：上海人民出版社，1992：28；上海市南汇县县志编纂委员会. 南汇县志［M］. 上海：上海人民出版社，1992：28；虹口区志编纂委员会. 虹口区志［M］. 上海：上海社会科学院出版社，1999：580；长宁区志编纂委员会. 长宁区志［M］. 上海：上海社会科学院出版社，1999：575；等等。

上海市在开展捐献武器运动中，涌现了一批先进典型。上海申新第一棉纺

---

① 《上海橡胶工业志》编纂委员会. 上海橡胶工业志［M］. 上海：上海社会科学院出版社，2000：21.

② 《上海卫生志》编纂委员会. 上海卫生志［M］. 上海：上海社会科学院出版社，1998：44.

织厂在捐赠武器中结合工厂实际情况，大胆创新方式方法，将目光聚焦在子弹捐赠上。"像抗美援朝运动刚搞开的时候，通过了控诉会，群众的仇美情绪高涨了，这时候群众当中，有人提出来要捐献子弹，有的要到朝鲜去，有的表示要加紧生产……而我们是提出一个用捐献子弹的实际行动来抗美援朝的口号，这个口号能够为广大群众所接受。"① 上海市人力三轮车出租商业同业公会采取"边营业、边捐献"的办法，在志愿捐赠武器中贡献自己的力量。"我们节衣省食，保证由一九五〇年十二月起，按月在车辆管理费内，每辆献纳三百元，支援抗美援朝志愿军。"② 不难发现，全市各界人民在志愿捐献武器运动中较好地展现了上海的大局意识和全局观念，为支援抗美援朝工作贡献了力量。

二、募捐吃穿用品，支撑抗美援朝

上海市地处长江三角洲，经济发展水平相对较高，海陆交通较为便利，是抗美援朝所需物资来源的重要之地，在上海市委市政府的领导动员之下，上海各界努力开展增产节约运动，积极捐献物资，为保障朝鲜战场中朝士兵的吃穿用品贡献自己的力量。

中国人民志愿军赴朝参战时正值冬季，加之朝鲜气候寒冷，如何解决志愿军寒衣成为当时的一大难题。面对这一困境，上海市积极响应抗美援朝号召，急国家之所需，动员社会各界开展劝募寒衣运动。在上海市的工商界，上海市铸字制版工业同业公会、上海市簿册装订商业同业公会、上海市机器模型工业同业公会、上海市板箱业同业公会、上海市汽车运货商业同业公会、上海市古玩商业同业公会、上海市热水瓶商业同业公会、上海市仪器度量衡工业同业公会、上海市戏剧院商业同业公会、上海市沐浴商业同业公会等行业均发起了劝募寒衣运动。比如，1951 年 1 月，上海市工商业联合会便捐助抗美援朝志愿部队 1000 件羊毛衫。③ 上海市部分县区，如龙华区也捐献了大量寒衣。这些暖人的义举对帮助中朝士兵顺利度过寒冬发挥了重要作用。

除了劝募寒衣之外，像大中华橡胶厂、上海部分轻工业行业、上海县（现

---

① 上海市档案馆. 上海申新第一棉纺织厂解放二年来生产、抗美援朝、实施劳保停工学习总结报告［A］. 上海：上海申新纺织第一厂，1951.

② 上海市档案馆. 上海市人力三轮车出租商业同业公会自 1950 年 12 月起每月在车辆管理费内每辆捐献三百元支援抗美援朝志愿军：上海市工商业联合会发布各报的新闻稿［A］. 上海：上海市工商业联合会，1951.

③ 上海市档案馆. 上海市工商业联合会筹备会关于捐助抗美援朝志愿部队羊毛衫 1000 件请照样赶制的函［A］. 上海：上海市工商业联合会筹备会，1950.

闵行区）、益民食品厂等不同单位还为朝鲜前线捐献了多种急需的生活用品和食品；华东工业部经理处汽车配件委员会试制生产了朝鲜前线急需的汽车配件和零部件；信谊药厂为朝鲜前线提供了大批瓶装消毒盐水等，这些吃穿用品的提供，是上海支援国家抗美援朝工作的生动写照（详见表2）。

表2　抗美援朝中上海市部分单位主要募捐吃穿用品情况

序号	时间	单位	捐献明细
1	1950 年 10 月	大中华橡胶厂、正泰橡胶厂、义生橡胶厂、大成橡胶厂等	从 1950 年 10 月开始，在两年内完成军用胶鞋 1144 万双、夹胶雨布 4.015 万尺及其他大批量军需橡胶制品
2	1950 年 10 月	上海轻工业行业	提供大批量的罐头、饼干、行军灶、风镜、饭具、皮鞋、皮衣等；上海制车厂提供 500 辆手推车，上海电池厂提供雷达牌铁壳手电池
3	1951 年 5 月	上海县、新泾区、龙华区	慰问品邮寄，上海县 3000 余件、新泾区 1300 余件、龙华区 1500 余件
4	1951 年	华东工业部经理处汽车配件委员会	提供苏制吉斯 5、150 车型配件，嘎斯 53、67 车型配件，美制奇姆西、道奇、吉普、雪佛莱等车型配件
5	1953 年 2 月	益民食品一厂	提供 450 辆大卡车的猪肉罐头
6	具体不详	龙华区	捐献寒衣 21000 件
7	具体不详	信谊药厂	提供大批前线急需的瓶装消毒盐水

资料来源：《上海橡胶工业志》编纂委员会. 上海橡胶工业志［M］. 上海：上海社会科学院出版社，2000：24；上海县县志编纂委员会. 上海县志［M］. 上海：上海人民出版社，1993：43-289；虹口区志编纂委员会. 虹口区志［M］. 上海：上海社会科学院出版社，1999：580；《上海轻工业志》编纂委员会. 上海轻工业志［M］. 上海：上海社会科学院出版社，1996：30-32；《上海汽车工业志》编纂委员会. 上海汽车工业志［M］. 上海：上海社会科学院出版社，1999：15；等等。

此外，上海社会各界人民不仅为中朝士兵提供了大量的吃穿用品，也为救济战争中的朝鲜难民贡献了自己的力量。申新纺织厂总管理处、永安纺织股份有限公司棉纺公会、上海市橡胶工业同业公会会员厂等单位均为救济朝鲜难民积极捐款。① 据有关统计，上海市"为慰问中朝战士、优抚烈军属、救济朝鲜难民捐献款项旧人民币204亿元"②。对战争中朝鲜难民的救济，彰显了上海市的"城市温度"，对配合国家的抗美援朝斗争产生了积极影响。

三、派遣医疗救援队，助力抗美援朝

抗美援朝战争打响之后，中朝士兵并肩作战，给美帝国主义以沉重的打击，但激烈的战争导致双方伤亡惨重。尤其对中朝参战方来说，几场战役之后，伤残病员越来越多，后勤保障日渐吃力，医疗资源和医务人员出现较大缺口，一些战士得不到及时的专业救治。"前线迫切需要补充医务力量，特别是手术医生和护理人员。"③ 为解决前线医护人员短缺的难题，1950年11月6日，中华全国总工会向全国医务工作者发出"组织抗美援朝志愿救护队为中朝军民服务"的号召，作为全国有名的大城市，上海成为率先响应这一号召的城市之一。1950年12月15日，为了加强组织领导工作，上海市卫生局、华东军区卫生部等单位共同组成"上海市医务工作者抗美援朝业委会"（1952年改名为"上海市抗美援朝分会卫生工作委员会"），及时发出《致全市医务工作者书》，组织动员广大医务工作者志愿报名，奔赴前线为中朝军民提供必要的医疗服务。

此后，为中朝军民提供医疗服务的宣传动员，广泛在各医疗卫生战线开展起来，广大医务工作者积极志愿报名，纷纷"请战"赴朝工作。从上海市第一批抗美援朝志愿医疗手术队人员的统计来看，共分三个大队，其中第一大队113人、第二大队109人、第三大队98人，包括医师128人、护士78人、药剂人员7人、化验人员12人、X光人员3人、医学生49人、护生19人、行政人员9人、技工3人、勤务人员12人，合计320人（不含带队人员）；从上海市第二批抗美援朝志愿医疗手术队人员的统计来看，共分四个大队，其中第一大队97人、第二大队55人、第三大队42人、第四大队34人，包括医师94人、实习医师1人、护士70人、助理护士7人、药剂人员5人、化验人员13人、牙医师1人、X光人员4人、中医师2人、行政人员8人、技工7人、勤务人员2人、其

① 上海市档案馆. 申新纺织厂总管理处关于慰劳援朝志愿军和朝鲜人民军以及救济朝鲜难民慰问金捐款文件[A].上海：申新纺织厂总管理处，1981；上海市档案馆. 永安纺织股份有限公司棉纺公会关于摊收工商联会费及抗美援朝救济朝鲜难民捐献函件收据[A].上海：永安纺织股份有限公司棉纺公会，1951；上海市档案馆. 上海市橡胶工业同业公会会员厂慰劳中朝战士救济朝鲜难民捐款清册及庆祝"八一"建军节军民联欢大会照片两帧[A].上海：上海市橡胶工业同业公会会员厂，1951.

② 《上海外事志》编辑室. 上海外事志 [M].上海：上海社会科学院出版社，1999：881.

③ 泽慧. 七十年前逆向而行的抗美援朝医疗队 [J].档案春秋，2020（4）：20.

他助理医务人员 14 人，合计 228 人。① 自 1951 年 1 月 25 日，上海市医疗卫生界 321 人次的首批抗美援朝志愿医疗手术队赴朝后，"至 1955 年 6 月，又有四批志愿医疗手术队、二批国际医防服务队以及技术顾问团、护士教学队先后出发"②。这其中包括许多全国知名的医学专家，如沈克非、林竟成等人。

上海市派往朝鲜前线的医护人员，在为中朝军民提供医疗服务的过程中，不仅展示了高超的医术水平和专业的医疗服务，也发扬了"救死扶伤"的行业精神和"舍小家、顾大家"的爱国精神。"由于他们为祖国为人民做出了贡献，有 273 位队员分别立了一、二、三等功，一个大队荣立了集体功。全体队员的英雄行为在中朝人民中间留下了不可磨灭的印象。"③ 总之，由上海市派出的志愿医疗手术队、国际医疗服务队、技术顾问团、护士教学队等医务力量，为支援国家的抗美援朝斗争做出了重要贡献。

四、动员青年志愿参军，参加抗美援朝

为了帮助朝鲜人民和反对美帝国主义及其附属势力，1950 年 10 月 8 日，毛泽东发出"组成中国人民志愿军的命令"④，抗美援朝战争打响后，全国各地积极响应毛主席的号召，广泛动员青年志愿参军参战。

为支援全国的抗美援朝斗争，上海及时宣传动员学生、青年、工人等群体参加军事干校，并积极号召动员民众志愿参军，直接参加抗美援朝斗争。在志愿参军运动中，各县区积极响应，1951 年 1 月，奉贤县首批参加志愿军的人数多达千余人⑤；1951 年 1 月，上海县首次征集志愿兵，450 名青年成功参军，至 1953 年，上海县共有 2232 人参加志愿军，其中，71 名指战员在抗美援朝中为国捐躯⑥；南汇县参加志愿军的青年多达数百名，其中有 197 人为朝鲜人民的解放事业献出宝贵生命⑦；至 1951 年 10 月，宝山县共有 683 名青年参加志愿军⑧；1951 年，嘉定县数千名青年踊跃报名参军，经批准有 400 余名青年成功加入志

---

① 上海市档案馆. 上海市人民政府卫生局关于上海市医务界抗美援朝组织医疗手术队总结报告 [A]. 上海：上海市人民政府卫生局，1951.
② 《上海卫生志》编纂委员会. 上海卫生志 [M]. 上海：上海社会科学院出版社，1998：43.
③ 虞慧炯. 光辉的一页：记上海抗美援朝志愿医疗队 [J]. 上海档案，2001（1）：54.
④ 中华人民共和国外交部，中共中央文献研究室. 毛泽东外交文选 [M]. 北京：中央文献出版社，1994：142.
⑤ 上海市奉贤县县志修编委员会. 奉贤县志 [M]. 上海：上海人民出版社，1987：40.
⑥ 上海县县志编纂委员会. 上海县志 [M]. 上海：上海人民出版社，1993：43-289.
⑦ 上海市南汇县县志编纂委员会. 南汇县志 [M]. 上海：上海人民出版社，1992：3.
⑧ 上海市宝山区地方编纂委员会. 宝山县志 [M]. 上海：上海人民出版社，1992：34.

愿军赴朝作战①。据统计，在支援全国的抗美援朝斗争中，上海共有 1673 名干部和战士投身于各种战斗岗位中，一批人为此献出宝贵的生命，有 8 名牺牲的英烈获得"人民英雄""钢铁战士"称号和中朝双方共同授予的军功章，曾立下 1~3 等战功的英烈共 99 名。② 上海人民的参军参战，丰富了国家的兵源，为抗美援朝斗争补充了兵力，对支援国家的抗美援朝斗争产生了积极影响。

此外，上海社会各界还组织了慰问团，通过慰问志愿军的方式支援抗美援朝斗争。比如，上海电台广播乐团于 1953 年 10 月至 12 月，组织 15 人次的代表团跟随国家慰问团赴朝慰问演出。③ 到 1953 年为止，共有 3 批代表团跟随全国慰问团赴朝慰问，包括上海文艺界的梅兰芳、袁雪芬等 200 多名文艺界工作者赴朝慰问中朝士兵。④ 这些活动的开展，也有助于推动抗美援朝斗争。

第四节　上海支援抗美援朝斗争的积极影响

上海开展的轰轰烈烈的抗美援朝运动，是上海参与国家对外援助的一种特殊形式，在这种援助过程中，支援中国人民志愿军就意味着支援朝鲜战场，这种援助更具有"间接援助"的特点。同时需要看到，上海的抗美援朝运动不仅支援了志愿军的作战和生活，也在一定程度上直接援助了朝鲜军民，尤其是对朝鲜难民的救助，彰显了上海人民的国际人道主义情怀。此外，上海在捐献武器、募捐吃穿用品、派遣医疗救援队、组织动员青年参军的活动中，均是按照国家的有关要求，采取"志愿方式"而非强迫方式所展开的，因此具有鲜明的"自觉性"。

党中央在做出"抗美援朝，保家卫国"的战略部署后，上海市积极响应这一号召，上海的各民主党派纷纷表示要支持抗美援朝。有关档案记载显示，"上海的抗美援朝运动，从去年十一月初各民主党派联合宣言发表之后才全面展开"⑤，各民主党派的联合宣言，对推动上海的抗美援朝运动发挥了重要作用。

---

① 上海市嘉定县县志编纂委员会. 嘉定县志［M］. 上海：上海人民出版社，1992：28.

② 《上海外事志》编辑室. 上海外事志［M］. 上海：上海社会科学院出版社，1999：881.

③ 《上海广播电视志》编辑委员会. 上海广播电视志［M］. 上海：上海社会科学院出版社，1999：38.

④ 《上海人民政府志》编纂委员会. 上海人民政府志［M］. 上海：上海社会科学院出版社，2004：143.

⑤ 上海市档案馆. 中共上海市委宣传部关于上海市抗美援朝运动的概况（草稿）［A］. 上海：中共上海市委宣传部，1951.

借助"联合宣言"发表之际，上海市委宣传部要求：各方可以对宣言谈话加以学习讨论，但不要涉及政府政策及政府行动；不要从上而下号召组织志愿军，而是站在人民一分子的立场上发表个人主张；除主张志愿行动外，还可以发表一些一般性的表示，如加强工作、搞好生产，反对美国侵略，检讨崇美恐美心理，同情朝鲜死难人民等。① 通过在思想认识层面依次解决"理不理""美帝不可怕""怎样来抗美援朝"等问题，并结合实践层面举行对美帝国主义的"诉苦会"和"控诉会"，不断激发社会各界民众志愿参加抗美援朝运动的积极性、主动性和自觉性，在社会层面产生了诸多积极影响。

一、为支援抗美援朝斗争汇聚了广泛的群众基础

上海的抗美援朝运动，实施的是一种"直抵人心"的动员，它容易"触发"上海各界人民热爱和平、反对战争的情愫，也更容易使上海民众理解和接受毛泽东关于"打得一拳开，免得百拳来"的战略判断，从而广泛调动人民群众参加抗美援朝运动的积极性和主动性。这种"志愿方式"产生的强大威力在于，成功促使上海的干部、学生、大专教师、工商业者、手工业者、医务工作者、司机师傅、产业工人、民主党派人士、宗教界人士等群体之间达成了普遍共识，形成了广泛的政治认同，从而掀起了上海抗美援朝运动的热潮。上海各个部门、各个行业、各个领域、各条战线以"志愿方式"联合起来，形成反对帝国主义侵略、保卫国家安全稳定、支援朝鲜人民战争的大合唱。

二、激发民众革命斗志的同时提高了工人的生产效率

上海支援抗美援朝斗争的"志愿方式"，充分调动了上海社会各界人民参加抗美援朝运动的自觉性。这种自觉意识的唤醒，可以较好地帮助人们处理好国家与个人之间的关系，有效地解决了集体与个体之间的矛盾，在世界观、人生观、价值观层面塑造了个体服从集体、个人服务国家的可能性，从而极大激发了上海人民的革命斗志，不断推动着上海抗美援朝运动向前发展。而伴随着革命斗志的高涨，上海各界民众努力将抗美援朝、保家卫国的热情转化为实践。比如，各行各业展开生产劳动竞赛和技能"大比武"，超额完成任务、高质量完成任务、又好又快地完成任务等成为产业工人们追求的目标，这在整体层面上又进一步提升了社会生产效率。

---

① 上海市档案馆 . 中共上海市委宣传部关于各民主党派支持全国人民要求志愿方式抗美援朝保家卫国的宣言等的通知[A] . 上海：中共上海市委宣传部，1950.

三、书写了地方参与国家援外的另一种"历史佳话"

上海支援抗美援朝斗争的特殊方式，是一种地方参与国家援外的自觉行为，它极大激发了地方民众的爱国主义热情和无产阶级国际主义意识，书写了地方参与国家援外的另一种"历史佳话"。毋庸讳言，在整个计划经济时代，地方参与国家的对外援助一般带有"被动"色彩，是地方省市不得不承担和需要完成的任务。改革开放后，随着地方省市对外联系的加强，在参与国家援外中逐渐走向主动，但这种主动带有较强的目的性，即在参与国家援外的同时寻找外部资源以发展自身。上海的抗美援朝运动则跳出了这一"规律"，它既不具有计划经济时代"被动性"的烙印，也不存在改革开放后"利益驱动性"的特点，而是一种自觉且无私的对外援助。或许我们可以称为，在特定的历史背景下，地方参与国家援外的一种特殊模式。

第三章

上海参与国家对外援助的扩展阶段（1955—1964）

万隆会议召开之后，中国与亚非国家的联系有所加强，为应对"反帝防修""保卫和平""独立发展"等议题，我国除了重点支援朝鲜、越南外，还开始为亚非民族主义国家提供援助。伴随着国家援外范围的扩大，地方省市也被赋予更多的援外任务，中央对地方参与国家援外提出了新的要求。

在参与国家援外意识层面，中央要求地方坚持无产阶级国际主义原则，学会从国家整体层面看待问题。1957 年 6 月，在主持国务院第五十二次全体会议中，"周恩来针对有人提出援外是打肿脸充胖子的意见时指出，穷国也要有穷朋友，帮助人家对双方都有利"①。对兄弟国家和第三世界国家的援助，是我们应尽的国际义务，也是反帝反霸反殖、壮大世界和平力量、避免世界大战的重要举措。这就要求有关部门和地方不能过分注重"部门利益"与"地方利益"，而应立足国家大局观、国家外交观的层面考虑问题。比如，地方参与国家援外活动时，应坚持平等对待原则，不能有大国沙文主义。

在参与国家援外方式层面，中央要求各地基于地方实际和各自特点，以多元化的方式参与国家援外事业。在 20 世纪 50 年代，受国情国力的影响，我国对外援助的力度有限，而且以贷款方式对外提供经济援助的规模较小。1955 年，毛泽东同泰国访华团谈话时指出："我们可以帮助你们设轻工业工厂……你们可以用大米、橡胶来换。"② 这更像是一种相互帮助式的援助。1959 年，毛泽东在会见阿曼亲王时表示："我们支援你们的事业，凡是我们能办到的都帮助你们，主要是政治上帮助。"③ 这一时期，地方参与国家的对外援助，主要是承担中央布置的个别小型轻工项目以及个别物资援助。到 20 世纪 60 年代，随着国力的

---

① 中共中央文献研究室.周恩来年谱：1949—1976：中卷［M］.北京：中央文献出版社，1997：52.

② 中华人民共和国外交部，中共中央文献研究室.毛泽东外交文选［M］.北京：中央文献出版社，1994：228.

③ 中共中央文献研究室.毛泽东年谱：1949—1976：第 3 卷［M］.北京：中央文献出版社，2013：585.

增强和"反帝防修"斗争的需要，我国通过低息贷款、无息贷款和无偿援助的方式对外提供经济技术援助的力度逐步增大，并且对外援助的领域日益广泛。1962 年周恩来在陪同毛泽东会见越南代表时强调，"中越之间的相互支援是全面的，不单是在军事上的，还有政治、经济方面的"①。在这种形势下，地方主要以承担国家下达成套项目的方式参与对外援助，一般扮演"筹建单位"或"协作单位"的角色。

在这一时期，上海始终坚持国家援外的大局意识，积极承担国家的援外任务，并根据当地实际，形成"总交货人部制"下参与国家援外的单一执行模式，以实际行动在国际社会展示了新中国的良好形象。

第一节　万隆会议后上海参与国家对外援助的时代背景

1955—1964 年，反对帝国主义压迫仍然是我国对外战略的主要目标，也是中国对外援助的重要任务。但随着中苏关系的微妙变化，在"反帝"的同时，如何"防修"也被逐渐提上日程。一方面，我国领导人主张通过支援民族主义国家来携手进行反帝斗争。周恩来认为，新中国的命运与被压迫民族的命运是相同的，对他们的援助十分必要，"我们援助民族解放运动就是反对帝国主义"②。通过支援世界上，尤其是亚非拉国家的民族独立解放运动和民主主义革命，可以发展、壮大维护世界和平的力量。另一方面，为了反对"修正主义"，中国领导人强调对外关系的"平等性"。毛泽东、周恩来等领导人认为，新中国在"争取外援"与"对外援助"的过程中应具有自身的底线和原则，即以"和平共处五项原则"作为处理国际关系的准则，坚持"独立自主"和"互不干涉内政"的立场，反对过度依赖外援和在援外活动中附加政治条件的做法。尤其是 20 世纪 60 年代中苏关系开始交恶之后，苏联单方面撕毁援助协议，从华撤走大批援外专家，中国对"争取外援"与"对外援助"进行了重新考虑和战略规划，更加认识到"独立自主"的重要性。"反帝防修"两条线战略确立后，我国积极对周边社会主义国家和亚非民族主义国家进行援助，而伴随着国家援外范围的扩大，上海承担国家援外的任务也开始增多，援助对象涉及亚洲、非

---

① 中共中央文献研究室．周恩来年谱：1949—1976：中卷［M］．北京：中央文献出版社，1997：501.

② 中共中央文献研究室．周恩来年谱：1949—1976：中卷［M］．北京：中央文献出版社，1997：206.

洲、东欧、北美国家。

一、"反帝防修"两条线战略的确立

从国际形势来看，20 世纪 50 年代中后期至 60 年代中期，美苏两大集团处于"冷战"状态，彼此对峙的局面没有改变，但社会主义阵营的分裂、西方资本主义国家矛盾的出现、世界民族解放运动的蓬勃发展、不结盟运动的兴起，均对美苏"冷战"格局形成巨大冲击。

进入 20 世纪 60 年代，因治国理政思想的差异、外交政策的不同以及意识形态上的分歧等，中苏关系逐步交恶，在"反帝"的同时，如何"防修"成为中国当时面临的新课题。

同时，随着欧洲国家的经济恢复与经济发展，一些老牌的西方资本主义国家谋求独立自主、联合自强，试图打破美国在经济、政治、军事上独霸一切的局面，西方阵营也开始分化。此外，这一时期，亚洲、非洲、拉丁美洲国家的民族独立运动势头迅猛，新兴的独立国家相继产生，并走上独立、中立的道路，不结盟运动日益发展。国际环境的巨变，迫使我国外交政策进行相应的调整，"中国支持亚洲、非洲、拉丁美洲的民族解放运动，同这些地区已经独立的民族主义国家发展友好合作关系；与西方资本主义国家实行和平共处，反对帝国主义的侵略政策、战争政策，保卫世界和平"[1]。

新中国主张对外建立新型的外交关系，这种"新型"主要体现为国与国之间应该坚持独立平等、相互尊重主权和领土完整、平等互利等原则，亦即以"和平共处五项基本原则"作为开展对外关系的准则。这"五项原则"得到亚洲、非洲、拉丁美洲国家的广泛认同并日益被国际社会运用和倡导，1955 年 4 月，首届亚非会议形成的《关于促进世界和平与合作宣言》公报，曾明确提出"和平相处发展友好合作的十项原则"，就是对"和平共处五项基本原则"的延伸与发展。由于新中国主张对外发展新型的外交关系，在国际事务中坚持原则、求同存异、严守信义，因此赢得的朋友越来越多。"截至 1956 年年底，新中国同 26 个国家建立了外交关系，同两个国家建立了代办级的'半建交'关系。"[2]

二、万隆会议后我国援外范围的扩大

新中国外交空间的扩大，使中国与亚洲、非洲、拉丁美洲国家的交往和联

① 王泰平. 中华人民共和国外交史：1957—1969 ［M］. 北京：世界知识出版社，1998：4.
② 裴坚章. 中华人民共和国外交史（1949—1956）［M］. 北京：世界知识出版社，1994：7.

系日益紧密，一些小国、贫国开始请求中国提供援助。随着亚洲、非洲、拉丁美洲地区人民解放运动的日益高涨，他们迫切要求建设自己的独立经济，并纷纷请求我国供应一些小型成套设备……据初步统计，1962 至 1963 年来已有印尼、缅甸、锡兰等十五个国家和地区，向我国购询各种小型成套设备达三百多套。①

一方面，中国必须及时回应亚洲、非洲、拉丁美洲小国、贫国的援助请求，这是中国履行无产阶级国际主义义务的一种体现；另一方面，应该看到对外援助在支持世界民族独立运动中具有一定的战略意义，为了更好地开展"反帝防修"斗争，对社会主义国家与民族主义国家提供必要的援助，是一项不可或缺的战略支出。1955 年万隆会议之后，加强亚洲、非洲等国家间的交往、联系以及合作成为与会国家的普遍共识，中国认真贯彻万隆会议精神，开始向亚洲、非洲一些民族主义国家提供援助，同时向东欧社会主义国家提供援助。1963 年12 月至 1964 年 2 月，周恩来在访问非洲国家期间提出"对外经济技术援助八项原则"，有力支持了第三世界国家民族经济的恢复与发展。

三、上海参与国家援外空间的拓展

在国家援外格局变化与调整中，上海参与国家对外援助的空间也得到了初步拓展。这一时期，朝鲜和越南是上海重点援助的对象，此外，上海也参与了国家对亚洲其他国家、非洲、东欧、北美国家的援助，援助方式涉及援建成套项目、派遣出国专家、培训实习生等多种。

从整体状况来看，1955 年 7 月至 1964 年 4 月，上海承担国家援外项目数多达 50 个；援助对象包括越南、朝鲜、阿尔巴尼亚、印度尼西亚、柬埔寨、马里、蒙古、波兰、民主也门、尼泊尔、几内亚、加纳，其中援越项目最多，为22 项，次之是朝鲜，为 9 项，再次之是阿尔巴尼亚，共 6 项；其中 41 个项目的援助金额为 25819.17 万元；1964 年，上海援外项目占全国的 30%，援外设备占全国的 70%左右。②

就具体层面而言，有关数据统计显示：第一，在援外成套项目方面，1955年以来，上海市 7 个工业局和华东电管局，共担负了 70 个援外项目的筹建（包括单项和扩建工程）工作，其中纺织项目最多，有 44 个，援外项目包括越南 27

---

① 上海市档案馆. 关于颁发"关于组织小型成套设备出口的暂行办法"及下达 1964 年供应出口计划的通知［A］. 北京：国家计划委员会，经济委员会，1963.

② 《上海人民政府志》编纂委员会. 上海人民政府志［M］. 上海：上海社会科学院出版社，2004：440.

项、朝鲜 11 项、阿尔巴尼亚 8 项、古巴 3 项、蒙古 2 项、波兰 2 项、印尼 1 项、缅甸 1 项、柬埔寨 4 项、也门 1 项、几内亚 3 项、加纳 4 项、马里 3 项，涵盖 13 个国家；第二，在援外成套设备方面，从 1959 年到 1963 年，根据国家计划安排，上海为阿尔巴尼亚、朝鲜、越南、古巴、蒙古、波兰、柬埔寨、几内亚、锡兰、苏丹、尼泊尔、也门等 12 个国家 147 个援外项目，生产供应了各种机电设备 37 万台（件），供应援外需要的市场商品 1050 万件，占全国的 90% 以上；第三，在派遣援外出国专家与技术人员方面，1956 年以来，上海市各工业部门先后派出技术人员 667 人次，分赴阿尔巴尼亚、朝鲜、越南、古巴、蒙古、几内亚、加纳、马里、印尼、缅甸、也门等国家，为 56 个成套援助项目进行选厂规划和设计、指导安装与生产等工作；第四，在对外培训实习生方面，1953 年以来，通过成套援助和科技合作的途径，上海市各工业部门，为阿尔巴尼亚、朝鲜、越南、古巴、蒙古、柬埔寨、也门、阿尔及利亚等国家培训了 3357 名实习生。① 就援外成绩而言，上海较好地完成了国家下达的援外任务，有效地配合了国家的援外工作，有力地支持了世界社会主义国家与民族主义国家的经济恢复和经济发展，为推动"反帝防修"运动、壮大世界和平力量做出了重要贡献。

第二节　上海参与国家对战后朝鲜和越南的援助

在国家对战后朝鲜和越南的援助中，上海主要通过援建成套项目、派遣出国专家、为受援国培训实习生等方式，参与国家的援朝、援越工作。其中，成套项目的援建是"重头戏"，为帮助朝鲜和越南快速实现战后恢复与重建发挥了重要作用，而向朝鲜、越南派遣出国专家并为两国培训实习生，则有助于帮助朝鲜、越南两国的长远发展。

一、上海承担国家援助朝鲜任务的状况

抗美援朝斗争胜利后，如何帮助朝鲜战后恢复与重建成为毛泽东、周恩来等中央领导人关心关注的大事。1953 年 11 月 16 日，中朝政府代表团举行会谈，一致认为除两国政府签订经济文化合作协定外，再以不对外公布的方式签订一

---

① 上海市档案馆．上海市计划经济委员会援外办公室关于上海市援外工作情况报告［A］．
上海：上海市经济计划委员会，1964.

个技术合作协定，并就中国对朝鲜的援助达成以下共识："第一，决定将一九五〇年六月二十五日朝鲜战争爆发时至一九五三年十二月三十一日止，这一时期援助朝鲜的一切物资和费用，无偿地赠送给朝鲜政府。第二，决定在今后四年内再无偿地赠送朝鲜政府八万亿人民币。"① 根据上述协定，中国通过提供物资援助、援建成套项目、帮助恢复基础设施建设、培训朝鲜实习生、派遣援外技术专家和工人等方式支援朝鲜，在此过程中，上海承担了部分援外任务。

万隆会议之后，为帮助朝鲜进一步发展国民经济，1958 年 9 月和 1960 年 10 月，中朝之间先后签订三个有关中国给朝鲜以无息贷款的协定，通过援建成套项目和提供援外物资支援朝鲜。1961 年 3 月 28 日，中朝双方在北京签订了"关于中国向朝鲜供应成套设备和提供技术援助的议定书"，规定中国向朝鲜建设的金笔厂、针织厂、橡胶制品厂等十八个生产日用必需品的轻工业项目，供应成套设备和提供技术援助，并供应朝鲜为发展轻工业而订购的单项设备。② 仅在1958—1963 年，中国先后为朝鲜援建的成套项目多达 29 个③，这些成套项目当中，有相当一部分是由上海负责筹建或协建的。

（一）上海承担国家援助朝鲜成套项目的状况

这一时期，上海积极承担国务院和有关部门下达的任务，上海市仪表局、纺织工业局、轻工业局、机电一局、化工局六机部上海求新造船厂等部门及其管辖企业发挥了重要作用，一共完成援朝的 12 项成套项目。其中，由上海市全面负责筹建的共 5 个项目，分别是针织厂、工业用织物车间、香料厂、锚链车间、金笔厂，其余 7 个项目由上海市分包部分产品或车间筹建（详见表 3）。

---

① 中共中央文献研究室．周恩来年谱：1949—1976：上卷［M］．北京：中央文献出版社，1997：334.

② 上海市档案馆．李强、李长春关于中国向朝鲜供应成套设备和提供技术援助的协定的议定书［A］．北京：李强（中华人民共和国政府全权代表），1961.

③ 石林，等．当代中国的对外经济合作［M］．北京：中国社会科学出版社，1989：32.

表3　1955—1964年上海承担国家援助朝鲜的重点成套项目情况

序号	项目名称	承担援助任务	援外承担单位	备注
1	热工仪表厂	承担差压流量计和拖拉机仪表共11个产品、5个附件的分包筹建任务	和平热工仪表厂和安亭仪表厂	分包协作
2	无线电元件厂	承担扬声器和电位器的建设任务	上无十一厂、磁性材料厂、上无十二厂	
3	电子管厂	承担玻璃绝缘子产品的分包等筹建工作	上海灯泡厂	
4	微电机车间	承担部分产品的协作筹建工作	微电机厂	
5	印铁车间	负责供应印铁设备7台	轻工业局轻机一厂	
6	继电器开关厂	提供产品工艺技术图纸、工模具，非标准设备设计、制造等	华通开关厂	
7	橡胶制品杂件车间	分包车间建设任务	化工局	
8	针织厂	提供设备资料、成套针织设备	纺织工业局	全面负责筹建
9	工业用织物车间	供应生产帘子布和帆布的成套设备	纺织工业局	
10	香料厂	供应大部分工艺设备	轻工业局	
11	锚链车间	承担设备供应（包括工模具）和有关工艺技术资料	六机部上海求新造船厂	
12	金笔厂（后撤销）	不详	轻工业局	

资料来源：上海市档案馆.上海市对朝鲜提供经济技术援助情况资料［A］.上海：中国成套设备出口公司上海分公司，1964；上海市档案馆.上海市经济计划委员会关于转发国务院下达援助朝鲜、阿尔巴尼亚轻工业项目筹建任务的通知［A］.上海：上海市经济计划委员会，1961；上海市档案馆.上海市援外筹建项目资料汇编（1955—1961年）［A］.上海：上海市经济计划委员会援外办公室，1962。

　　无论是分包协作的项目，还是全面负责筹建的项目，上海市都高度重视，为了确保援建项目的顺利进行，有关单位也比较重视后勤保障工作。比如，以援建热工仪表厂项目为例，为了有利于援朝热工仪表厂国内筹建工作的管理，由上海市仪器仪表工业公司选派配备专职后勤人员 1 人。①

（二）上海派遣出国专家和为朝鲜培训实习生的状况

这一时期，为了帮助朝鲜及时解决实际问题和提高朝鲜独立发展的能力，中国向朝鲜派遣了大批专家，并为朝鲜培训大量的实习生，在这个过程中，上海分担了国家的援外任务。

在派遣出国专家层面，自 1961 年以来，上海市的有关单位共派遣出国专家 24 人次，为朝鲜 5 个成套项目的顺利实施，展开选厂规划与设计等工作。其中，向朝鲜金笔厂（后撤销）派遣专家 3 人，向朝鲜香料厂派遣专家 9 人，向朝鲜热工仪表厂派遣专家 6 人，向朝鲜锚链车间派遣专家 5 人，向朝鲜橡胶制品车间派遣专家 1 人，现均已陆续回国；在培训朝鲜实习生层面，自 1954 年以来，上海先后接受 1653 名朝鲜实习生，分布在机电、船舶、印染、制药、小五金、食品加工、电影和唱片等行业领域展开实习，学习上海先进的专业技术。从不同年份上海接受朝鲜实习生的具体数量来看，1954 年接受 604 名，1956 年接受 577 名，1958 年接受 384 名，1959 年接受 17 名，1961 年接受 24 名，1963 年接受 42 名，1964 年接受 5 名。②

此外，在 1962 年，朝鲜还通过国际科技合作的途径向我国聘请 2 名制瓶生产科技专家，也由上海市轻工业局负责选派出国，帮助朝鲜指导安装从我国进口的自动制瓶机并指导制瓶生产工作。③ 出国专家的派遣和实习生的培训，为朝鲜经济社会建设提供了人才支持和技术支撑，对朝鲜战后恢复重建及后续发展产生了积极影响。

（三）上海承担国家援助朝鲜的其他任务状况

承担国家援助朝鲜设备的生产任务，是上海参与国家援外工作的重要组成部分。上海主要围绕援助朝鲜的 13 个成套项目承担相关的设备制造任务，涉及机械设备、电机产品、锅炉设备等多个领域。在向朝鲜提供设备援助的过程中，往往需要多个省份、多个部门、多家单位来配合完成，上海在这一过程中承担了重要任务。比如，1960 年 10 月，根据中朝两国政府签订的协定，由我国援助朝鲜短波无线电相关设备 50/80 千瓦短波发射机 7 部，这项任务下达给上海、

①　上海市档案馆.上海市仪器仪表工业公司关于要求给援助朝鲜热工仪表厂项目配备后勤人员的报告［A］.上海：上海市仪器仪表工业公司，1963.

②　上海市档案馆.上海市对朝鲜提供经济技术援助情况资料［A］.上海：中国成套设备出口公司上海分公司，1964.

③　上海市档案馆.上海市轻工业局关于援助朝鲜制瓶生产科技专家派遣及出国展览操作工人选派的函［A］.上海：上海市轻工业局，1962.

沈阳、北京、辽宁、黑龙江一级站以及湖南省、河北省、陕西省、山东省机械工业厅等多个单位承担。同时要求"对目前尚未订货部分，凡一级站管理产品，皆由上海一级站组织，尽先以现货供给，如无现货，则组织生产单位，先行安排生产，并在上海办理订货手续"①。而面对国家下达的任务，上海市不同单位和企业之间往往采取"协同作战"的方式，齐心协力完成。上海一级站、上海电器公司、上海电材公司、上海市电机局、上海市仪表局、上海市机械局、上海华一电器厂、上海电线厂、上海机床开关厂、上海华通开关厂、上海跃进电机厂、上海市卫生局、上海市华球电表厂、上海震华电表厂、上海联研厂、上海上联电器厂、上海市通用机械制造公司、上海安开厂等多个单位之间通过并肩作战来完成援朝短波无线电发讯设备的部分任务。②

二、上海承担国家援助越南任务的状况

同援助朝鲜的情况类似，中国对越南的援助同样始于 1950 年，据有关资料记载，在 1950—1954 年，中国对越南无偿提供了军事援助和价值 1.76 亿元的物资援助③。1954 年 7 月，日内瓦协议④签订后，如何实现战后恢复与发展成为越南政府面临的头等大事，为此，越南向中国发出了援助请求。

1954 年 8 月，以方毅为首的中国顾问团访问越南，就越南战后恢复重建的问题给予指导性意见。1955 年年初，中国着手研究进一步对越南援助的问题，周恩来就有关援越提出四点意见⑤，并明确表示中国将尽力援助越南。1955 年 7 月，中越签订政府联合公报，中国表示将以无偿援助的方式帮助越南战后恢复重建和发展国民经济。在此背景下，中国通过援建成套项目、提供设备与援外

---

① 上海市档案馆. 国家计划委员会、国家经济委员会、第一机械工业部关于紧急生产援助朝鲜短波无线电发讯设备所需任务的联合通知[A].北京：国家计划委员会，国家经济委员会，第一机械工业部，1961.

② 上海市档案馆. 国家计委、市经计委等关于安排援助阿尔巴尼亚、朝鲜、蒙古国的设备的通知函件[A].北京：国家计划委员会，国家经济委员会，第一机械工业部，1961.

③ 石林，等. 当代中国的对外经济合作[M].北京：中国社会科学出版社，1989：26.

④ 1954 年 7 月 21 日，发表《日内瓦会议最后宣言》，与会国家签订了《越南、老挝、柬埔寨三国交战双方停止敌对行动协定》，自此越南走向战后恢复重建的道路。

⑤ 周恩来在电文中指出，下列各点请告胡主席和劳动党中央：（一）对越南的物资及技术援助不能也不应由中国全包，当然，中国会尽自己的能力来援助越南的；（二）向苏新国家提请援助，毫无疑问地应由越南政府和劳动党自己出面向苏新国家提出；（三）各国对越南援助，应由越南方面根据自己的需要和估计对方的可能，提出要求援助的项目和数额，才好进行磋商；（四）为商量中国对越南的援助问题，中共中央邀请劳动党中央和胡主席指派一领导同志率领必要干部飞北京和中共中央面谈。

物资、派遣出国专家和培训越南实习生的方式对越南提供经济技术援助。上海市积极承担中央下达的援越任务，在成套项目筹建、出国专家派遣、培训实习生等方面有效配合了国家援越工作的大局。

　　万隆会议之后，为了支援越南的经济建设，1958 年 3 月，中越之间签订协定，规定由中国帮助越南建设和改造 18 个工业项目，之后的 1959 年和 1961 年，中国又以无偿援助和长期无息贷款的方式，为越南援建 8 个与生产生活息息相关的成套项目①，这些成套项目当中，也有相当一批是由上海来筹建或协建的。

　　（一）上海承担国家援助越南成套项目的状况

　　该时期，上海积极承担国家下达的援助越南成套项目的任务，上海轻工局、仪表局、纺织局、化工局、外贸局和华东电业局等单位共承担（或即将承担）27 项中央下达给上海的援越成套项目任务，这些项目大部分为轻工业和纺织业项目，少数为重工业项目。截至 1964 年，上海共建成 16 项援越成套项目，援越味精粉丝厂、三八纺织印染厂、北江电站、海防船厂 4 个项目正在筹建中，3 个项目东英电线厂、河内塑料厂、越池硬化油车间中途停建，还有八万锭棉纺厂、巴位炼乳厂、越池电站与太原电站二期扩建工程 4 个项目即将开建（详见表 4）。

表 4　1955—1964 年上海承担国家援助越南的重点成套项目情况

序号	项目名称	项目简况	承担单位	备注
1	统一火柴厂	年产火柴 5 万件	轻工局	1956 年建成
2	昇龙卷烟厂	年产卷烟 1000 吨	轻工局	1959 年建成
3	红河文教用品厂	年产金笔 12 万支等	轻工局	1959 年建成
4	海防搪瓷厂	年产搪瓷器皿 119.1 万件	轻工局	1959 年建成
5	海防搪瓷厂铝压延车间	年产各种铝器 34 万件	轻工局	1961 年建成
6	河内香料厂	年产蒸制回香油 80 吨等	轻工局	1960 年建成
7	河内肥皂厂	年产洗衣皂 3000 吨等	轻工局	1960 年建成
8	旭东灯泡热水瓶厂	年产灯泡 150 万个等	仪表局、轻工局	1963 年建成

---

①　石林，等. 当代中国的对外经济合作［M］. 北京：中国社会科学出版社，1989：32-33.

序号	项目名称	项目简况	承担单位	备注
9	冬春针织厂	年产针织内衣 110 万件等	纺织局	1958 年建成
10	南定纺织厂空调装置	装置通风及降温设备	纺织局	1962 年建成
11	海防毛线扩建	年产 4~6 股细绒线 100 吨	纺织局	1963 年建成
12	海防塑料厂	年产酚醛塑料制品 110 吨等	化工局	1959 年建成
13	越池电站	火力发电 1.6 万千瓦	华东电业局	1961 年建成
14	高压输变电线路	35 千伏，110 千伏共 319 公里	华东电业局	1962 年建成
15	海防羽毛加工厂	年加工羽毛 500 吨	外贸局	1962 年建成
16	太原电站	火力发电 2.4 万千瓦	华东电业局	1963 年建成
17	文典干电池厂	年产 R20 电池 500 万只	轻工局	1961 年建成
18	味精粉丝厂	年产味精 30 吨，粉丝 100 吨等	轻工局	1959 年始建
19	三八纺织印染厂	年产棉纱 5581.66 吨等	纺织局	1963 年建成
20	北江电站	规模为火力发电 1.2 万千瓦	华东电管局	1959 年始建
21	海防船厂	可修 5000 吨货轮和制造 1000 吨货轮	六机部、沪东造船厂	1956 年始建
22	河内塑料厂	年产聚氯乙烯制品 500 吨等	化工局	1962 年建成
23	东英电线厂	裸铝绞线 250 吨等	机电一局	中途停建
24	越池硬化油车间	不详	不详	中途停建

续表

序号	项目名称	项目简况	承担单位	备注
25	太原电站二期扩建工程	恢复与原设计规模相同	华东电管局	
26	巴位炼乳厂			计划援建
27	越池电站二期扩建工程	不详	不详	
28	八万锭棉纺厂			

资料来源：上海市档案馆.上海市对越南提供经济技术援助情况资料［A］.上海：上海市计划经济委员会援外办公室，1964；《上海轻工业志》编纂委员会.上海轻工业志［M］.上海：上海社会科学院出版社，1996：37-39；《上海对外经济贸易志》编纂委员会.上海对外经济贸易志：中册［M］.上海：上海社会科学院出版社，2001：1245-1247，1250-1251。

此外，上海还曾协助国家完成援助越南的任务。比如，1958 年，我国化学工业部请求上海市化学工业局协助解决我国援助越南建设橡胶厂的任务，包括提前供应技术设备和负责产品试制及设备试车工作，并由上海选派压延、成型、硫化等技术工人与技术人员，赴越南协助越方安装生产工作。[1] 上海的同志在援越工作中不负众望，较好地完成了任务，对此我国化学工业部专门来函致谢中南橡胶厂、大中华橡胶厂机修厂、大中华橡胶一厂等单位，认为"由于你厂全体职工同志对于承担援越工作的积极努力，使我部对于援越建设橡胶厂任务顺利进行……对于加强人民民主国家之间的团结，贡献了力量"[2]。

（二）上海派遣出国专家和为越南培训实习生的状况

该时期，通过派遣出国专家和帮助培训实习生来支持越南战后恢复重建、发展国民经济，同样是上海参与国家援助越南的重要目标。

在派遣出国专家方面，从 1956 年开始，上海各有关单位，先后向越南派遣了 412 名技术专家，主要为越南 31 个成套项目的选厂规划和有关技术指导工作提供必要的支持与帮助，截至 1964 年，尚有 71 名上海专家在越南帮助指导设备安装和试生产工作；在培训越南实习生方面，自 1957 年以来，围绕有关生产工

---

[1] 上海市档案馆.化学工业部关于请上海市化学工业局协助解决我国援助越南建设橡胶厂事项的函［A］.北京：化学工业部，1958.

[2] 上海市档案馆.化学工业部关于提前完成援助越南工作的谢函［A］.北京：化学工业部，1958.

艺和专业技术领域，上海先后为越南培训了 1535 名实习生，这些实习生主要在上海的肥皂厂、卷烟厂、搪瓷厂、棉纺厂、塑料厂、造船厂等单位培训学习全套技术，也有一部分实习生根据中越科技合作项目，围绕医疗器械、彩色油墨、罐头涂料制造等领域进行学习。从不同年份上海培训的数量来看，1957 年培训 18 名，1958 年培训 538 名，1959 年培训 623 名，1960 年培训 255 名，1961 年培训 53 名，1962 年培训 29 名，1963 年培训 4 名，1964 年（到 10 月 7 日）培训 15 名。① 1964 年仍有部分越南实习生在上海相关单位实习，学习通信电缆、明胶制造和时钟工艺等专业技术。

在援越出国专家的选派方面，更多的是通过多省市之间的协作来完成，但上海凭借其在全国较强的实力，在协调作战中发挥了十分重要的作用。以 1961 年援助越南电线厂出国人员的选派为例，第一机械工业部第七局要求上海电线厂、沈阳电线厂、上海电线研究所等单位共同选派 24 名出国援外人员，负责指导援越电线厂施工、安装、调试、生产等方面的工作，但又要求工厂设计工程师、总机械师、实验室技术员、热工仪表技术员、总工艺师、实验室技术员等关键技术人员均由上海负责派遣。②

为确保实习效果，我国对越南实习生提供充足的物质保障，以供其安心在有关单位学习技术。1956 年，中国与越南签订了《关于中国给予越南技术援助共同条件的议定书》，规定：每个实习生在中国实习期间内，由中方按月以中国人民币的形式发给固定的生活津贴费（包括伙食费、房租费、服装费、日用品费、交通费和另用费等），每月生活津贴费标准如下，工人 45 元、技术员 55 元、工程师 65 元；该项生活津贴费以及实习过程中的实习费用、医疗费用及翻译费用都由中方负担，不记入援助款项内；翻译人员如系越方配备时，其旅费应该按照第十五条规定处理，其生活费用由中方负担，每人每月发给中国人民币 50 元。③ 同时，对于越南实习生遇到的突发、紧急状况，中国同样给予人文关怀。比如，规定实习生在实习期间患病者，其休养或住院的时间不超过三个月，病愈后仍可继续实习；如超过三个月仍不能治愈者，中方应通知越南驻华

---

① 上海市档案馆.上海市对越南提供经济技术援助情况资料［A］.上海：上海市计划经济委员会援外办公室，1964.

② 上海市档案馆.第一机械工业部第七局关于请做好援助越南电线厂出国人员准备的通知［A］.北京：第一机械工业部第七局，1961.

③ 上海市档案馆.对外贸易部、越南民主共和国商业部关于中华人民共和国给予越南民主共和国技术援助共同条件的议定书［A］.北京：对外贸易部，越南民主共和国商业部，1957.

使馆送回越南；如因病情严重不能送回或越方目前还不能治疗者，则继续留在中国治疗，病愈后回越南。① 通过学习培训，大多数越南实习生在上海掌握了专业的生产技术，他们学成回国后为推动越南经济社会的发展，发挥了重要作用。

（三）上海承担国家援助越南的其他任务状况

首先，上海承担了援助越南成套设备的任务。这一时期，上海为越南安排了 16 个成套项目的设备生产任务，主要涉及机械设备、电机产品、电力变压器、开关板、氮肥压缩机、冷却器等行业，这些设备质量较高，多具有防潮防霉的性能，能够适合越南的气候特点。除围绕援越成套项目提供相应的设备援助外，上海还为越南提供了其他方面的设备援助。如 1963 年，上海市仪表电讯工业局承担了援越太钢一号高炉的设备，共 15 个品种，54 台/件，1100 米补偿导线。② 上海也分担了其他省市援助越南相关设备的任务，比如，在 1961 年，由于北京开关厂承担援越 117 面"开关板"任务较急、较重，我国第一机械部要求上海电表厂提供 32 个不同型号规格的电流表和 7 个电磁锁。③

其次，上海还为越南提供了一般物资援助。1956 年，中国针棉织品公司要求上海中央站及上海杂品分公司供应援助越南一批商品，包括高档毛巾要货 10 万条、高档男士纱背心要货 2500 打、手帕要货 3 万打、小孩用绒毯供应最多不超过 5000 条、帆布裤袋供应不超过 5000 打；④ 1960 年，上海石油采购站援助越南越池电站工程所需的变压器油 2 吨以及桶装汽缸油 150 公斤；⑤ 1963 年，上海市第一商业局与上海市卫生局援助越南南方 10 套手术器械和 10 套刀包。⑥

最后，在国家援助越南的过程中，上海也曾扮演了"救火员"的角色，为援越项目提供了急需的物资。比如，在 1961 年，我国援越陶瓷厂项目急需补偿

---

① 上海市档案馆. 中华人民共和国给予越南民主共和国的技术援助如果在合同内没有因为技术援助的特殊性而另有规定时的处理办法：摘自《中华人民共和国给予越南民主共和国技术援助的共同条件》[A].上海：上海市橡胶工业公司人事科，1958.

② 上海市档案馆. 上海市仪表电讯工业局关于援助越南太钢一号高炉所需设备生产情况的报告[A].上海：上海市仪表电讯工业局，1963.

③ 上海市档案馆. 第一机械工业部关于安排北京开关厂援助越南任务所需协作配件的函[A].上海：第一机械工业部，1961.

④ 上海市档案馆. 中国针棉织品公司关于援助越南商品的通知[A].上海：中国针棉织品公司，1956.

⑤ 上海市档案馆. 商业部石油局关于供应水电部援助越南越池电站油料的通知[A].上海：商业部石油局，1960.

⑥ 上海市档案馆. 关于援助越南南方的十套手术器械和十套刀包方面的通知[A].上海：上海市经济计划委员会，1963.

导线 3 种共 2150 米①，该项目虽由湖南省轻工化工厅负责，但面对这一紧急任务，上海市经济计划委员会要求上海市仪表电讯工业局设法抽调现货供应，以维护国家信誉。

第三节　上海参与国家对民族主义国家的援助

1955 年 4 月 18 日，万隆会议召开，29 个亚非国家与地区代表汇聚一堂，就世界和平问题、民族独立与民族发展问题、地区间发展问题等展开讨论，并最终在中国的努力与协调之下达成共识，向世界发表《亚非会议最后公报》。这次会议之后，加强亚非地区之间的经济合作与相互提供多种形式的经济技术援助成为与会国家普遍关心和重视的话题。

这次会议之后，中国的对外关系有了新的发展，除社会主义国家外，民族主义国家也成为中国重点交往的对象，中国的外交视野从亚洲冲向非洲和东欧，与之相呼应的是，中国的对外援助从社会主义国家扩大到非洲部分民族主义国家和东欧个别国家。1958 年 10 月 29 日，中共中央在批转《关于加强对外经济、技术援助工作领导的请示报告》中指出："认真做好对外经济、技术援助工作，是一项严肃的政治任务，也是我国人民对兄弟国家和民族主义国家的人民应尽的国际义务。"② 在尽力援助社会主义国家和非洲部分民族主义国家的背景之下，上海参与国家援外的空间也随之拓展。

一、立足轻工行业，参与成套项目援建

这一时期，上海承担国家援助亚洲其他国家，非洲、东欧、北美洲国家的成套项目达到 25 个，其中包括印尼 2 项、蒙古 2 项、缅甸 1 项、也门 1 项、马里 3 项、几内亚 2 项、加纳 3 项、阿尔巴尼亚 8 项、古巴 3 项（详见表 5）。这些项目多属于轻工行业，与受援国人民的生产生活息息相关。上海以筹建或协建的方式参与其中，有力地配合了国家的对外成套项目援建工作。

---

① 上海市档案馆.上海市经济计划委员会关于帮助解决援助越南陶瓷厂所补偿导线的通知［A］.上海：上海市经济计划委员会，1961.

② 中共中央文献研究室.建国以来重要文献选编：第 11 册［M］.北京：中央文献出版社，1995：523.

表5 1955—1964年上海援助亚洲其他国家，非洲、东欧、北美洲国家的重点成套项目情况

序号	项目名称	项目简况	受援国
1	班加兰三万锭棉纺厂	年产纱锭30784锭，线锭8360锭等	印尼
2	巴东二万五千锭棉纺厂	生产规模为纱锭24960锭，线锭9120锭，年产71支双股线和34支单纱1730吨等	
3	苏赫巴托木柴厂的软质纤维板车间	尚未上马，具体不详	蒙古
4	乌兰巴托毛纺厂	年产粗、精纺呢分别为42.63万、46.15万米等	
5	小型机械厂	尚未上马，具体不详	缅甸
6	萨那棉纺织印染厂	年产棉纱1020吨，棉布816万米等	也门
7	卷烟厂	年产2400万小包（合烟叶600吨）等	马里
8	火柴厂	年产火柴4500万小盒（合4.5万件）等	
9	轧花车间	年轧籽棉2400吨等	
10	火柴、卷烟联合工厂	年产火柴4500万小盒、卷烟2400万小包等	几内亚
11	造纸厂	尚未上马，具体不详	
12	纺织、针织联合工厂	年产棉纱9160件，坯布1000万码等	加纳
13	铅笔厂	年产木质铅笔1400万支等	
14	搪瓷厂	尚未上马，具体不详	
15	斯库台水泥袋纸厂	年产水泥袋纸1800吨，水泥纸袋493万只等	阿尔巴尼亚
16	卡瓦亚文化用纸厂	年产文化用纸3000吨等	
17	泸什涅版纸包装纸厂	年产版纸包装纸3000吨等	
18	干电池厂	年产通信电池50000只等	
19	季诺卡斯特日用五金厂	年产不锈钢餐具26万把等	
20	斯库台电线厂	年产铜导体1800吨等	
21	鲁比克铜精炼加工厂	年产铜线锭2000吨、黄铜轧材600吨等	
22	玻璃器皿车间	具体不详	
23	金笔、圆珠笔厂	年产金笔30万支，圆珠笔100万支等	古巴
24	甘油提纯厂	年产甘油1251吨等	
25	点火系统配件厂	年产各种电器142.1万只等	

资料来源：上海市档案馆. 上海市对印尼提供经济技术援助情况的参考资料［A］. 上海：上海市经济计划委员会援外办公室，1964；上海市档案馆. 上海市对蒙古提供经济技术援助情况参考资料［A］. 上海：上海市经济计划委员会援外办公室，1964；上海市档案馆. 上海市对缅甸提供经济技术援助情况的参考资料［A］. 上海：上海市经济计划委员会援外办公室，1964；上海市档案馆. 上海市对也门提供经济技术援助情况参考资料［A］. 上海：上海市经济计划委员会援外办公室，1964；上海市档案馆. 上海市对马里提供经济技术援助情况参考资料［A］. 上海：上海市经济计划委员会援外办公室，1964；上海市档案馆. 上海市对几内亚提供经济技术援助参考资料［A］. 上海：上海市经济计划委员会援外办公室，1964；上海市档案馆. 上海市对加纳提供经济技术援助情况参考资料［A］. 上海：上海市经济计划委员会援外办公室，1964；上海市档案馆. 上海市对阿尔巴尼亚提供经济技术援助情况资料［A］. 上海：中国成套设备出口公司上海分公司，1964；上海市档案馆. 上海市对古巴提供经济技术援助情况参考资料［A］. 上海：中国成套设备出口公司上海分公司，1964。

1. 印尼

国务院下达给上海市承担的援助印尼的成套建设项目，主要是 19 万锭棉纺项目，该项目包括 8 个厂，其中，4 个 3 万锭棉纺厂、1 个 2.5 万锭棉纺厂、3 个 1.5 万锭棉纺厂；根据中国与印尼的相关协议，由我国成套援助建设 3 万锭、2.5 万锭、1.5 万锭棉纺厂各 1 个，其余的 5 个厂我国只负责提供成套设备，由印尼套用我国设计自行建设；截至 1964 年 12 月，只有班加兰棉纺厂（3 万锭棉纺厂）和巴东棉纺厂（2.5 万锭棉纺厂）两国签订了合同，具体由上海市纺织工业局负责筹建，其中自备电站由西北电力设计院负责设计，华东电业局协作筹建。①

2. 蒙古

苏赫巴托木柴厂是国务院 1961 年 2 月下达的任务，由林业部承担总筹建的项目，该厂的一个软质纤维板车间由上海市轻工业局负责分包筹建。乌兰巴托毛纺厂是我国无偿赠送给蒙古的项目，由苏联帮助进行设计，该项目于 1958 年 5 月开始动工，至 1960 年 1 月建成投产，具体由上海市纺织工业局承担筹建。该厂的大部分设备由我国生产供应，据有关统计，国内供应的设备、材料金额约 130 万元。② 此外，在 1961 年，上海电机局还参与援建了援蒙百货大楼、迎

---

① 上海市档案馆. 上海市对印尼提供经济技术援助情况的参考资料［A］. 上海：上海市经济计划委员会援外办公室，1964.

② 上海市档案馆. 上海市对蒙古提供经济技术援助情况参考资料［A］. 上海：上海市经济计划委员会援外办公室，1964.

宾馆两项国庆工程。①

3. 缅甸

我国援助缅甸的小型机械厂，由南昌柴油机厂承担筹建，上海市机电一局负责其中水泵产品的协作筹建，该项目的设计工作由一机部二院承担。②

4. 也门

根据 1958 年 1 月 12 日中国与也门签订的科技合作文化协定，由中国帮助也方援建萨那棉纺织印染厂项目。参与该项目的单位较多，但总的筹建任务由上海市纺织工业局负责。③

5. 马里

上海援助马里的卷烟厂与火柴厂均从 1962 年 11 月开始动工，均由上海市轻工业局负责筹建④。上海承担的轧花车间系我国援助马里榨油厂的一个车间，由全国供销合作总社负责筹建，上海配合派遣部分技术指导专家和负责上海地区的设备订货、生产与发运工作等。⑤

6. 几内亚

火柴、卷烟厂（合并为火柴、卷烟联合工厂）和造纸厂是上海市承担国家援助几内亚的 3 个成套建设项目。火柴、卷烟厂由上海市轻工业局承担。⑥ 对于造纸厂，我国曾两次派专家出国与火柴、卷烟厂一起进行收资规划工作，但因选址欠妥，水、电和原料供应不落实，成本高等问题未曾上马。

7. 加纳

纺织、针织联合工厂的设计、筹建工作均由上海市纺织工业局负责，土建施工由建工部承担；铅笔厂由上海市轻工业局负责筹建，轻工业部上海轻工业设计院负责工艺设计，建工部华东工业建筑设计院负责土建设计，建工部负责

① 上海市档案馆.关于请检查援助蒙古人民共和国国庆工程设备交货情况的通知［A］.北京：国家计划委员会，经济委员会，第一机械工业部，1961.

② 上海市档案馆.上海市对缅甸提供经济技术援助情况的参考资料［A］.上海：上海市经济计划委员会援外办公室，1964.

③ 上海市档案馆.上海市对也门提供经济技术援助情况参考资料［A］.上海：上海市经济计划委员会援外办公室，1964.

④ 《上海外事志》编辑室.上海外事志［M］.上海：上海社会科学院出版社，1999：432.

⑤ 上海市档案馆.上海市对马里提供经济技术援助情况参考资料［A］.上海：上海市经济计划委员会援外办公室，1964.

⑥ 上海市档案馆.上海市对几内亚提供经济技术援助参考资料［A］.上海：上海市经济计划委员会援外办公室，1964.

土建施工等；搪瓷厂的筹建任务由上海市轻工业局承担。①

8. 阿尔巴尼亚

斯库台水泥袋纸厂、卡瓦亚文化用纸厂、泸什涅版纸包装纸厂、干电池厂、季诺卡斯特日用五金厂均由上海市轻工业局负责筹建，斯库台电线厂由上海电缆厂提供设备、材料，鲁比克铜精炼加工厂由上海市冶金局、上海冶炼厂、上海压延厂承担建设。②

9. 古巴

金笔、圆珠笔厂由上海市轻工业局筹建，具体负责工艺设计、提供成套设备和有关的试生产原材料，其他土建设计和施工均由古方负责；甘油提纯厂由我方负责扩初设计和提交供电及工艺施工图等工作。③ 其中，甘油提纯厂的工艺设计及筹建工作由上海市轻工业局负责，该厂设备的设计和制造由上海市机电一局负责、轻工业局抽派技术人员参与，同时由轻工业局选派人员赴古巴搜集有关工艺设计基础资料等事宜。④

二、围绕项目要求，积极派遣出国专家

这一时期，上海主要向亚洲其他国家，非洲、东欧等国家派遣的出国专家共计379人次，其中向蒙古、阿尔巴尼亚、几内亚三国派出的专家相对较多。

出国专家主要围绕我国援建的成套项目为受援国提供各种各样的服务，涉及收资规划、项目谈判、选址规划、工艺设计、指导安装和试生产、现场技术培训等多个方面（见表6）。出国专家在为受援国解决现实难题的同时，也向当地工作人员传授了专业理论知识与技术，为促进受援国国民经济的发展贡献了自身力量。

① 上海市档案馆. 上海市对加纳提供经济技术援助情况参考资料［A］. 上海：上海市经济计划委员会援外办公室，1964.

② 《上海外事志》编辑室. 上海外事志［M］. 上海：上海社会科学院出版社，1999：435.

③ 上海市档案馆. 上海市对古巴提供经济技术援助情况参考资料［A］. 上海：中国成套设备出口公司上海分公司，1964.

④ 上海市档案馆. 关于援助古巴甘油提纯厂问题的通知［A］. 上海：对外经济联络部，轻工业部，1963.

表6 1955—1964年上海主要为亚洲其他国家，非洲、东欧、北美洲国家派遣的专家情况

年份	受援国	派遣人次	服务领域
1958—1962	蒙古	124	对我国援建的毛纺厂进行有关筹建和生产指导工作
1958—1964	也门	67	对萨那棉纺织印染厂进行收资规划和谈判工作，进行设备安装和培训实习生、指导生产等工作；负责萨那—荷台达沥青公路修复工作
1958	巴基斯坦	12	选派工程师与技术员赴巴支援项目建设
1960—1964	几内亚	68	对我国援建的成套项目进行收资规划和对火柴、卷烟厂进行设计解释及施工、安装、生产等技术指导工作，以及进行有关生产管理和技术培训工作
1961—1964	阿尔巴尼亚	77	对我国援建的成套项目进行有关勘察厂址、收资规划和施工、安装、生产指导等工作
1961—1964	古巴	12	对我国援建的4个成套项目进行选厂规划、施工设计和有关事项的谈判工作
1962—1963	印尼	3	对我国援建项目进行有关建厂方案的谈判和选厂规划工作及进行有关技术指导与技术培训工作
1963	马里	7	对我国援建的3个成套项目进行选址规划工作
1963	加纳	9	为铅笔厂和纺织、针织联合工厂两个项目进行收资规划和项目谈判工作

资料来源：上海市档案馆.上海市对蒙古提供经济技术援助情况参考资料［A］.上海：上海市经济计划委员会援外办公室，1964；上海市档案馆.上海市对也门提供经济技术援助情况参考资料［A］.上海：上海市经济计划委员会援外办公室，1964；上海市档案馆.关于抽调援助也门修复公路第一批出国人员的报告［A］.上海：上海市经济计划委员会援外办公室，1964；上海市档案馆.上海市对几内亚提供经济技术援助参考资料［A］.上海：上海市经济计划委员会援外办公室，1964；上海市档案馆.上海市对阿尔巴尼亚提供经济技术援助情况资料［A］.上海：中国成套设备出口公司上海分公司，1964；上海市档案馆.上海市对古巴提供经济技术援助情况参考资料［A］.上海：中国成套设备出口公司上海分公司，1964；上海市档案馆.上海市对印尼提供经济技术援助情况的参考资料［A］.上海：上海市经济计划委员会援外办公室，1964；上海市档案馆.上海市对马里提供经济技术援助情况参考资料［A］.上海：上海市经济计划委员会援外办公室，1964；上海市档案馆.上海市对加纳提供经济技术援助情况参考资料［A］.上海：上海市

经济计划委员会援外办公室，1964；上海市档案馆. 建筑工程部关于选派援助越南、柬埔寨、巴基斯坦建设人员的函 [A].上海：中华人民共和国建筑工程部，1958。

此外，在 1959 年，国家化学工业部要求上海化工局和北京化工设计院共同选派人员组成专家工作组，赴加纳进行我国援助加纳塑料加工厂的规划选厂工作。其中，要求上海市选派总图运输及公用工程人员 1 名、工艺人员 1~2 名、土建人员 1 名。① 同时，要求上海市化工局挑选 1 名政治上强的、技术上也较全面的干部，负责该小组的工作。

三、依托行业优势，开展实习生培训

这一时期，上海主要为蒙古、阿尔巴尼亚、也门和古巴培训了实习生，实习领域涉及纺织、工业机械、医学、农业等多个领域（见表7）。这些实习生有些是按照协定，经有关部门同意直接由受援国派遣至上海的，有些则是通过科技合作的途径来上海学习专业技术。

实习的期限也较为灵活，以阿尔巴尼亚实习生为例，具体的实习期限分为一年、两年、两年半等多种。这些实习生学成回国之后，为促进本国经济建设发挥了重要作用。

表7　1955—1964 年上海为亚洲其他国家，非洲、东欧等国家培训的主要实习生情况

年份	受援国	接受数量	培训实习领域
1958—1960	蒙古	66	实习毛纺技术、电镀操作技术，实习护士、护理等医务工作
1959—1964	阿尔巴尼亚	34	实习皮件、木器雕刻、丝织机修、铜精炼加工、电线、造纸等专业技术
1961—1962	也门	51	实习纺织和印染技术
1962—1964	古巴	41	实习照相雕刻与染色、农田水利灌溉、果蔬加工、马口铁罐壁涂料、塑料工艺、柴油机使用与维修等技术

资料来源：上海市档案馆.上海市对蒙古提供经济技术援助情况参考资料 [A].上海：上海市经济计划委员会援外办公室，1964；上海市档案馆.上海市对阿尔巴尼亚提供经济技术援助情况资料 [A].上海：中国成套设备出口公司上海分公司，1964；上海市档案馆.上海市对也门提供经济技术援助情况参考资料 [A].上海：上海市经济计划委

---

① 上海市档案馆.化学工业部关于请挑选援助加纳塑料加工厂人员的函[A].北京：化学工业部，1959.

员会援外办公室，1964；上海市档案馆．上海市对古巴提供经济技术援助情况参考资料[A]．上海：中国成套设备出口公司上海分公司，1964。

四、整合本地资源，提供其他方面援助

第一，上海承担了我国为亚洲其他国家，非洲、东欧、北美洲国家提供的设备援助。上海围绕为印尼、蒙古、缅甸、尼泊尔、马里、几内亚、加纳、阿尔巴尼亚、古巴援建的成套项目，为上述受援国提供相关设备。

从具体层面来看：为印尼的班加兰棉纺厂和巴东棉纺厂生产供应部分专业与通用设备，主要包括细纱机、双面摇纱机、柴油发电机组等；1958 年以来，主要根据蒙古的淀粉厂、酒精厂、养鸡场、乌兰巴托毛纺厂、东哈拉电站等项目需要，生产供应相关设备，并于 1964 年供应蒙古宾馆一批木器家具；自 1963年以来，为缅甸供应的设备涉及 7 个项目，主要包括胶合板厂的单板旋切机、无纸拼缝机、锅炉等设备，纸厂的长网造纸机、单刀切纸机、中速精浆机等设备，轮胎厂的炼胶机、联动装置、平板硫化机等设备，糖厂及电站的水泵、电动机、变压器等通用设备，桥梁、公路及施工等工程需要的破碎机、皮带机等设备；根据尼泊尔制革制鞋厂、尼泊尔公路、尼泊尔仓库的实际需要，生产供应相关的设备；自 1959 年以来，为马里的卷烟厂、火柴厂、水泵站、糖厂制造供应相关通用设备和专业设备；自 1962 年以来，为援助几内亚制造供应的设备共涉及 5 个援外项目，包括卷烟专用设备、火柴设备、水电与火电站设备等；为加纳生产供应的设备，主要为铅笔专业设备泥浆调和机、六角磨光机等；自1962 年以来，为阿尔巴尼亚制造供应的设备涉及 29 个援外项目，主要包括电线专用设备、有色金属冶炼设备、造纸设备、干电池专用设备、日用五金专业设备、刨花板专用设备、石棉水泥制品设备、纤维板设备等；为援助古巴承担了 7个成套项目的设备生产任务，包括机械设备、电机产品、变压器、开关板、燃油锅炉等。

除了围绕成套项目提供配套设备援助外，上海市也为一些国家提供了急需的设备援助。比如，1958 年 10 月，国家纺织工业部要求上海、河北、河南、辽宁纺织工业局与山东纺织工业厅、山西省机械工业厅在 1959 年共同援助柬埔寨一万锭棉纺织漂染全套设备。① 1961 年 3 月，上海市经济计划委员会要求徐汇区工业局、上海市仪表电讯局提供 1 台充放电盘（48-1 型）和 3 台供电盆，以

---

① 上海市档案馆．纺织工业部关于布置 1959 年援助柬埔寨一国一万锭棉纺织漂染全套设备的通知[A]．北京：纺织工业部，1958.

及相关配套元件，以满足我国援助蒙古国庆工程所需。① 1961 年 4 月，同样是为了援助蒙古国庆工程所需，第三机械工业部第十局要求上海市计委、上海市仪表电讯工业局安排援助一批广播器材。②

第二，上海为亚洲其他国家，非洲、东欧、北美洲国家提供了一般物资援助。比如，1962 年，云南省勤丰筑路办公室承担援助老挝公路工程所需一批药品及医疗器械，有关部委要求上海市第一商业局、上海医药采购供应站负责提供；③ 1963 年，中华全国供销合作总社要求上海市供销合作社援助老挝一批炊具，包括水瓢 50 把、炒菜勺 150 把、菜板 50 块、小油桶（装 15 斤）50 个、铁水桶 120 个、菜刀 120 把、铁铲 50 把、扁担 120 条；④ 1963 年，中国人民保卫世界和平委员会决定援助桑给巴尔设拉子党自行车 200 辆，由上海轻工业品进出口公司负责配货；⑤ 1964 年，我国决定援助马里、几内亚一批教学仪器和文教用品，教育部要求上海市第一商业局负责提供化学仪器、玻璃器皿、药品等部分物资。⑥ 在运输方面，为尽可能地做到集中运输，规定浙江厂供应的五种仪器发至上海供应社，由上海供应社统一包装发货；⑦ 1964 年，纺织工业部援助古巴纺织厂需要一批灯具，商业部援外办公室要求上海市第一商业局负责生产安排。⑧ 1964 年，中国医药公司上海采购供应站要求上海市卫生局协助安排援助老挝 7 台阿诺式消毒器。⑨

第三，上海对外提供了紧急人道主义援助。这一时期的对外紧急人道主义

① 上海市档案馆．上海市经济计划委员会关于安排生产援助内蒙古所需设备的通知［A］．上海：上海市经济计划委员会，1961.
② 上海市档案馆．第三机械工业部第十局关于补充安排援助内蒙古国庆工程任务的报告［A］．北京：第三机械工业部第十局，1961.
③ 上海市档案馆．商业部、化工部、外贸部、卫生部等关于供应老挝公路工程建工部援外药品、医疗器械及办理支援阿尔及利亚药品的通知与组织供应援助尼泊尔公路市场物资计划［A］．北京：中华人民共和国商业部，1962.
④ 上海市档案馆．中华全国供销合作总社关于供应外贸援助老挝炊具的通知［A］．北京：中华全国供销合作总社，1963.
⑤ 上海市档案馆．中国人民保卫世界和平委员会办公室关于援助桑给巴尔设拉子党自行车问题的函［A］．北京：中国人民保卫世界和平委员会办公室，1963.
⑥ 上海市档案馆．教育部关于请协助具体办理有关援助马里、几内亚一批化学玻璃仪器的通知［A］．北京：教育部，1964.
⑦ 上海市档案馆．教育部关于援助马里一批教学仪器的通知［A］．北京：教育部，1964.
⑧ 上海市档案馆．商业部援外办公室关于纺织工业部援助古巴纺织厂灯具的函［A］．北京：商业部援外办公室，1964.
⑨ 上海市档案馆．中国医药公司上海采购供应站关于要求安排援助老挝所需阿诺式消毒器生产的函［A］．上海：中国医药公司上海采购供应站，1965.

援助多是基于自然灾害而实施的，主要是向发生灾害的社会主义国家和我国周边邻国提供急需的救灾物资。例如，1959年，由于印尼发生灾害，红十字会上海市分会在上海市粮油出口公司等有关单位的大力协助下，为印尼受灾居民提供了一批救济大米；① 1963年，古巴发生灾害，我国轻工业部要求上海市轻工业局负责组织安排了一批救灾物资，共600吨救灾午餐肉罐头和200吨原汁猪肉罐头。②

第四节 "总交货人部制"下上海参与国家援外的单一执行模式

在我国，对外援助作为国家外交工作的重要组成部分，其领导权一直归中央和国务院所有，但援外任务的具体落实工作，则需要依靠多个部门参与来共同完成。从新中国成立初期至1964年间，随着中国援外空间的拓展与援外工作的开展，有关援外管理机构逐步建立，援外管理水平有所提升，但整体而言，这一时期地方参与国家援外的模式，主要体现为"总交货人部制"下的单一执行模式。

一、对外经济联络委员会的设立

这一时期，我国的对外经济技术援助管理机构一直处于不断变化之中③，但从整体来看，至对外经济联络委员会的设立，我国援外工作归口管理的趋势不断加强。

一是有关物资援助、现汇援助、技术援助的管理。新中国成立初期，对外援助相对简单，主要是对外提供物资援助和少量的现汇援助、技术援助，因此，援外任务直接由中央政府下达给有关部门执行。后来，现汇援助直接由财政部管理。

---

① 上海市档案馆. 中国红十字会总会、国际联络部、红十字会上海市分会关于援助印度尼西亚救济大米、摄影等事宜的函[A]. 上海：上海市红十字会，1959.

② 上海市档案馆. 上海市轻工业局关于援助古巴救灾肉类罐头生产安排情况的汇报[A]. 上海：上海市轻工业局，1963.

③ 石林，等. 当代中国的对外经济合作 [M]. 北京：中国社会科学出版社，1989：80-81.

二是物资援助管理的变化。1952 年 7 月，对外贸易部成立，开始统一管理对外物资援助，并由对外贸易部下辖的进出口总公司负责实施。

三是对援外成套项目的管理。1954 年对外成套项目援助的出场，打破了原先对外物资援助管理的方式，由对外贸易部负责援外成套项目的谈判和协议签订工作，任务的下达则由国家计划委员会根据专业类别交国务院有关部门执行。

四是归口管理的加强。1960 年 1 月，作为国务院直属机构的对外经济联络总局成功设立，集援外成套项目管理、现汇援助管理等于一身，开始归口管理我国的对外经济技术援助工作。直至 1964 年 6 月，第二届全国人大常委会决定撤销对外经济联络总局，设立对外经济联络委员会代替其原有职能。

二、"总交货人部制"的运作

"总交货人部制"是源自苏联在对外援助中创立的一项具体制度，主要是针对援外成套项目管理而言的。新中国成立初期，我国学习借鉴了这项制度。

1958 年 10 月 26 日，陈毅、李富春在给中央的《关于加强对外经济、技术援助工作领导的请示报告》中明确指出："为了确保援外项目的工程质量和按期完成，拟采取总交货人制度。国家计委按援外项目的专业性质，指定中央有关部担任总交货人。总交货人部应该根据承担的项目，负责选调人员、搜集资料、勘察厂址，编制和审定设计任务书，编制援外预算，供应设备和材料，进行设备安装、调整和试运转等工作，并且负责培训受援国家的生产技术人员……中央总交货人部可以根据地方的工业特点和生产能力，委托某一个省、市、自治区负责完成援外项目的全部或者一部分任务。"①该报告还强调，一些援外任务较多的地方省市还应成立专门的机构，来管理援外工作。

在这种体制之下，对外援助项目的执行大致可以分为两种情况：一种情况是由总交货人部集中力量直接负责实施，这种情况偏少；另一种较普遍的情况是在总交货人部的集中领导下将具体的援外任务交下属企业、单位和地方省市执行。

在落实援外任务的过程中，如果总交货人部不具备相关的资源和技术，则可以委托相关部门承担，接受相关任务的单位被称为"协作交货人部"。但无论是哪一种执行方式，总交货人部和协作交货人部都需要接受对外经济联络委员会领导与管辖，在总交货人部与协作交货人部之间，对外经济联络委员会起领

---

① 中央档案馆，中共中央文献研究室. 中共中央文件选集：1949 年 10 月—1966 年 5 月：第 29 册［M］. 北京：人民出版社，2013：205.

导和协调作用。

三、上海参与国家援外的单一执行模式

在"总交货人部制"之下，上海参与国家援外的模式是如何来运作的呢？

一般而言，在对外经济联络委员会的领导和组织协调之下，由总交货人部按照程序下达给上海市，上海市委、市政府综合考虑研究之后，将援外任务指定给市政府某一部门承担，充当承担单位或协作单位，承担单位或协作单位根据自身实际，再将具体的援外任务布置给其下属的某一企业或其他组织、机构，再由某一企业或其他组织、机构充当筹建执行单位或协建执行单位。

在这一过程中，涉及出国考察的项目需要外派人员的，由筹建单位或协作单位会同执行单位，共同研究并向上级部门报送出国考察人选。

这一时期，上海参与国家援外的模式较为单一，在援外活动中，中央与上海市是"指派与接受"的关系，上海市政府与其下属部门和企事业单位同样是自上而下的单一运作关系，具体运作模式见图1。

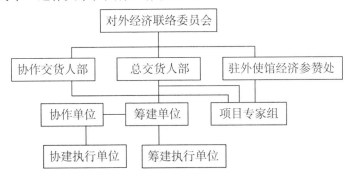

图1"总交货人部制"下地方参与国家援外的单一执行模式①

总交货人部制是时代的产物，整体上与当时的历史条件和我国对外援助的实际状况相适应。在这种制度之下，上海通过积极执行国家下达的援外任务，较好地配合了我国援外战略的实施，为服从服务于国家援外工作的大局发挥了重要作用。

---

① 此图参考借鉴了石林等人的总交货人部制管理体制表。详见：石林，等. 当代中国的对外经济合作［M］. 北京：中国社会科学出版社，1989：85。

第五节　上海参与国家援外展示了新中国的形象

这一时期，是我国十年经济建设的关键阶段，为探索社会主义建设营造一个和平的国际环境至关重要。1955 年 5 月 26 日，毛泽东在会见印尼总理阿里·沙斯特罗阿米佐约（Ali Sastroamijoyo）时指出："希望你们强盛起来，发展起来，这对我们和对世界和平都有好处。"① 对外援助作为国家外交的工具，同样要服务于社会主义经济建设的大局。万隆会议之后，我国致力于运用对外援助这一工具，以支持、帮助社会主义国家和民族主义国家的发展，从而壮大世界上反霸、反殖的力量。周恩来在阐述我国对一些亚非国家的经济援助时强调："这些援助就其数量来说是极其微小的，然而是不附带任何条件的，这表示了我们帮助这些国家独立发展的真诚愿望。"② 对兄弟社会主义国家和爱好和平的民族主义国家的援助，成为外交工作的政治任务，也是地方省市参与国家援外工作的重要目标。上海作为当时全国重要的工业城市，在对亚洲、非洲、东欧、北美洲部分国家的援助中发挥了重要作用，产生了积极的影响。

一、扩大了新中国对社会主义国家的政治、经济影响

在冷战时期，以苏联为首的社会主义阵营与以美国为首的资本主义阵营呈现对立之势，面对帝国主义对我实行政治孤立、经济封锁、军事威胁的敌对政策，新中国为了生存和立足不得不选择"一边倒"的外交战略，与社会主义国家之间结成兄弟般的关系，而开展与社会主义国家的交往和联系也成为我国外交工作的重中之重。

我们在争取外援的同时，也积极为其他社会主义国家提供力所能及的援助，并将支持这些兄弟国家的经济建设作为援外工作的第一要务。20 世纪 60 年代初期的援外工作试行条例曾明确要求："援助兄弟国家是我们援外工作的重点（对朝鲜、越南、阿尔巴尼亚、古巴的援助应该占最主要的地位），必须坚持在无产阶级国际主义基础上的平等互利，积极协作，互相支援，促进自力更生的原则

---

① 中华人民共和国外交部，中共中央文献研究室 . 毛泽东外交文选 ［M］. 北京：中央文献出版社，1994：208.

② 中华人民共和国外交部，中共中央文献研究室 . 周恩来外交文选 ［M］. 北京：中央文献出版社，1990：214.

积极进行，以实现经济上的共同高涨。"① 在对兄弟国家的援助中，上海承担了相当一部分任务，通过对外援建成套项目、提供物资援助、派遣专家、培训实习生等方式大力支持朝鲜、越南、阿尔巴尼亚、古巴的经济建设。由于上海工业基础相对较好、科技水平相对较高，一些援外项目质量过硬，深受社会主义国家的欢迎。比如，这一时期，上海承担国家为越南援建的太原发电站被越南誉为"第一流的大型电厂"，其每度电的生产成本比其他电厂都要低，远远超过苏联援建的老街电厂和匈牙利援助的清化电厂，对越南的国民经济及人民生活产生了积极作用，也为国家赢得了政治声誉。

二、增进了民族主义国家对新中国的认识

这一时期，亚洲、非洲、拉丁美洲一些国家为了摆脱帝国主义的奴役和控制，纷纷发起了民族独立和民族解放运动，并逐步成长为反对帝国主义的新兴力量，因而在国际上成为新中国反帝反霸的盟友，对这些国家的援助，同样成为新中国不可推卸的国际义务。

上海积极参与国家对印尼、缅甸、尼泊尔、马里、几内亚、加纳等国家的援助，并为这些国家援建了大量的成套项目、培训了大批实习生，并挑选技术过硬的专家出国提供服务，为帮助这些民族主义国家及时摆脱殖民主义经济、发展独立自主的民族经济、提高反对帝国主义的能力发挥了不可或缺的作用。一些民族主义国家通过上海援建的项目或培训的实习生，增加了对新中国的了解，对加深受援国与中国之间的友谊产生积极效应。比如，20 世纪 60 年代初期，为了援也萨那纺织印染厂的需要，上海市安达纺织厂和上海第三印染厂为也门培训了一批实习生，他们学成回国之后不仅支援了国内建设，也以亲身经历述说着在中国的见闻，介绍中国的大政方针和社会主义制度的优越性，有的实习生主动向报界发表谈话，驳斥帝国主义与修正主义势力对我国的污蔑。上海为朝鲜援建的橡胶制品厂赢得了朝鲜人民的广泛赞誉，他们对新中国的良好形象有了进一步认识。尤其是当朝鲜的同志在赴上海、青岛等地参观后，通过比较，深深体会到我国援建厂的技术装配和机械化、自动化水平比中国现有同类厂都高，特别当看到我国为其试制试验的许多项目时非常感动，他们说："中国同志是诚心诚意地为了把我们的工厂建设得好一点，水平高一点，看来我们

---

① 上海市档案馆 . 中纺部转发对外经济技术援助试行条例的通知［A］. 北京：中华人民共和国纺织工业部，1963.

原先提的意见中好多是不在理的。"①

三、有助于促进受援国走向独立发展的道路

　　新中国成立后，毛泽东、周恩来等党的第一代领导人，十分重视国家的"独立发展"问题，毛泽东曾在多个场合强调争取外援但又不依赖外援的辩证观点。这一原则不仅贯彻在新中国的经济建设中，还体现在我国的援外工作中。1958 年 12 月 7 日，周恩来在会见阿尔及利亚临时政府代表团时强调："现在世界形势变了，你们有可能争取外援，但是，斗争主要是依靠自己，依靠国内人民，万一发生困难，你们会有依靠，才能渡过困难。"② 按照有助于受援国独立自主发展的原则，上海在参与国家援外项目的过程中，按照国家的援外方针并根据受援国的实际状况采取不同援助方案。比如，在援建几内亚火柴、卷烟联合工厂时，考虑到几方工业经济基础薄弱和对帝国主义国家依赖度较大的现实情况，采取"包建厂、包生产、包经营、包管理、包供销"一条龙式的帮助，并在较短的时间内为几内亚培训了一大批工人和技术人员，使其国内人员真正掌握援建项目的生产管理技能，从而尽快摆脱对法国的依赖。

---

① 上海市档案馆 . 中华人民共和国技术专业代表团关于援助朝鲜轮胎厂和橡胶制品厂的会谈总结［A］.北京：中华人民共和国技术专业代表团，1965.
② 中共中央文献研究室 . 周恩来年谱：1949—1976：中卷［M］. 北京：中央文献出版社，1997：193.

第四章

上海参与国家援外的急增与骤降时期
（1965—1978）

从国家层面来看，对外援助八项原则提出后，为加强与第三世界国家的交往和联系，我国援外的力度与规模逐步加大，尤其是中国在联合国的合法席位恢复后呈现急剧增长态势，并于20世纪70年代中前期达到高峰。之后，随着援外压力的骤增与援外弊端的掣肘，中央对援外工作进行了调整和重新部署，我国的援外力度锐减、援外规模也有所收缩。在此大背景下，上海参与国家援外的过程，大致上也经历了急增与骤降的两个时期。对外援助八项原则出台后，随着中国国家援外力度与规模的扩大，上海的援外工作获得进一步发展；中国恢复在联合国的合法席位后，随着国家对外援助的急增，上海承担国家的援外任务迎来高涨时期；之后，随着全国援外工作会议的召开，国家与地方援外工作进行了调整，上海援外的力度迅速回落。

第一节　1965—1978年上海参与国家援外面临的国际形势

这一时期，伴随着中苏关系的恶化和中美关系的缓和，我国对外战略迎来了由"反帝防修"向"防修反帝"的转变。为适应这种变化，指导我国对外援助的理论不断丰富和发展，尤其是"三个世界"理论的出场，开启了中国多方位的外交，促使我国对外"交际圈"的进一步扩大，国家面临的援外任务日益繁重，这就势必要求地方承担更多的援外任务。

一、从"反帝防修"到"防修反帝"

20世纪60年代中期至70年代末，是美苏争霸且苏联处于攻势、美国处于守势的重要时期。苏联以"咄咄逼人"的态势在全球谋求霸权，在处理与社会主义国家包括和中国这样的社会主义大国的关系时，态度十分强硬，并对其他社会主义国家的内政外交工作"指手画脚"。

面对这种"修正主义"，主张走独立自主发展道路的中国当然反对。1963

年 2 月 25 日，刘少奇在中央工作会议上专门做了《关于反对现代修正主义的斗争问题》的报告，要求开展多种形式的"反修防修"活动，以保证党政军队伍不蜕化变质。党的九大党章还提出了"打倒以苏修叛徒集团为中心的现代修正主义"的"反修防修"任务。① 在这一时期，中苏关系进一步交恶。后来，"邓小平总结了几十年风风雨雨的中苏关系，强调主要是苏联把中国摆错了位置，真正的实质问题是不平等"②。同时，在这一时期的很长一段时间内，美国对中国依然实行敌视、封锁的政策，不仅将手伸到台湾干涉中国内政，还侵略越南直接威胁中国边境的安全。

在上述背景之下，中国的对外战略迎来了由"反帝防修"到"防修反帝"的转变，尤其是反对苏联的"修正主义""霸权主义"成为这一时期的重点任务。"防修"与"反帝"的双重任务以及我国周边国际环境的恶化，要求我国的外交工作必须为维护国家安全与国家政治利益服务。

二、从"两个中间地带"到"三个世界"理论

这一时期的援外战略如何布局呢？毛泽东早在 1963 年便提出"两个中间地带"的理论，"所以讲到中间地带有两部分：一部分是指亚洲、非洲和拉丁美洲的广大经济落后的国家，一部分是指以欧洲为代表的帝国主义国家和发达的资本主义国家"③。在毛泽东看来，第一个中间地带是中国直接的同盟军，他们与中国一样面临着"反帝防修"的共同任务，第二个中间地带是中国可以争取与团结的力量，他们同样有着摆脱"美帝""苏修"控制的强烈愿望。而依靠第一中间地带国家、争取第二中间地带国家来反对帝国主义与霸权主义成为中国当时的不二选择。根据这一设想，这一时期的亚、非、拉国家，尤其是亚洲和非洲的社会主义国家及民族主义国家是中国重点交往与援助的对象。

尤其是进入 20 世纪 70 年代，随着亚非拉地区民族民主运动进一步发展，获得政治独立的国家持续增多，加之资本主义阵营的分化、社会主义阵营的瓦解，国际社会日益呈现出"多极化"发展的萌芽。不同国家之间存在着矛盾，但政治经济联系日益紧密，不同主体力量之间相互交织，不断孕育、催生新的组合。面对这种新的变化，毛泽东在 1974 年 2 月 22 日会见赞比亚总统卡翁达（Kaunda）时阐述了"三个世界"划分理论："我看美国、苏联是第一世界。中

---

① 黄黎.党章的历程［M］.北京：人民出版社，2013：157.

② 钟文，文夫.邓小平外交风采实录［M］.北京：人民出版社，2004：411.

③ 中共中央文献研究室.毛泽东著作专题摘编：下［M］.北京：中央文献出版社，2003：1145.

间派，日本、欧洲、澳大利亚、加拿大是第二世界。咱们是第三世界……整个非洲都是第三世界。拉丁美洲也是第三世界。希望第三世界团结起来。"① "三个世界"理论是对"两个中间地带"理论的发展和超越，这一理论开启了中国多方位的外交，比如，通过改善中美、中日关系，以反对苏联的霸权主义；对第二世界进行客观的评价，改善同第二世界国家的关系，积极加强与西方资本主义国家的联系；坚决站在第三世界国家的一边，将巩固和加强与第三世界国家的关系作为中国外交的着力点。由此，中国在团结世界上可以团结的一切力量集中反对苏联霸权主义的同时，阔步迈向国际舞台。

三、对外"交际圈"扩大后的援外形势

随着中国对外战略的调整，我国外交空间不断拓展。1972 年美国总统尼克松（Nixon）访华，中美之间彼此隔绝的局面就此打破，随后，日本首相田中角荣到访北京，中日邦交开始正常化。中美、中日关系的缓和，在一定程度上促使其他一些国家也纷纷与中国开始建交，由此，我国对外关系迎来发展的高潮。随着中国外交空间的进一步拓展，越来越多的国家对华提出援助请求，我国面临的援外任务日益繁重。

尤其是在这一时期，中国进一步加大了对第三世界国家的援助力度。可以说："在中国的全力支援下，越南和印度支那人民的抗美救国战争取得重大胜利。亚、非、拉其他国家维护独立、反对外国统治和干涉的斗争方兴未艾，正在此伏彼起地向前发展。"② 中国对第三世界国家的支援，不仅帮助这些国家巩固了民族独立与民主运动的成果、恢复发展了国民经济，也使中国在国际社会上的影响力进一步增强。一些亚、非、拉国家在国际事务上积极支持中国，如1971 年帮助中国恢复了在联合国的合法席位。1971 年，第一次全国援外工作会议召开，会议的核心精神是，为了应对繁重的援外任务，必须充分调动中央和地方两个层面的积极性，同时要求地方尽可能地分担国家的援外任务。之后，随着援外工作的调整和新的援外工作方针的确立，中央与地方层面的对外援助逐步"降温"，日益回归到与国家和地方财力相适应的层面。

地方参与国家对外援助也面临着新的要求。这一时期，我国对外援助的对象主要是社会主义国家和亚非拉地区第三世界国家，从受援国经济社会状况来

---

① 中共中央文献研究室. 毛泽东思想形成与发展大事记［M］. 北京：中央文献出版社，2011：804.

② 王泰平. 中华人民共和国外交史：1970—1978［M］. 北京：世界知识出版社，1999：2.

看，绝大多数为贫穷落后的国家。在对这些国家开展援助时，中央要求来自国内各地的援外专家不能有"国家优越感"或"地方优越感"，更不能在受援国工作期间追求"特权"行为和表现出大国沙文主义。此外，一直以来中国的对外援助有别于西方发达国家，它讲究实用，能够使受援国人民真正受惠。为使援外项目产生应有的经济价值和社会价值，我国十分注重根据自身实力、受援国实际需要及其当地条件来进行项目的援建工作。1966 年 8 月，周恩来指出："援外建设要到受援国现场去调查、去实践，要使我们的援建符合当地实际。"①这对具体承担国家援外任务的地方部门和企业出国考察提出了新要求。

第二节　"对外援助八项原则"出台后上海参与国家援外的发展

1964 年，周恩来在访问非洲十国时，提出《中国政府对外经济技术援助的八项原则》②，确立了中国坚持平等互利、不搞特权、相互尊重的新型援外观，并逐步成为不同国家之间开展经济技术援助与合作的准则，也成为指导地方参与国家援外的纲领。上海在承担国家援外任务中，积极贯彻"对外援助八项原则"精神，帮助亚洲、非洲等社会主义国家和民族主义国家收尾完成了一批项目、迅速建成了一批重点项目。

从 1964 年上海市对外贸易局援助出口统计来看：对外贷款援助为14 930 375美元，其中，从行业分布来看，粮油领域为 1 132 379 美元、食品领

---

① 中共中央文献研究室. 周恩来年谱：1949—1976：下卷［M］. 北京：中央文献出版社，1997：48.

② 第一，中国政府一贯根据平等互利的原则对外提供援助，从来不把这种援助看作是单方面的赐予，而认为援助是相互的。第二，中国政府在对外提供援助的时候，严格尊重受援国的主权，绝不附带任何条件，绝不要求任何特权。第三，中国政府以无息或者低息贷款的方式提供经济援助，在需要的时候延长还款期限，以尽量减少受援国的负担。第四，中国政府对外提供援助的目的，不是造成受援国对中国的依赖，而是帮助受援国逐步走上自力更生、经济上独立发展的道路。第五，中国政府帮助受援国建设的项目，力求投资少，收效快，使受援国政府能够增加收入，积累资金。第六，中国政府提供自己所能生产的、质量最好的设备和物资，并且根据国际市场的价格议价。如果中国政府所提供的设备和物资不合乎商定的规格和质量，中国政府保证退换。第七，中国政府对外提供任何一种技术援助的时候，保证做到使受援国的人员充分掌握这种技术。第八，中国政府派到受援国帮助进行建设的专家，同受援国自己的专家享受同样的物质待遇，不容许有任何特殊要求和享受。以上内容详见：上海市档案馆. 中国政府对外提供经济技术援助的八项原则［A］. 北京：化学工业部办公厅，1964。

域为 301 435 美元、畜产领域为 3610 美元、茶业领域为 590 966 美元、土产领域为 606 744 美元、纺织品领域为 9 578 590 美元、轻工业品领域为 928 804 美元、化工领域为 326 284 美元、五金矿产领域为 1 204 767 美元、机械领域为 265 796 美元，从受援国国别分布来看，锡兰获 5 028 684 美元、马里获 4 386 401 美元、几内亚获 4 059 773 美元、印尼获 644 841 美元、刚果（布）获 445 548 美元、柬埔寨获 228 359 美元、尼泊尔获 135 927 美元、坦噶尼喀获 7 084 美元、索马里获 2 593 美元、英属圭亚那获 165 美元；无偿援助出口为 2 447 125 美元，其中，从行业分布来看，茶业领域为 216 039 美元、丝绸领域为 3 618 美元、纺织品领域为 1 298 666 美元、轻工业品领域为 341 763 美元、化工领域为 37 062 美元、五金矿产领域为 547 577 美元、机械领域为 2 400 美元，从受援国国别分布来看，柬埔寨获 925 244 美元、尼泊尔获 624 006 美元、索马里获 613 143 美元、锡兰获 162 174 美元、桑给巴尔获 48 906 美元、刚果（布）获 39 891 美元、坦噶尼喀获 33 761 美元。[1] 以上数据表明，非洲和亚洲民族主义国家也是上海重要的援助对象。

一、对外成套项目援助增多

1965—1970 年，上海完成的援外"续建"成套项目包括：越南的海防造船厂、越池味精厂、河内塑料厂、河内三八棉纺织印染厂；朝鲜的顺川香料厂、印铁车间、针织厂、新浦综合机械厂锚链车间；阿拉伯也门的萨那棉纺织厂、萨那中专技术学校；印尼的班加兰纺织厂；马里的焦利巴卷烟厂；加纳的棉纺织厂、库马西铅笔厂；阿尔巴尼亚的斯库台电线厂、干电池厂、斯库台水泥袋纸厂、卡瓦亚造纸厂、卢什涅造纸厂、鲁比克铜精炼厂、4 艘 03 潜艇大修工程。

除了完成援外"续建"成套项目外，这一时期，上海还为越南新建了 8 个成套项目，为朝鲜新建了 3874 项目，为阿尔巴尼亚新建了 4 个成套项目，为几内亚援建了达博拉花生榨油厂，围绕印刷、皮革、农业水利、医疗等领域，为坦桑尼亚新建了 7 个项目，为阿拉伯也门修复了萨那至荷台达的公路，这些项目均于该时期完成（详见表 8）。

---

[1] 上海市档案馆.援助出口附表：上海市对外贸易局 1964 年对资出口横排表［A］.上海：上海市对外贸易局，1965.

表 8　1965—1970 年上海重点完成的援外"新建"成套项目情况

序号	新建成套项目名称	建设时间	筹建部门	受援国
1	糖果车间	1965 年—1966 年 1 月	上海市轻工业局	越南
2	5 个小机械厂	1965 年 11 月—1966 年 12 月	上海市机电一局	
3	海洲糖果饼干厂	1966 年 12 月—1968 年 2 月	上海市轻工局	
4	山西葡萄糖厂	1966 年—1969 年 12 月	上海市化工局	
5	海防、北太、广宁面条厂	1966 年—1969 年 5 月	上海市粮食局	
6	67/5 个小纸厂	1966 年—1969 年 7 月	上海市轻工业局	
7	北太、海防、广宁面条厂	1966 年—1969 年 6 月	上海市粮食局	
8	芦苇滩麻绳厂	1967 年 1 月—1970 年 4 月	上海市手工业局	
9	68/20 个小纸厂	1967 年—1970 年	上海市轻工业局	
10	奠边府家具厂	1967 年—1970 年 9 月	上海市手工业局	
11	制剂一、二、三厂	1968 年—1970 年	上海市化工局	
12	南方 3 个被服厂	1969 年 12 月—1970 年 11 月	上海市手工业局	
13	3874 项目	1965 年 9 月—1967 年 6 月	上海市仪表局	朝鲜
14	斯库台电线厂扩建木线轴厂	1965 年—1970 年 6 月	上海电缆厂	阿尔巴尼亚
15	卡瓦亚玻璃厂器皿车间	1965 年—1970 年 10 月	上海市轻工业局	
16	鲁比克铜精炼加工厂	1966 年—1967 年 2 月	上海市冶金局	
17	科尔察制线厂	1966 年—1969 年	上海市纺织工业局	
18	地拉那抗菌素厂	1970 年 2 月	上海市化工局	
19	达博拉花生榨油厂	1966 年 1 月—1970 年 8 月	上海市粮食局	几内亚
20	友谊纺织印染厂	1965 年 6 月—1968 年 1 月	上海市纺织局	坦桑尼亚
21	桑给巴尔印刷厂	1966 年—1967 年	上海市建工局	
22	桑给巴尔皮革厂	1967 年—1968 年		
23	桑给巴尔农具厂	1967 年—1968 年		
24	桑给巴尔保水工程	1967 年—1969 年		
25	桑给巴尔体育场	1967 年—1969 年		
26	桑给巴尔营房	1968 年—1970 年		
27	桑给巴尔医院	1969 年—1970 年		

序号	新建成套项目名称	建设时间	筹建部门	受援国
28	修复萨那至荷台达公路	1965 年 5 月—1967 年 5 月	上海市城建局	阿拉伯也门

资料来源：《上海外事志》编辑室. 上海外事志［M］. 上海：上海社会科学院出版社，1999：425、426，435、436；《上海轻工业志》编纂委员会. 上海轻工业志［M］. 上海：上海社会科学院出版社，1996：43；《上海对外经济贸易志》编纂委员会. 上海对外经济贸易志：中册［M］. 上海：上海社会科学院出版社，2001：1247、1248，1259，1265，1274，1286。

同时，根据"冶金工业部（65）冶援字第 1240 号文"，1965 年，我国援助越南太原钢铁厂无缝钢管车间由上海承担筹建任务，具体以上钢一厂为主、上海钢管厂进行配合，共同负责生产准备、技术指导、出国专家选派和实习生培训等任务。[1] 1966 年，我国文化部要求援助越南电影录音洗印技术厂的水电、通风、空气调节的工艺设计任务，由上海市规划设计院承担。[2] 1969 年，上海市粮食局援助越南 100 台和面机，主要是提供单机设备。[3] 1965 年，经国务院同意，我国援助柬埔寨柬中友谊纺织厂扩建的全部筹建任务和设计任务委托给上海市承担。[4] 1965 年，国务院将我国援助加纳绳索厂的筹建任务委托给上海市承担。[5] 1965 年，上海还参与了国家援助锡兰 6412 工程的生产任务，上海无线电二厂、三厂、四厂、十一厂、十四厂，中国自动电讯器材厂，上海电讯器材厂，上海新建电子仪器厂，上海亚美电器厂均承担了相应的援外任务。[6] 1965 年，第四机械工业部下达了援助几内亚修建"十月二日大会堂"工程（6524 工程）的生产任务，上海市仪表电讯工业局作为供货单位之一，提供部分产品，

---

[1] 上海市档案馆. 上海市冶金工业局关于下达援助越南 100 毫米无缝钢管车间筹建任务的通知［A］. 上海：上海市冶金工业局，1965.

[2] 上海市档案馆. 文化部关于请上海规划设计院承担援助越南电影录音洗印技术厂的水、电等工艺设计问题的函［A］. 北京：文化部，1966.

[3] 《上海对外经济贸易志》编纂委员会. 上海对外经济贸易志：中册［M］. 上海：上海社会科学院出版社，2001：1248.

[4] 上海市档案馆. 中央林业部等关于援助柬埔寨柬中友谊纺织厂问题的文件［A］. 北京：国务院，1965.

[5] 上海市档案馆. 关于委托上海市承担援助加纳建设绳索厂筹建任务的通知［A］. 北京：国务院，1965.

[6] 上海市档案馆. 第四机械工业部关于下达援助锡兰 6412 工程生产的通知［A］. 北京：第四机械工业部，1965.

上海无线电二厂、三厂、四厂、十一厂，上海无线电研究所等单位配合生产。①
1967 年，为配合天津市纺织工业局为阿富汗筹建纺织厂的需要，上海市纺织工业局为阿富汗生产提供丝光机、烘燥机各 1 台。② 同年，上海市农垦局崇明农机厂为援助阿富汗种禽场项目制造相关设备。③

　　1968 年，中央教育部委托上海代理援助也门中技校设备的任务，上海市教育局革委会决定由上海市教学仪器供应社承担。④ 这一阶段，在中国对外经济技术援助八项原则的指导下，上海参与国家援外的态势有了新的发展，主要表现为受援国增多、援助力度加大、新增了一批成套项目援助。

二、对外一般物资援助迅速发展

　　除援外成套项目外，上海还对外提供了一般物资援助。1965 年，共青团中央援助桑给巴尔民兵服装 500 套（包括帽、袜、鞋）⑤，这些物资由上海市第一商业局负责组织供应，有关需要加工生产、包装、运输等问题统由上海市团委办理。同年，上海负责供应我国援助桑给巴尔医疗队需要的药械，包括药品 151 种，化学试剂 24 种，药房器械 16 种，其他器械 16 种等⑥，由上海市卫生局、上海医药采购供应站负责供应。

　　1965 年，我国计划援助蒙古、几内亚、缅甸、索马里、加纳一批医疗器械和药品。其中，上海提供了玻璃器械 18 种、牙科器械 13 种、其他器械 144 种，⑦ 且由上海负责提供的药品包括麻醉药 9 种，片剂 111 种，针剂 72 种，外用膏 21 种，外用油水 26 种，内服粉剂 22 种，外用粉剂 15 种，预防中暑用药 4

① 上海市档案馆. 第四机械工业部关于下达援助几内亚修建"十月二日大会堂"工程（6524 工程）生产任务的通知[A]. 北京：第四机械工业部，1965.

② 上海市档案馆. 纺织工业部关于安排援助阿富汗丝光机和烘燥机的通知[A]. 上海：纺织工业部，1967.

③ 上海市档案馆. 上海市农垦局关于援助阿富汗种禽场项目设备制造问题的情况汇报[A]. 上海：上海市农垦局，1967.

④ 上海市档案馆. 上海市教育局革委会委托上海市教学仪器供应社代理援助也门中技校设备任务的函[A]. 上海：上海市教育局革委会，1968.

⑤ 上海市档案馆. 商业部关于援助桑给巴尔民兵服装的通知[A]. 北京：商业部，1965.

⑥ 上海市档案馆. 卫生部办公厅、中国医药公司关于要求办理援助阿尔及利亚医疗队和援助桑给巴尔医疗队 1965 年需要的药品和医疗器械的联合通知[A]. 北京：卫生部办公厅，中国医药公司，1965.

⑦ 上海市档案馆. 中国建筑工程公司关于 1965 年援助蒙古、几内亚、缅甸、索马里、加纳五个国家职工所需医疗器械的计划[A]. 北京：中国建筑工程公司，1964.

种，敷料 8 种，危险品 4 种，中草药 26 种，中成药 34 种，内服酊水 13 种。①

1965 年，我国煤炭部援助坦桑尼亚一批物资，其中由上海市第一商业局、上海化工原料组织供应站提供毛毯 22 条、床单 12 条、工作服 20 套、雨衣 10 件、蚊帐 12 顶等。②

1965 年，我国援助阿尔及利亚一批教育用品，包括练习本、铅笔、钢笔杆、笔尖、墨水、颜色笔、橡皮等 7 项各 150 万份③，由上海负责供货。同年，由中国医药公司上海采购供应站向阿尔及利亚提供 150 箱、价值 29 359.17 元④的药品与医疗器械物资。

1965 年，我国地质部向朝鲜提供一批物资援助，要求上海市第一商业局组织供货。⑤

1965 年，我国援助越南一批自行车、缝纫机等物资，对外贸易部等部门要求自行车及其零件、缝纫机零件均由上海市轻工业局安排生产供应。⑥ 同年，我国援助越南一批混纺毛毯等物资，其中由上海负责提供的物资包括红色废棉毯 2.9 万条、草绿色混纺毛毯 6 万条、本色棉帆布 1 万米、草绿色防雨棉帆布 14.5 万米、草绿色防雨棉帆布 12.5 万米。⑦ 同年，上海市第一商业局援助越南部分测量用具，包括规格 30 米的皮尺 67 盘、规格 20 米的皮尺 43 盘、2 米钢卷尺 20 个、森林罗盘仪 8 只、10 千克台秤 2 架、扭力天平 2 架、托盘天平 2 架、取土钻 1 套等。⑧ 同年，中华全国总工会决定援助越南南方劳动解放协会一批药

① 上海市档案馆.中国建筑工程公司关于 1965 年援助蒙古、几内亚、缅甸、索马里、加纳五个国家职工所需药品的计划[A].北京：中国建筑工程公司，1964.

② 上海市档案馆.商业部援外办公室关于煤炭部援助坦桑尼亚需用物资问题的函[A].北京：商业部援外办公室，1965.

③ 上海市档案馆.对外文化联络委员会办公厅关于报送援助阿尔及利亚一百五十万份教育用品筹备会议纪要的函[A].北京：对外文化联络委员会办公厅，1965.

④ 上海市档案馆.中国医药公司上海采购供应站关于援助阿尔及利亚和桑给巴尔医疗队所需药品和医疗器械已办理完毕的情况汇报[A].上海：中国医药公司上海采购供应站，1965.

⑤ 上海市档案馆.商业部援外办公室关于要求组织供应援助朝鲜物资的函[A].北京：商业部援外办公室，1965.

⑥ 上海市档案馆.对外贸易部、第一轻工业部、商业部关于援助越南自行车、缝纫机等物资的联合通知[A].北京：对外贸易部，第一轻工业部，商业部，1965.

⑦ 上海市档案馆.商业部、纺织工业部、对外贸易部关于我国援助越南混纺毛毯等物资的联合通知[A].北京：商业部，纺织工业部，对外贸易部，1965.

⑧ 上海市档案馆.中国对外公路工程公司关于要求解决援助越南所需测量用品的函[A].北京：中国对外公路工程公司，1965.

品，包括土霉素丸、青霉素针、链霉素针、磺胺脒片等物资，价值3000元①，由上海医药一级站组织供应并负责运输工作。1967年，上海酵母厂协助广东省特种商品供应公司，为援助越南生产供应一批麦芽糖。② 根据中、越两国政府1970年5月25日在北京签订的《关于一九七〇年中国向越南提供无偿援助的补充议定书》，我国援助越南66号车用汽油2万吨，其中由上海石油站供应11 600吨。③

1965年，为了支援非洲人民的解放斗争，我国决定援助非洲肯尼亚一批医药和医疗器械，包括碘片、碘化钾、碳酸氢钠片、注射用水、青霉素针、酒精、复方阿司匹林片、人丹、蛇药片、解毒片、链霉素针、绷带卷、脱脂棉、胶布、纱布、外科手术刀包、血压计、注射器、听诊器、橡皮手套、体温计等④，这些医疗物资价值6835.40元（不含包装运杂费513.73元）⑤，由上海医药一级站负责供应。

1965年，我国农业部赠送古巴西罗、瑞东多农场一批体育用品和实验仪器设备等物资，要求由上海市第一商业局负责组织供应和协助出国包装。⑥

1965年，我国决定赠送索马里共和国一批药品，上海医药站提供价值为12.3万元（不包括运杂费）⑦的供货，这些医疗物资共计35个品种438箱18.6吨⑧，包括氢氧化铝片、青霉素针、土霉素丸、四环素丸、维生素C片、阿司匹林片、碘化钾、注射器、针头等多种急需的医疗物资。1968年，上海市手工

① 上海市档案馆.中国医药公司关于迅速办理援助越南药品的通知[A].北京：中国医药公司，1965.
② 上海市档案馆.中国医药公司上海化学试剂采购供应站关于请协助安排援助越南麦芽糖生产的函[A].上海：中国医药公司上海化学试剂采购供应站，1967.
③ 上海市档案馆.对外贸易部、中国人民解放军商业部军事代表业务办公室关于1970年对越南无偿援助汽油二万吨的通知[A].北京：对外贸易部，中国人民解放军商业部军事代表业务办公室，1970.
④ 上海市档案馆.中国医药公司关于要求迅速办理援助肯尼亚药品和医疗器械的通知[A].北京：中国医药公司，1965.
⑤ 上海市档案馆.中国医药公司上海采购供应站关于组织供应对外经济联络委员会援助肯尼亚药品和医疗器械的汇报[A].上海：中国医药公司上海采购供应站，1965.
⑥ 上海市档案馆.商业部援外办公室关于供应农业部援助古巴农场一批体育服务器和实验室仪器设备的通知[A].北京：商业部援外办公室，1965.
⑦ 上海市档案馆.中国医药公司、中国化工进出口公司关于要求办理援助索马里药品的联合通知[A].北京：中国医药公司，中国化工进出口公司，1965.
⑧ 上海市档案馆.中国医药公司上海采购供应站关于援助索马里药品已办理托运的情况汇报[A].上海：中国医药公司上海采购供应站，1965.

业管理局援助索马里大鼓 1 个、谱架灯 40 个、皮沙发 4 套。①

1965 年，中国红十字总会向尼泊尔红十字会捐赠 4 种药品，包括多种维生素 100 瓶、鱼肝油丸（浓）100 瓶、土霉素 5000 片、青霉素 1000 支，价值 889 元②，均由中国医药公司上海采购供应站提供。

1965 年，我国华侨事务委员会援助印尼共和大学一批齿科医疗器械，由中国医药公司上海采购供应站提供。③

1966 年，我国第六机械工业部要求上海纺管局寄存新中厂的一台 8s350 柴油机④，作为援外物资调拨给也门。

1966 年，我国援助马里一批电影家具，包括电影厅座椅、化妆桌、化妆凳、柜台、折叠椅等，所需木材由上海市物资局拨给。⑤

1966 年，我国援助几内亚大会堂需用一批特殊钢门、金属花格、喷风口铝板套、喇叭口铝板套、隔音门、楼梯栏杆（B 型）、检阅台楼梯栏杆（C 型）、检阅台一屋外阳台栏杆（D 型）、大厅跑马廊栏杆（E 型）等，国家对外经委要求上海红光建筑灯具厂负责承制。⑥

1966 年 11 月，中越在北京签订"关于一九六七年向越南提供物资议定书"，我国将在 1967 年无偿援助越南若干蔬菜种子，其中涉及由上海提供的有甘蓝菜籽、芹菜籽、花椰菜（菜花）籽、结球莴苣籽、黄皮洋葱籽、矮萁白菜籽、红豆籽、韭菜籽、葱籽。⑦

1969 年，我国援助越南、阿尔巴尼亚、古巴、朝鲜一批药品，由上海、湖北、广东、江苏、天津、浙江、北京、青海、湖南、辽宁等省（直辖市）共同承担任务，其中上海负责承担的部分包括援越药品有甘油磷酸钠、甘油磷钙、

---

① 上海市档案馆. 上海市手工业管理局关于援助索马里大鼓、谱架灯、沙发、安排生产的函[A]. 上海：上海市手工业管理局，1968.

② 上海市档案馆. 中国医药公司关于迅速办理援助尼泊尔红十字会药品的通知[A]. 北京：中国医药公司，1965.

③ 上海市档案馆. 中国医药公司上海采购供应站关于供应华侨事务委员会援助印尼共和大学一批齿科医疗器械情况的函[A]. 上海：中国医药公司上海采购供应站，1965.

④ 上海市档案馆. 关于援助也门 8s350 柴油机碰损处理问题的通知[A]. 北京：第六机械工业部，1966.

⑤ 上海市档案馆. 关于援助马里影院家具生产的通知[A]. 上海：上海市经济计划委员会，1966.

⑥ 上海市档案馆. 关于安排援助几内亚大会堂需用特殊钢门等加工件问题的通知[A]. 上海：上海市经济计划委员会，1966.

⑦ 上海市档案馆. 关于无偿援助越南蔬菜种子的通知[A]. 北京：对外贸易部，农业部，商业部，等，1967.

山梨醇、碘仿、合霉素粉、三合维生素、净水片、新斯的明等品种；援阿药品有安钠咖、甘油磷酸钙、药用硫酸锌、磺胺噻唑钠等品种；援助古巴 500 公斤蛋白银；援助朝鲜 52 公斤合霉素。① 以上药品全部由上海市医药工业公司进行供货。

1969 年，国家要求上海市冶金局所属的上钢三厂供应援外钢材 1214 吨②，以用作援助巴基斯坦、尼泊尔等国架设公路桥梁的关键材料。

1970 年，按照中国人民解放军商业部军事代表业务办公室的要求，上海市第一商业局革委会组织供应援助佐法尔"人民阵线"价值 5 万元③的棉布。

三、积极参与对外紧急人道主义援助

1965 年，阿尔及利亚发生地震，为了救济灾民，中国红十字总会向阿提供一批药品援助，药品货款总额为 8000 元（包括包装等杂费，不包括外运费用)④，包括青霉素、链霉素、土霉素、鱼肝油丸、维生素 C、维生素 B、四维葡萄糖等多种，具体由上海医药一级站负责供货。1968 年，索马里发生洪灾，经国务院批准，中国红十字总会决定捐赠价值 2.7 万元的罐头食物给索马里红新月会，其中由上海市提供价值 2.13 万元的救灾食品。⑤ 1970 年，东巴基斯坦发生严重风灾，我国决定捐赠价值 200 万元的物资和 100 万元的现款以帮助东巴灾民，这批救灾物资中包括价值 5 万元的多种维生素，由中国医药公司上海采购供应站协助调拨。⑥ 同年，为援助罗马尼亚救灾，上海向其提供冻鱼 500 吨，同时，为了更好地援助罗马尼亚灾民，浙江省援助的 1000 吨鱼、福建省援

---

① 上海市档案馆．中国人民解放军化学工业部军事管制委员会生产组后勤办公室、中国化工进出口总公司关于下达 1969 年援助越南、阿尔巴尼亚、古巴、朝鲜药品的联合通知［A］．北京：中国人民解放军化学工业部军事管制委员会生产组，1969.

② 上海市档案馆．上海市对外经济联络小组关于请交付援助巴基斯坦、尼泊尔等国公路桥梁用钢材的函［A］．上海：上海市对外经济联络小组，1969.

③ 上海市档案馆．中国人民解放军商业部军事代表业务办公室关于援助佐法尔"人民阵线"价值人民币五万元的棉布要求从援外指标内组织供应的函［A］．北京：中国人民解放军商业部军事代表业务办公室，1970.

④ 上海市档案馆．中国医药公司关于要求办理援助阿尔及利亚药品的通知［A］．北京：中国医药公司，1965.

⑤ 上海市档案馆．中国红十字会总会关于请上海市红十字会协助办理援助索马里罐头托运的函［A］．北京：中国红十字会总会，1968.

⑥ 上海市档案馆．中国红十字会革命委员会关于要求协助调拨援助东巴基斯坦救灾物资的函［A］．北京：中国红十字会革命委员会，1970.

助的 500 吨鱼，也由上海市代冻。①

四、派遣出国专家为受援国提供相关服务

比如，1965 年上海市经济计划委员会抽调 23 名第三批出国人员，帮助修复我国为也门援建的荷台达至萨那段公路。② 上海市还承担了国家援外设备、援外物资的运输任务，1965 年，教育部要求援助马里、几内亚的教学仪器以及化学玻璃仪器，由中国对外贸易运输公司上海分公司负责国外运输工作。③

此外，上海市还十分重视通过不同单位之间的协作共同完成国家下达的援外任务。1965 年，在我国援助加纳纺织针织项目的水厂施工安装工作中，由于水厂全部设备的安装由上海市纺织工业局负责存在困难，上海市经济计划委员会研究后决定，进水口的土建施工仍由市建筑工程局负责，水厂的机泵设备安装由市纺织工业局负责，电气、管道的安装由市建筑工程局负责，另外由上海市自来水公司派 1 名技术人员参加纺织专家组出国进行技术指导。④ 1966 年，朝鲜的实习生在上海市金属软管厂学习相关技术，但因语言障碍导致实习效果大打折扣。后来在上海局的大力支持下，该厂从上海机修总厂请来朝鲜翻译 1 名，负责朝鲜实习生的技术培训翻译工作。⑤

第三节　中国恢复在联合国合法席位后上海参与 国家援外的高涨

中国不附加任何条件的对外援助，有力地支持了亚洲、非洲、拉丁美洲、东欧等民族主义国家和社会主义国家的发展，广受受援国的好评和赞同。反过

---

① 上海市档案馆.上海市水产局革命委员会关于援助罗马尼亚冻鱼的情况报告［A］.上海：上海市水产局革命委员会，1970.

② 上海市档案馆.关于抽调援助也门修复公路第三批出国人员的报告［A］.上海：上海市经济计划委员会，1965.

③ 上海市档案馆.教育部关于发运援助马里、几内亚教学仪器的通知［A］.北京：教育部，1965.

④ 上海市档案馆.关于确定援助加纳纺织针织项目的水厂施工安装方面若干具体分工问题的通知［A］.上海：上海市经济计划委员会，1965.

⑤ 上海市档案馆.上海金属软管厂关于报送援助朝鲜翻译资料的函［A］.上海：上海市金属软管厂，1966.

来，由于这些国家在经济技术援助与合作中加强了同中国的联系，因此它们在国际事务上给予中国必要的支持，为帮助中国打破帝国主义和霸权主义势力对我国全方位的封锁发挥了积极作用。尤其是进入 20 世纪 70 年代，在非洲民族主义国家等友好力量的支持下，中国成功恢复在联合国的合法席位，中国的对外关系迎来新的发展契机，一些友好国家纷纷要求加强与中国的交往和联系，并希望中国能够提供更多的援助。考虑到世界友好国家的援助需求，同时为了进一步支援社会主义国家和民族主义国家的反帝反霸斗争与国民经济建设，中国积极履行无产阶级国际主义义务，当时对外援助的规模急剧增大，随之地方省市承担国家援外的任务日益繁重。

一、对外成套项目援助呈现爆发式增长态势

这一时期，随着国家援外任务的急剧增加，上海参与国家援外的任务也变得日益繁重，尤其是在援外成套项目方面呈现爆发式增长的态势。需要说明的是，这一时期，无产阶级国际主义依然是指导我国援外的重要指导思想，也是地方援外工作遵循的重要原则。上海市积极承担国家下达的援外成套项目任务，并认为这是地方履行无产阶级国际主义义务的重要体现。比如，1971 年，国家下达给上海一批援助越南蔬菜种子的任务，上海市农业局革命委员会和上海市第二商业局革命委员会在接到援外任务后，及时通知市蔬菜公司革委会以及宝山、加定、青浦、上海、南汇县农业局革委会进行落实，并强调这些保种计划各县要认真落实，以完成我们应当担负的国际主义义务。① 又如，1973 年，我国决定援助阿尔巴尼亚建设一个输液配制车间，此项任务下达至上海后，具体承担这一项目的上海市医药工业公司党委认为："这是我们应尽的国际主义义务，也是上级对上海市医药工业广大职工的信任，表示愿意接受这一光荣任务。"②

首先，上海市重点完成了一批援外"续建"成套项目。在这一时期，上海为越南、巴基斯坦、尼泊尔、几内亚、坦桑尼亚、阿尔巴尼亚、扎伊尔等国家完成了 50 项"续建"成套项目（见表 9）。这些项目涉及轻工、纺织、农业、化工、粮食、冶金、手工等多个领域，有力地支持了亚洲、非洲、东欧等民族

---

① 上海市档案馆．上海市第二商业局革命委员会、上海市农业局革命委员会关于下达援助越南蔬菜种子保送计划的通知［A］．上海：上海市第二商业局革命委员会，上海市农业局革命委员会，1971.

② 上海市档案馆．上海市医药工业公司革命委员会关于援助阿尔巴尼亚输液车间筹建和设计问题的复函［A］．上海：上海市医药工业公司革命委员会，1977.

主义国家和社会主义国家的发展。

表9　1971—1978年上海重点完成的援外"续建"成套项目情况

序号	续建成套项目名称	建设时间	筹建部门	受援国
1	海军炮和器材修理厂	1964—1972年	上海江南造船厂	
2	舰艇修理厂	1965—1978年	上海江南造船厂	
3	6602<主辅机修理厂>	1965—1976年	六机部、江南造船厂	
4	6505<器材修理厂>	1965—1976年	六机部、江南造船厂	
5	饼干车间	1966—1972年	上海市轻工业局	
6	水中兵器修理厂	1966—1978年	上海江南造船厂	
7	舰艇主辅机修理厂	1966—1972年	上海江南造船厂	
8	发酵味精厂	1967—1974年	上海市轻工业局	
9	68/2个饼干厂	1967—1971年	上海市轻工业局	
10	芦苇滩麻绳厂	1967—1971年	上海市手工业局	
11	胜利针织厂	1967—1972年	上海市纺织工业局	
12	农药喷雾器厂	1967—1977年	上海农业药械厂	
13	玻璃管厂	1968—1975年	上海市化工局	越南
14	影片洗印录音技术厂	1967—1976年	上海市仪表局	
15	自行车链条飞轮厂	1968—1971年	上海市轻工业局	
16	越池电解食盐厂	1969—1976年	上海市化工局	
17	河内肥皂厂恢复工程	1969—1973年	上海市轻工业局	
18	提供100台和面机	1969—1975年	上海市粮食局	
19	北江氮肥厂恢复与扩建工程	1970—1972年	上海市化工局	
20	宁江、太平碾米厂修复工程	1970—1975年	上海市粮食局	
21	恢复越池干电池厂	1970—1972年	上海市轻工业局	
22	恢复越池味精厂	1970—1975年	上海市轻工业局	
23	旭东灯泡厂	1970—1972年	上海市轻工业局	
24	第二棉纺织厂	1970—1977年	上海市纺织工业局	
25	硬化油厂	1970—1977年	上海市轻工业局	
26	宁平电站	1970—1976年	华东电管局	

序号	续建成套项目名称	建设时间	筹建部门	受援国
27	热工仪表厂	1961—1973 年	上海市仪表局	朝鲜
28	继电器厂	1961—1972 年	上海市机电一局	
29	X-2 型晶体管计算中心	1970—1971 年	华东计算技术研究所	
30	塔克西拉重型机器厂	1965—1971 年	上海重型机器厂等	巴基斯坦
31	制革制鞋厂	1962—1971 年	上海市轻工业局	尼泊尔
32	达波拉花生榨油厂	1966—1976 年	上海市粮食局	几内亚
33	松迪联合纺织厂成衣车间	1970—1974 年	上海市手工业局	扎伊尔
34	友谊棉纺织印染厂	1966—1978 年	上海市纺织工业局	坦桑尼亚
35	桑给巴尔雷达站	1969—1971 年	上海市建工局	
36	桑给巴尔优良木质卷烟厂	1969—1972 年	上海市轻工业局	
37	巴基里曼舰艇修理所	1964—1973 年	上海江南造船厂	阿尔巴尼亚
38	发罗拉灯泡厂	1965—1971 年	上海灯泡一厂	
39	4021 修理厂	1965—1971 年	六机部、沪东船厂	
40	斯库台电线厂扩建电缆车间	1965—1972 年	上海电缆厂	
41	地拉那精梳毛纺织厂	1965—1972 年	上海市纺织工业局	
42	科尔察工具厂	1966—1971 年	上海工具厂等	
43	都拉斯塑料制品厂	1967—1971 年	上海市轻工业局	
44	扩建干电池厂	1968—1972 年	上海市轻工业局	
45	扩建水泥纸袋厂	1968—1972 年	上海市轻工业局	
46	地拉那拖拉机配件厂	1968—1975 年	上海市机电一局	
47	爱尔巴桑冶金联合企业	1968—1978 年	上海市冶金局	阿尔巴尼亚
48	镍钴提炼厂	1970—1978 年	上海冶炼厂	
49	都拉斯橡胶制品厂	1970—1978 年	上海市化工局	
50	萨那中等工业技校	1967—1975 年	上海市教育局	阿拉伯也门

　　资料来源：《上海外事志》编辑室．上海外事志［M］．上海：上海社会科学院出版社，1999：425-427，429-432，435-436；《上海轻工业志》编纂委员会．上海轻工业志［M］．上海：上海社会科学院出版社，1996：41；《上海对外经济贸易志》编纂委员会．上海对外经济贸易志：中册［M］．上海：上海社会科学院出版社，2001：1247-1249，1259，1264-1265，1274，1287；上海市档案馆．［上海市革命委员会工业交通组］全国计划会议文件：一九七六年对外援助成套项目计划（草案）［A］．上海：上海市革命委员会

工业交通组，1975；上海市档案馆. 上海市轻工业局 1975 年对外援助项目计划 ［A］. 上海：上海市轻工业局，1975。

　　其次，上海市也重点完成了一批援外"新建"成套项目。在这一时期，上海主要为越南、朝鲜、柬埔寨、尼泊尔、斯里兰卡、也门、伊拉克、几内亚、坦桑尼亚、塞舌尔、苏丹、毛里塔尼亚、阿尔巴尼亚、罗马尼亚、马耳他等 17 个国家完成了 60 项"新建"成套项目（见表 10）。其中，越南、罗马尼亚、阿尔巴尼亚是上海重点援助的国家。这些项目涵盖工、农业和人们生产生活的方方面面，为促进受援国家的经济社会建设发挥了重要作用。

表 10　1971—1978 年上海重点完成的援外"新建"成套项目情况

序号	新建成套项目名称	建设时间	筹建部门	受援国
1	电力安装公司	1971—1973 年	上海市电业管理局	
2	河内三八纺织印染厂增建工程	1971—1974 年	上海市纺织工业局	
3	宁平输电线路	1971—1976 年	上海市电业管理局	
4	宁平电站	1971—1976 年	上海市电业管理局	
5	恢复扩建北江氮肥厂	1971—1977 年	上海市化工局	
6	清化综合医院	1971—1978 年	上海市卫生局	
7	扩建海防搪瓷厂	1971—1978 年	上海市轻工业局	
8	海兴热水瓶厂	1971—1978 年	上海市轻工业局	
9	越池纤维板厂	1971—1978 年	上海市轻工业局	
10	6505-71 工程（钟式引信车间）	1971—1978 年	上海市轻工业局	越南
11	医疗器械厂	1971—1976 年	上海市仪表局	
12	影片洗印录音厂	1972—1974 年	上海市轻工业局	
13	河内缝纫线厂	1972—1978 年	上海市纺织工业局	
14	恢复宁平、北江、安泰碾米厂	1971—1978 年	上海市粮食局	
15	金英自来水笔厂	1972—1978 年	上海市轻工业局	
16	抗菌素厂	1972—1978 年	上海市化工局	
17	海防造船厂恢复扩建工程	1974—1978 年	沪东造船厂	
18	恢复咸龙、荣市碾米厂	1974—1978 年	上海市粮食局	
19	恢复越池、太原、北江电站	1974 年	上海市电业管理局	
20	海防两个制冰厂	1975—1978 年	上海市禽类蛋品公司	

续表

序号	新建成套项目名称	建设时间	筹建部门	受援国
21	"十三号"工程	1971—1973年	六机部、江南船厂	朝鲜
22	帘子布工业织物车间	1971—1978年	上海市纺织工业局	
23	TQ-6机项目	1976—1977年	上海电子计算机厂等	
24	"七五"项目	1971—1978年	上海市仪表局	
25	"三九"项目	1972—1978年		
26	植棉技术项目	1975—1976年	上海市农业局	柬埔寨
27	无轨电车工程	1972—1975年	上海市公共交通公司	尼泊尔
28	淡水鱼养殖项目	1971—1978年	上海市水产局	斯里兰卡
29	农具五金厂	1971—1976年	上海市手工业局	也门
30	基辅里粗梳毛纺厂	1973—1978年	上海市纺织工业局	伊拉克
31	渔业项目	1971—1977年	上海市水产局	几内亚
32	桑给巴尔糖厂	1971—1974年	上海市建工局	坦桑尼亚
33	友谊纺织印染厂扩建工程	1972—1976年	上海市纺织工业局	
34	多多玛打井工程	1972—1975年	上海市水文地质大队	
35	木器家具厂	1972—1974年	上海市手工业局	
36	友谊体育场维修工程	1972年	上海成套设备出口公司	塞舌尔
37	喀土穆友谊厅	1973—1976年	上海市建工局	苏丹
38`	成衣厂	1974—1977年	上海市手工业局	毛里塔尼亚
39	铝质耐火材料加工厂	1971—1978年	上海耐火材料厂	阿尔巴尼亚
40	莱什造纸厂	1971—1978年	上海市轻工业局	
41	卢什涅塑料厂	1971—1977年	上海市轻工业局	
42	地拉那大学计算中心	1971—1972年	华东计算机研究所等	
43	中心血站	1973年	上海市卫生局	
44	干电池厂第一、二次扩建工程	1972—1978年	上海市轻工业局	
45	地拉那抗菌素厂大输液车间	1973—1978年	上海市化工局	
46	拉奇铜冶炼厂	1973—1978年	上海冶炼厂	
47	耐火材料厂	1976—1978年	上海耐火材料厂	

续表

序号	新建成套项目名称	建设时间	筹建部门	受援国
48	15 艘鱼雷快艇	1971—1975 年	求新造船厂	罗马尼亚
49	仪表机械元件车间	1971—1976 年	上海电度表厂	
50	康斯坦桑大豆油厂	1971—1976 年	上海市粮食局	
51	布柔向日葵油厂	1971—1976 年	上海市粮食局	
52	液压元件车间	1971—1976 年	上海机床厂	
53	铝电解电容器金属零件生产线	1971—1976 年	上海无线电二十五厂	
54	聚碳酸酯生产装置	1971—1978 年	上海市化工局	
55	玻璃球制造车间	1975—1977 年	上海市轻工业局	
56	瓷解微调电容器生产线	1971—1976 年	上海无线一厂	
57	巧克力有限公司	1973—1975 年	上海市轻工业局	马耳他
58	棉纺织印染厂	1975—1977 年	上海市纺织工业局	
59	塞古棉纺织厂针织车间	1972—1976 年	上海市纺织工业局	马里
60	农具五金厂	1972—1976 年	上海市手工业局	民主也门

资料来源：《上海外事志》编辑室.上海外事志［M］.上海：上海社会科学院出版社，1999：426-433，436-438；《上海轻工业志》编纂委员会.上海轻工业志［M］.上海：上海社会科学院出版社，1996：47-48；《上海对外经济贸易志》编纂委员会.上海对外经济贸易志：中册［M］.上海：上海社会科学院出版社，2001：1249，1254，1259，1265，1274-1275，1287；上海市档案馆.上海市轻工业局1975年对外援助项目计划［A］.上海：上海市轻工业局，1975；上海市档案馆.［上海市革命委员会工业交通组］全国计划会议文件：一九七六年对外援助成套项目计划（草案）［A］.上海：上海市革命委员会工业交通组，1975；上海市档案馆.上海市外经局上海市对外援助成套项目计划［A］.上海：上海市计划委员会，1978—1983。

　　再次，上海市还承担了我国援助其他国家成套项目的任务。1971 年，经国务院批准，我国援助桑给巴尔建设一座黏土砖瓦厂，其土建施工任务由上海市建工局承担。① 同年，我国援助桑给巴尔铸铁车间的土建施工任务由上海市建工局承担。② 1973 年，我国援助阿尔及利亚一座小型医疗器械厂，由上海市革

① 上海市档案馆.上海市革命委员会工业交通组关于安排援助桑给巴尔黏土砖瓦厂土建任务的通知［A］.上海：上海市革命委员会工业交通组，1971.

② 上海市档案馆.上海市革命委员会工业交通组关于下达援助桑给巴尔铸铁车间土建施工任务的通知［A］.上海：上海市革命委员会工业交通组，1971.

命委员会工业交通组承担筹建任务。① 同年，国家援助达荷体育场的设计任务下达给上海，上海市工业建筑设计院承担了此项设计任务。② 1978 年，我国决定帮助科威特自费建设一个体育中心，包括体育场、体育馆、游泳馆练习场地、运动员宿舍、运动员休息室、餐厅、群众服务设施，以及可容纳 12000 辆汽车的停车场等相应的附属设施，国家建委为承建部，上述项目的设计任务由上海市承担。③ 同年，我国援助马达加斯加建设一座小型制药厂，该项目的设计和筹建任务由上海市承担。④ 同年，我国帮助塞舌尔建设高级中学一所，该项目的筹建任务由上海市承担。⑤ 同年，中央已批准我国援助罗马尼亚维生素 A 和维生素 B_6 两套生产装置，这两个项目的设计单位是上海化工设计院，筹建单位是上海医药工业公司。⑥ 同年，我国帮助卢旺达建设一座面粉厂，该厂的筹建任务及其中的工艺设计任务由上海市粮食局承担，土建、水电设计任务由上海工业建筑设计院承担。⑦ 同年，我国帮助赞比亚建设党部大楼一座，上海市承担该项目舞台部分的协作任务。⑧ 同年，我国援助尼泊尔建设一座造纸厂，该项目的筹建和设计任务由上海市承担。⑨

最后，为了确保对外成套项目的顺利实施，上海市还为项目建设提供必要的设备支持。比如，1971 年，上海市医药工业公司承建了援助越南药用玻璃厂

---

① 上海市档案馆. 上海市革命委员会工业交通组关于承担援助阿尔及利亚小型医疗器械厂筹建任务的复函［A］. 上海：上海市革命委员会工业交通组，1973.

② 上海市档案馆. 上海市革命委员会工业交通组关于承担援助达荷美体育场设计任务的复函［A］. 上海：上海市革命委员会工业交通组，1973.

③ 上海市档案馆. 关于承担援科威特体育中心设计任务的函［A］. 北京：对外经济联络部，1978.

④ 上海市档案馆. 关于承担援马达加斯加制药厂设计和筹建任务的函［A］. 北京：对外经济联络部，1978.

⑤ 上海市档案馆. 关于承担援塞舌尔高级中学的筹建任务的函［A］. 北京：对外经济联络部，1978.

⑥ 上海市档案馆. 关于承担援罗马尼亚项目承建和筹建任务的函［A］. 北京：对外经济联络部，1978.

⑦ 上海市档案馆. 关于同意由上海市承担援卢旺达面粉厂筹建、设计任务的函［A］. 上海：上海市对外经济联络局，1978.

⑧ 上海市档案馆. 关于承担援赞比亚党部大楼舞台协作任务的函［A］. 北京：对外经济联络部，1978.

⑨ 上海市档案馆. 关于承担援尼泊尔造纸厂的筹建和设计任务事的函［A］. 北京：对外经济联络部，1978.

的项目，该项目需用钢门窗约 1400 平方米①，上海市机电一局所属的上海玻璃机械厂为其承制加工。1972 年，我国援助阿尔巴尼亚冶金联合企业和镍钴提纯厂试验项目急需机电设备与仪表等共 68 项、269 台件②，由上海市机电一局、上海市仪表局负责生产供应。同年，我国援助罗马尼亚单晶硅厂试验项目所需的一批设备和仪器，上海无线电专用设备厂、上无 21 厂、上海电压调整器厂、电动工具研究所、电器成套厂、人民电器厂等单位均参与了生产任务。③ 同年，上海市承担的援助苏丹友谊厅工程需要 2 台洗碗机④，由上海大厦家具工厂协助生产。同年，上海市轻工业局安排金属餐具厂生产西餐不锈钢刀叉餐具 850 套⑤，以援助苏丹友谊厅项目的需要。1974—1975 年，上海市承担了援助斯里兰卡大厦自动液压升降台的任务，上海市五七〇三厂为斯里兰卡制造了 2 台 12 米、1 台 9 米⑥的升降台。1977 年，我国援助扎伊尔建设的人民宫项目需要一批金属不锈钢餐具，上海餐具厂生产援助 870 套。⑦ 同年，在我国援朝地铁后期工程中，电动客车所需配套轴流风扇 260 台⑧，安排由上海电扇厂承担生产任务。根据中国、孟加拉两国政府 1978 年 3 月 21 日签订的经济技术合作协定，由我国帮助孟方建设一座氮肥厂，该项目的物资供应工作由上海市吴泾化工厂进行予以协作。⑨

---

① 上海市档案馆.上海市医药工业公司革命委员会关于请下达任务给玻璃机械厂承担援助越南玻璃厂加工订制钢门窗 1400 平方米的函[A].上海：上海市医药工业公司革命委员会，1971.

② 上海市档案馆.上海市革命委员会工业交通组关于安排援助阿尔巴尼亚冶金联合企业试验项目急需设备、仪表生产任务的通知[A].上海：上海市革命委员会工业交通组，1972.

③ 上海市档案馆.上海市革命委员会工业交通组关于安排援助罗马尼亚单晶硅厂试验项目所需设备、仪器生产任务的通知[A].上海：上海市革命委员会工业交通组，1972.

④ 上海市档案馆.上海市对外经济联络小组关于商请承担援助苏丹友谊厅所需洗碗机生产任务的函[A].上海：上海市对外经济联络小组，1972.

⑤ 上海市档案馆.上海市革命委员会工业交通组关于请承担援助苏丹友谊厅工程所需餐具生产任务的通知[A].上海：上海市革命委员会工业交通组，1972.

⑥ 上海市档案馆.上海市对外经济联络小组关于援助斯里兰卡大厦自动液压升降台生产技术会议纪要[A].上海：上海市对外经济联络小组，1975.

⑦ 上海市档案馆.上海市革命委员会工业交通组关于援助扎伊尔人民宫餐具生产的通知[A].上海：上海市革命委员会工业交通组，1977.

⑧ 上海市档案馆.上海市革命委员会工业交通组关于安排援助朝鲜地铁电动客车配套用轴流风扇生产任务的通知[A].上海：上海市革命委员会工业交通组，1977.

⑨ 上海市档案馆.关于承担援孟加拉氮肥厂协作任务事的函[A].北京：对外经济联络部，1978.

二、对外一般物资援助的势头强劲

1971 年，我国外贸部门提出了 1972 年援助越南蔬菜种子的要货计划，上海承担了部分任务，主要是提供晚熟平头甘蓝籽 2500 公斤，其中由宝山县供应 1500 公斤，嘉定县供应 750 公斤，青浦县供应 250 公斤；提供早长白萝卜籽 5500 公斤，其中由宝山县供应 500 公斤，嘉定县供应 1000 公斤，上海县供应 1000 公斤，青浦县供应 500 公斤，南汇县供应 2500 公斤；提供韭菜籽（洋大蒜籽）50 公斤，由宝山县供应保种。①

1971 年，为配合完成我国援助老挝修建公路的任务，中国对外公路工程公司革命委员会要求上海提供油毡 6000 卷②，以帮助解决筑路施工人员的住房问题。

1971 年，上海市帮助朝鲜制作金日成同志像章 2 万枚③，并帮助朝鲜绣金日成同志绒绣像。

1972 年，国家要求上海供应越南、阿尔巴尼亚等国家一批"华兰"颜料，上海化工局所属染化十二厂承担生产任务。④

1972 年，经国务院批准，上海市供应援助刚果价值 100 万元⑤的医疗器械、药品、生物制品、实验室器材等物资，并负责启运工作。

1972 年，根据中越签订的《关于一九七二年中国向越南提供一般物资的议定书》，由上海石油站无偿援助越南一批石油，包括灯用煤油 26000 吨、不同规格的饱和汽缸油 325 吨、不同规格的透平油 220 吨、硫化切削油 55 吨、缝纫机

---

① 上海市档案馆.上海市农业局革命委员会、上海市第二商业局革命委员会关于下达援助越南蔬菜种子保种计划的通知［A］.上海：上海市农业局革命委员会，上海市第二商业局革命委员会，1971.

② 上海市档案馆.中国对外公路工程公司革命委员会关于供应援助老挝公路用油毡的函［A］.北京：中国对外公路工程公司革命委员会，1971.

③ 上海市档案馆.轻工业部援外组关于落实援助朝鲜像章、绣像问题的函［A］.北京：轻工业部援外组，1971.

④ 上海市档案馆.上海市对外贸易局革命委员会、上海市物资局革命委员会关于援助越南华兰缺少原材料黄血盐钾的报告［A］.上海：上海市对外贸易局革命委员会，上海市物资局革命委员会，1972.

⑤ 上海市档案馆.商业部、中国人民解放军卫生部军事管制委员会关于供应援助刚果医疗器械、药品等物资的通知［A］.北京：商业部，中国人民解放军卫生部军事管制委员会，1972.

油 50 吨、压缩机油 200 吨、高速机油 50 吨、刹车油 200 吨。①

1973 年，上海医药工业公司供应越南不同规格的青霉素 40 万瓶、四环素 100 万片、氯霉素 20 万片、红霉素 5 万片、防疟药片 100 万片等，上海水产局东海制药厂供应越南维生素 A 与维生素 D 共 200 万粒、供应其他多种维生素 200 万粒。②

1973 年，我国援助法塔赫 1500 吨面粉③，要求由上海市供应出口。

1974 年，上海市援助越南一批药用氨水、泼尼松龙针、卡那霉素、清鱼肝油等医药物资，援助阿尔巴尼亚一批碘化钾、轻质氧化镁、氧化锌、胰岛素、碘化油等医疗物资，援助朝鲜一批碘化油、鱼精蛋白注射液以及 VE 片。④ 同年，国营上海鱼品加工厂生产援越鱼松 200 吨、鱼罐头 300 吨，该厂同时请求上海市食品工业公司协助生产援越鱼松听（印军绿铁）27300 只和印铁、涂料（鱼罐头听用马口铁）163000 张。⑤

1974 年，经国务院批准，我国援助莫三鼻给解放阵线 500 吨粮食，包括玉米 400 吨、大米和豆类各 50 吨，由上海市负责供应。⑥

1975 年，中国援助柬埔寨在寨磅湛、马德望两省扩种棉花 3000 ~ 5000 公顷，由中方援助他们技术力量，上海市分担了国家援柬扩种棉花的任务，于当年 6 月初派植棉技术人员赴柬，并提供了棉种和农药。⑦ 同年，中央决定紧急援助柬埔寨 2 万大桶石油⑧，该项任务由上海市承担。

---

① 上海市档案馆. 对外贸易部、商业部关于 1972 年无偿援助越南石油产品的通知[A]. 北京：对外贸易部，商业部，1972.

② 上海市档案馆. 燃料化学工业部、商业部、对外贸易部关于 1973 年援助越南南方药品、农药供货计划的通知[A]. 北京：燃料化学工业部，商业部，对外贸易部，1973.

③ 上海市档案馆. 商业部、对外贸易部关于 1973 年援助法塔赫面粉问题的通知[A]. 北京：商业部，对外贸易部，1973.

④ 上海市档案馆. 上海市革命委员会财贸组、上海市革命委员会工业交通组关于下达 1974 年援助越南和供应阿尔巴尼亚、朝鲜药品任务的通知[A]. 上海：上海市革命委员会财贸组，上海市革命委员会工业交通组，1974.

⑤ 上海市档案馆. 国营上海鱼品加工厂革命委员会关于告援助越南鱼松听加工、鱼罐头听印铁涂料计划的函[A]. 上海：国营上海鱼品加工厂革命委员会，1973.

⑥ 上海市档案馆. 商业部关于援助莫三鼻给解放阵线粮食问题的通知[A]. 北京：商业部，1974.

⑦ 上海市档案馆. 农林部关于商请承担援助柬埔寨扩种棉花的项目的函[A]. 北京：农林部，1975.

⑧ 上海市档案馆. 商业部关于紧急援助柬埔寨油料的通知[A]. 北京：商业部，1975.

1975年，上海市援助巴基斯坦废铁1000吨。①

1975年，上海纺织工业局援助越南筹建的第二棉纺织印染厂急需一批涤棉衬布，以用作印花底布，上海市第一商业局安排援助1800米涤棉衬布。② 同年，上海市一商局援助越南10公斤打火石，上海百货站援助越南4000条肥皂。③

1975年，经国务院批准，上海市粮食局安排援助圣多美和普林西比解放运动300吨小麦。④

1977年，上海市协助加工了3970条床单及3970个枕套⑤，以援助塞舌尔医院。

此外，1971年，为了遵照中央全力支援越南人民抗美救国战争的精神，国家计划革命委员会、中央军委国防工业领导小组、中国人民解放军总原后勤部安排上海市承担一批援越军事装备物资生产任务，上海市机电一局、机电二局、仪表局、轻工业局、手工业局、冶金局、化工局等单位积极承担援越任务。⑥ 上海援助越南的物资既涉及越南军民急需的军工产品，又包括一些日常生活资料。比如，1971年，上海市机电一局、手工业局、轻工业局为越南战场试制了新的武器装备，以支援越南的抗美斗争；⑦ 1972年，为了充当军事代用品，越南急缺塑料衣钩2万个⑧，中国轻工业品进出口总公司要求上海分公司最大限度地供应。

三、对外紧急人道主义援助继续发展

1971年，越南发生洪灾。在上海民航局、驻沪空军某部、上海铁路分局及

---

① 上海市档案馆. 上海市物资局革命委员会关于援助巴基斯坦废钢提运的通知[A].上海：上海市物资局革命委员会，1975.

② 上海市档案馆. 商业部日用工业品局关于援助越南筹建棉纺织印染厂急需印花底布的涤棉衬布的函[A].北京：商业部日用工业品局，1975.

③ 上海市档案馆. 商业部关于援助兄弟党物资问题的通知[A].北京：商业部，1975.

④ 上海市档案馆. 商业部关于援助圣多美和普林西比解放运动小麦三百吨的补充通知[A].北京：商业部，1975.

⑤ 上海市档案馆. 卫生部外事局关于请协助解决援助塞舌尔床单、枕套所需货源的函[A].北京：卫生部外事局，1977.

⑥ 上海市档案馆. 上海市革命委员会工业交通组、上海市革命委员会科学技术组关于下达援助越南军事装备物资生产任务的通知[A].上海：上海市革命委员会工业交通组，上海市革命委员会科学技术组，1971.

⑦ 上海市档案馆. 上海市革命委员会工业交通组关于安排援助越南科研项目的通知[A].上海：上海市革命委员会工业交通组，1971.

⑧ 上海市档案馆. 中国轻工业品进出口总公司革命委员会关于援助越南塑料衣钩的函[A].北京：中国轻工业品进出口总公司革命委员会，1972.

其所属南站、真如车站、上海市运输公司及其所属汽车一连、商业一局及所属医药站、五金站、土产公司、商业储运公司、商业铁道储运部、外贸运输公司、化工进出口公司、土产进出口公司、食品进出口公司、五金矿产进出口公司等18个单位的协作配合下，中央下达给上海的第一批援越救灾物资在8月30日顺利完成，包括25吨药品、15吨罐头、5吨饼干和2000吨铅丝、80万只草包。①8月31日，上海轻工业品进出口分公司、上海物资局建筑材料公司、海运局、长航局、港务局、医药站等单位开始赶运第二批援越救灾物资，包括3004只救生圈、18吨各种药品、2万卷油毛毡、200套探照灯、4台打桩机和1000吨铅丝。②9月，上海市运输公司、铁路分局、建筑材料公司、第三航务局、商业一局医药站、民航局以及外贸各有关进出口分公司等单位为越南提供、发运了第三批救灾物资，包含各种药品2045箱33.78吨，油毛毡98436卷2905吨，打桩机3台56吨。③此外，为了支援越南救灾，上海市对外贸易局还专门成立了外贸局支援越南救灾小组，由局党委副书记徐广新等7位同志专门负责安排援越救灾事宜。④

1972年，因以色列野蛮轰炸和入侵，巴勒斯坦产生大量难民，国务院批准中国红十字会捐赠巴勒斯坦红新月会物资一批。其中，上海市供应药品5万元，内含抗菌素2万元、维生素1.5万元、解热镇静1万元、急救和包扎用品0.5万元。⑤

四、对外多边援助开始起步

1976年，经中央批准，我国同联合国工业发展组织达成协议，使用我国给该组织的捐款，为一个发展中国家（具体受援国尚待商定）建设一个米糠油厂。此项目的承建部为商业部，筹建任务委托给上海市承担，具体的筹建任务由上

---

① 上海市档案馆.上海市对外贸易局革命委员会关于援助越南救灾工作的情况汇报：一[A].上海：上海市对外贸易局革命委员会，1971.
② 上海市档案馆.上海市对外贸易局革命委员会关于援助越南救灾工作的情况汇报：二[A].上海：上海市对外贸易局革命委员会，1971.
③ 上海市档案馆.上海市对外贸易局革命委员会关于援助越南救灾工作的情况汇报：三[A].上海：上海市对外贸易局革命委员会，1971.
④ 上海市档案馆.上海市对外贸易局革命委员会关于援助越南救灾工作的请示报告[A].上海：上海市对外贸易局革命委员会，1971.
⑤ 上海市档案馆.商业部关于供应援助巴勒斯坦红新月会物资的通知[A].北京：商业部，1972.

海市粮食局承担。①

此外，上海市还为一些国家提供了技术援助。1976 年，我国援助阿尔巴尼亚电视台的设备需要维修，上海市电视台派遣 1 名天线技术员参加检修调试工作。② 1978 年，上海市农业局作为承担筹建任务的单位，代表我国对塞舌尔提供种植蔬菜的技术援助。1978 年，上海市派遣工程技术人员，对北也门萨那棉纺织印染厂的生产进行技术指导。③ 同年，上海市还帮助坦桑尼亚友谊纺织厂检修了锅炉设备。④

第四节　第四次全国援外会议后上海参与国家援外的回落

从 1971 年到 1977 年，中央陆续召开五次全国援外工作会议，对 20 世纪 70 年代我国的援外工作进行"问诊"和"把脉"。在一系列的援外工作会议中，最具有意义的事情是认清了我国援外力度"过头"的现实状况以及援外管理体制的弊端，突出了"量力而行"的原则，调整后的援外安排更加科学、合理。在第四次全国援外工作会议召开后，上海参与国家援外的规模开始压缩，同时随着国际环境的变化和国家的援外战略调整，上海在 20 世纪 70 年代末逐步停止了对越南、阿尔巴尼亚的援助。

一、全国援外工作会议的召开

援外任务的急剧增长，对中央和地方的援外工作提出了新的挑战，为了更好地兑现中国向受援国做出的援助承诺，我国分别于 1971 年、1972 年、1973 年、1975 年、1977 年召开了全国援外工作会议，主要目的是通过查摆问题改进援外工作，并以会议的形式动员中央各部门和地方省市加强协调与配合，共同按期、保质、保量地完成援外任务，同时对援外工作进行适当调整（见表 11）。

---

① 上海市档案馆. 上海市革命委员会工业交通组、上海市革命委员会财贸组关于下达多边援助米糠油厂筹建任务的通知［A］. 上海：上海市革命委员会工业交通组，上海市革命委员会财贸组，1976.

② 上海市档案馆. 中央广播事业局关于借调电视天线技术员参加援助阿尔巴尼亚电视台检修问题的函［A］. 北京：中央广播事业局，1976.

③ 上海市档案馆. 关于承担北也门萨那棉纺织印染厂技术合作任务的函［A］. 北京：对外经济联络部，1978.

④ 上海市档案馆. 关于承担坦桑友谊纺织厂锅炉设备检修事的函［A］. 北京：对外经济联络部，1978.

表11 五次全国援外工作会议核心议题情况

时间	会议名称	核心议题
1971 年 3 月 8 日—4 月 9 日	第一次全国援外工作会议	充分发挥中央部门与地方的两个积极性，共同完成繁重的援外任务
1972 年 3 月 22 日—4 月 11 日	第二次全国援外工作会议	做好援外工作，应坚持"积极承担、量力而行、掌握重点、照顾一般"的原则
1973 年 4 月 9 日—4 月 27 日	第三次全国援外工作会议	分析援外任务日益繁重的新形势等
1975 年 6 月 24 日—7 月 11 日	第四次全国援外工作会议	强调合理安排对外援助等
1977 年 6 月 15 日—7 月 5 日	第五次全国援外工作会议	确定了新形势下的援外工作方针等

资料来源：石林，等. 当代中国的对外经济合作 [M]. 北京：中国社会科学出版社，1989：644，646，649，654，657。

鉴于 20 世纪 70 年代"文革"对国家经济建设造成的影响，以及庞大的援外规模，国家财力日渐难以支撑，对这项工作进行适当的调整成为必然之举。在这五次全国援外工作会议中，除了强调对外援助的战略意义和中央与地方继续做好援外工作的同时，合理布置援外任务、适当压缩援外规模成为会议的焦点。

二、地方参与国家援外规模的压缩

1975 年，第四次全国援外工作会议召开后，合理调整援外规模成为全国共识。从上海市参与国家援外成套项目建设来看，1975 年，上海的援外成套项目任务达到高峰，这一年中央下达给上海承担的援外成套项目共涉及 23 个国家，共 125 个项目，其中：新建和续建项目 70 个，需进行其他工作的项目 55 个（包括考察、设计准备、收尾、技术合作等）；在全部项目中，由上海市筹建的共 108 个，由外省市筹建、上海市协作的共 17 个；在所有项目当中，阿尔巴尼亚、越南、朝鲜、罗马尼亚四国的项目共 87 个，占总数的 69.6%，是上海援建的重点①。之后，随着第四次全国援外工作会议的召开，上海承担国家的援外成套项目数量开始不同程度地回落。1976 年，中央下达给上海市承担成套项目涉及18 个国家，合计为 74 个项目，其中：筹建项目 60 个、协作项目 14 个；新建的筹建项目 8 个、协作项目 5 个；续建的筹建项目 52 个、协作项目 9 个；越南、阿尔巴尼亚依然是重点被援助的国家。② 1977 年第五次全国援外会议召开之后，上海市承担国家援外成套项目的数量继续得到适当控制。1978 年，上海市承担的援外成套项目涉及 20 个国家，共 87 个项目，其中：由上海市筹建的共 71 个项目；由外省（市）筹建、上海市协作的共 16 个项目；越南和阿尔巴尼亚依然是上海重点援助的国家。③

三、上海市停止对越南、阿尔巴尼亚的援助

越南抗美斗争期间，中国对其提供了大量的援助，而且很多具有无偿援助的性质。然而，随着 1975 年抗美斗争的胜利，越南当局不断膨胀，日益谋求地区霸权，并与中国交恶，对我国经济技术援助工作提出质疑，甚至是故意"刁难"，鉴于此，中国不得不停止对越南的援助工作。与此情况类似的还有阿尔巴尼亚。

1978 年，中华人民共和国对外经济联络部向各承建（协作）部，各省、市、自治区外经机构发出《关于撤销的援越项目善后工作的紧急通知》，要求撤销援越部分成套项目及其款项以便用作安置难侨生产生活的费用，并要求各有关单位努力配合斗争，抓紧搞好已撤销项目的有关善后工作。同年，中华人民共和国对外经济联络部向各承建（协作）部，各省、市、自治区外经机构发出《关于援阿项目善后工作的紧急通知》，要求有关单位抓紧搞好已停止援建项目的相关善后工作，并要求各有关单位妥善安排在我国实习的阿尔巴尼亚实习生回国事宜。

其中，1978 年 5 月 20 日，对越南照会的撤销项目清单共 21 项，包含上海承担的 5 个项目，分别是第二电站，伟苏电站输变电工程，恢复、扩建海防造船厂，汽车配件厂（7019），扩建北江氮肥厂；1978 年 5 月 30 日，对越南照会

① 上海市档案馆.上海市革命委员会关于上海市 1975 年对外援助成套项目的计划［A］.上海：上海市革命委员会，1975.
② 上海市档案馆.［上海市革命委员会工业交通组］全国计划会议文件：一九七六年对外援助成套项目计划（草案）［A］.上海：上海市革命委员会工业交通组，1975.
③ 上海市档案馆.上海市外经局上海市对外援助成套项目计划［A］.上海：上海市计划委员会，1983.

的撤销项目清单共 54 项，包含上海承担的 15 个项目，分别是木器家具厂，平板玻璃厂，热工电工仪表厂，渔网厂，重建含龙碾米厂，恢复荣市碾米厂，碾米厂，南方医院，冬衣针织厂两个，儿童背心汗衫生产线，鱼雷快艇修理厂（6507），水中兵器修理厂（6601），抗菌素厂，铝制品厂；并规定其他暂留项目6 月底前暂不交图纸、不发货、不派人、不接受实习生，回国休假人员暂不返越，暂留的援越在建项目（大部分接近竣工）共 36 项，包括上海承担的 12 个项目，分别是纤维板厂、东英电线厂、扩建海防搪瓷厂、钟式定时引信车间（6505-71）、缝纫线厂、热水瓶厂、自来水笔厂、河内电报枢纽工程（7138）、两个制冰厂、恢复北江碾米厂、恢复宁平碾米厂、清化综合医院；停止援助阿尔巴尼亚的成套项目共 54 项，其中上海 15 项，包括爱尔巴桑冶金联合企业、拉奇铜冶炼厂（协作）、爱尔巴桑镍钴提纯厂、爱尔巴桑耐火材料厂、地拉那抗生素厂、恩维尔·霍查机械厂（协作）、橡胶制品厂、莱什纸厂、中心血站、地拉那大输液车间、铝质耐火原材料加工厂、冶金联合企业新增水沉地工程、铜材厂、舰艇修理所扩建（协作）、第二次扩建干电池厂。①

第五节　"承建部负责制"下上海参与国家援外的双元管理模式

这一时期，随着我国援外力度的加大与援外规模的扩大，援外任务日益繁重，对援外管理工作提出新的要求。为适应这种需求，中央和地方援外管理机构发生了变化，地方援外管理机构建设加强，援外管理体制迎来由"总交货人部制"向"承建部负责制"转变，在新的援外管理体制下，地方参与国家援外的双元管理模式诞生，对充分发挥中央部门与地方的援外积极性产生了重要影响。

一、中央和地方援外管理机构的变化

从 1965 年到 1978 年，随着援外任务的逐步增加，对援外管理机构进行必要的调整以适应新的要求逐步被提上日程。1970 年 6 月，中央决定将对外经济联

---

① 上海市档案馆. 上海市外经部、外经局关于停建援助越南、阿尔巴尼亚、柬埔寨、老挝等国的项目工作通知［A］. 北京：中华人民共和国对外经济联络部，1979.

络委员会改为对外经济联络部，与国家进出口管理委员会、对外贸易部等机构
共同管理援外工作。同时，在这一时期，随着国内经济管理体制的调整，中央
将一些直属企事业单位的管理权限下放，地方的经济管理权限得到扩大。具体
到援外管理工作而言，在中央的统一领导下，为有效发挥部门和地方的积极性，
1971 年 3 月首次召开全国援外工作会议，要求地方设立相应的援外管理机构。
此后，大多数的地方省、市、自治区根据地方实际，通过设立对外经济联络局、
对外经济联络办公室、对外援助办公室等部门，作为政府职能机构之一，负责
归口管理本地的援外事务。

二、从"总交货人部制"到"承建部负责制"

进入 20 世纪 70 年代，由于援外任务的增加，"总交货人部制"在管理效率
层面难以应对繁重的任务。为充分发挥中央和地方的两个积极性，国家于 1971
年将"总交货人部制"改为"承建部负责制"。实施"承建部负责制"的重要
意义在于，承建部在经济、技术层面对援外项目负总责，而项目实施的具体工
作，即筹建工作，交由地方来完成。

在"承建部负责制"下，对外经济联络部接到援外任务后，根据专业特点
和行业要求，确定国务院有关部门作为承建部和协作部，承建部在综合考虑项
目要求和地方实际的基础上，经地方省、直辖市、自治区政府同意，确定项目
的筹建单位和协作单位等。项目的部分专业性工程则由承建部直接委托协作部
完成。对外经济联络部代表国务院将筹建、协作任务下达给地方省、直辖市、
自治区政府后，省（自治区、直辖市）政府加强对筹建单位、协建单位的领导
管理，并与承建部、协作部配合好，共同完成援外任务。筹建单位、协建单位
拿到任务后，根据其下属的企事业单位实际状况，并报上级部门同意，确定筹
建执行单位、协建执行单位，由其具体落实援外项目的生产、建设等工作。有
关派遣专家出国考察事宜，由筹建单位或协作单位会同执行单位，共同研究并
向上级部门报送合适人选（见图 2）。

在这种体制之下，省（自治区、直辖市）政府、承建部、协作部、驻外使
馆经济参赞处之间是一种密切协作的关系，这些单位均服从对外经济联络部的
领导并对其负责。筹建单位与协作单位之间的关系，可能为同一地区同一部门，
也可能是同一地区不同的部门，还可能为不同地区之间的部门。但无论是哪一
种情况，筹建单位与协作单位必须服从承建部的领导。当筹建单位与协作单位
为不同地区之间的部门时，双方表现为"兄弟单位"之间的关系，两个单位之
间必须相互配合、相互合作，携手完成援外任务。

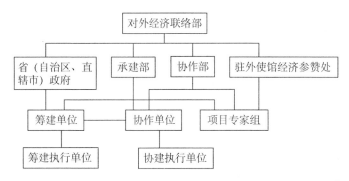

图2 "承建部负责制"下地方参与国家援外的双元管理模式①

"承建部负责制"确立了承建部的中心地位，它对经援项目负总责，协作部和省（自治区、直辖市）政府等部门均要与其配合，以便顺利完成援外任务。显然，这一体制无疑扩大了省（自治区、直辖市）政府在经援项目中的管理权限，项目的具体筹建工作受其管理，不得不承认此举在一定程度上调动了地方参与国家援外的积极性。

三、上海参与国家援外的双元管理模式

省（自治区、直辖市）政府作为本地区援外工作的归口管理部门，主要扮演协调者、管理者的角色，履行"上传下达"的职能。"承建部负责制"下，省（自治区、直辖市）政府不仅要协助承建部落实、布置有关任务，还与其互相协作，共同对筹建单位进行领导和管理。而筹建单位在承建部和地方政府的双重领导下，组织实施各项具体的援外任务。

在"承建部负责制"下，上海市政府指定上海市外经局作为援外管理职能部门，协助承建部确定上海承担援外项目的筹建单位、设计单位和协作单位，并随时协调三个单位之间的工作关系。同时，督促、检查本地区援外项目的进展情况，选派出国专家和管理在本地的外国实习生等。

上海参与国家援外的双元管理模式，是"承建部负责制"下的产物，这种模式使上海在中央的统一领导下，依靠筹建单位、协作单位、筹建执行单位、协建执行单位等机构的齐心协作，较好地完成了国家下达的繁重援外任务，对整个援外工作大局产生了积极影响。

---

① 此图参考借鉴了承建部负责制管理体制图，详见：《上海对外经济贸易志》编纂委员会. 上海对外经济贸易志：下册［M］. 上海：上海社会科学院出版社，2001：2208。

第六节　上海参与国家援外扩大了中国的影响力

1965—1978 年，"以阶级斗争为纲"是本时期的主旋律，我国经济建设遭到重创，但我国的援外工作克服了种种困难，不但没有萎缩，反而呈现欣欣向荣的局面，这与中央的领导和地方的积极配合有着很大关系。这一时期，上海积极承担国家的援外任务，并按照中央的要求对受援国提供多种多样的援助。在实际成效层面，不仅传播了我国独特的对外援助理念，提高了受援国自力更生、独立发展的能力，也借此机会展示了上海过硬的技术实力，进一步扩大了中国在受援国的社会影响力，同时配合了"反帝防修"斗争，有助于遏制帝国主义和霸权主义的嚣张气焰。

一、通过践行援外"八项原则"传播了新的援外理念

这一时期，《中国政府对外经济技术援助的八项原则》是我国对外援助工作的根本遵循，"八项原则"的核心理念是不附加任何条件，真正帮助受援国走上独立自主的发展道路。1970 年，周恩来在接见坦赞代表团时指出："我们帮助友好国家的建设项目，不仅要完成，而且一定要使受援国人民学会掌握全套技术和经营管理，训练好技术人员和工人，把项目交给受援国使用，这才算是完全做到了援助。"[1] 1972 年，乔冠华在联合国大会第 27 届会议上的讲话强调："对外援助的目的，应当是帮助受援国自力更生，发展独立的民族经济，决不应当以'经济援助''国际分工'为名，使受援国处于依赖和从属的地位，更不能容许以'援助'之名，行控制之实。"[2]

上海在参与国家的对外援助中，始终遵循援外"八项原则"的要求，积极传播我国新型的援外理念。在对越南的援助中，面对越方提出的产品技术要求较高、生产较难的现实状况，上海有关单位从履行无产阶级国际主义义务的角度出发，坚决克服援外中的"畏难情绪""怕麻烦思想"，坚决与大国沙文主义、民族利己主义做斗争，不断提升援外工作的积极性和主动性。比如，上海某化剂站的同志认为，越方提出来的要求，我们坚决办到，越方没有提出来的，

---

① 中共中央文献研究室．周恩来年谱：1949—1976：下卷［M］．北京：中央文献出版社，1997：378.

② 乔冠华．乔冠华团长在联合国大会第二十七届会议全体会议上的发言［M］．北京：人民出版社，1972：12.

我们也要想到；上海某装箱工厂表示，越南人民的斗争就是我们自己的斗争，我们要把最新、最好的品种，用最快速度送到兄弟的越南人民手里；对于越南提出希望中国援助"两用灌肠器"的要求，上海中百一店的援外经办同志在国内从未生产过的前提下主动承担起任务，并表示，只要是越南人民的需要，天大的困难我们克服。①

此外，上海按照中央的部署和要求，为受援国援建了一大批具有深远意义的项目，这些项目的建成投产，对促进受援国自力更生、独立自主地发展民族经济具有重要影响。比如，上海为阿拉伯也门援建的中等工业技术学校项目，"已为当地培养上千名汽车修理、电机电器修理、道路桥梁维修等专业技术人员和师资人才，被称为'职业培训的先驱，技术教学的摇篮'"②。

二、援建的成套项目展示了过硬的技术实力

与新中国成立初期相比，1965—1978 年上海的工业产业不断发展，制造业水平得到提升，工人的生产技能和工厂的整体实力都有了较大改观，这为上海更好地参与国家援外工作奠定了基础。加之 20 世纪六七十年代，援外的无产阶级国际主义情绪高涨，地方省市普遍将援外工作上升到对外关系的"头等大事"来抓，援建项目的质量、援外专家的水平等均呈现"高标准"态势。作为全国工业生产水平较高的大城市之一，上海在参与国家援外中展示了过硬的技术和实力，扩大了中国在受援国的社会影响力。

上海承担国家的对外成套项目和上海派遣的援外专家备受受援国的好评，以上海为越南援建的第二医疗器械厂为例，从车间铸造、设备制造、工艺设计、技术展示到援建专家，均得到越南当局的高度肯定和赞扬。越南机械冶金部代部长阮文太参观后对铸造车间给予很高评价：热风冲天炉很好，很先进，越南目前还没有这种化铁炉。1976 年夏季，筹建班的主任阮文坦在锻压车间试生产后表示：锻压车间的工艺设计很好，符合我们越南的情况，有许多工厂的锻压车间因为温度高而停止生产了，我们的锻压车间温度不高，可以照常生产。厂长阮文何多次讲：这个厂设计得很完整，我们的部长、副部长参观后都感到满意，有的部长对注射针车间的设备表示赞赏，有的部长对锻压车间的设备感兴趣，有的部长说电镀车间设备和通风很好，同时表示，这个厂的电镀车间是越

---

① 上海市档案馆. 上海市第一商业局革命委员会关于完成 1971 年援助越南药品、医疗器材任务的情况汇报［A］. 上海：上海市第一商业局革命委员会，1971.

② 上海《中国对外经济贸易丛书》编纂委员会. 上海对外经济贸易：1949—1990［M］. 上海：上海科学技术文献出版社，1994：572.

南最大的电镀车间，在电镀技术方面也是最好的，过去越南没有搞过镀银、镀铜锡合金、铝氧化和染色、光亮镀镍，现在我们可以搞了。1976 年 8 月 3 日的宴会上，越南机械冶金部洪龙副部长表示：到目前为止，我们机械冶金部筹建的项目，没有一个像医疗器械厂这样完整地建成；越南负责安装变电站的安装队老工人发出切实的感慨：我给法国、苏联、捷克援建的工厂安装过，他们的专家高高在上，技术水平不高，解决问题慢，你们的专家技术水平高，解决问题快，亲自参加劳动，对此我们很感动。①

在承担国家援外项目的过程中，上海的实力代表着国家的水平，上海的援外专家塑造着国家的形象，这种过硬的生产技能和高超的科技实力，让越南对中国的援建水平高度认可。

三、以实际行动遏制了霸权主义和帝国主义的嚣张气焰

20 世纪 60 年代中期至 70 年代，是美苏争霸的第二个时期，除了美国在全球谋求霸权外，苏联更是在全球推行修正主义、霸权主义。因此，在这一阶段，中国的外交面临着"反帝、防修"的双重任务。为了配合"反帝防修"斗争，中国自身在经济遭受"文革"重创的前提下，依然加大对外援助的力度，向社会主义国家和众多的民族主义国家提供经济技术援助，帮助他们摆脱帝国主义和霸权主义势力的控制，不断壮大世界上爱好和平的力量。正如周恩来所言："第三世界是反殖、反帝、反霸的主力军……我们要加强同亚、非、拉国家和人民的团结，坚决支持他们争取和维护民族独立，捍卫国家主权，保护本国资源，发展民族经济的斗争。"②

在这种背景下，上海积极配合国家的援外工作，承担了繁重的援外任务，将援外项目建设到越南、阿尔巴尼亚、朝鲜、巴基斯坦、尼泊尔、几内亚、扎伊尔、坦桑尼亚、柬埔寨、斯里兰卡、也门、伊拉克、塞舌尔、苏丹、毛里塔尼亚、罗马尼亚、马耳他等国家，为这些国家提供了大量的物资援助，并向受援国派遣援外专家、为受援国培训实习生，在援外力度与援外规模上均有所扩大，有力地支援了这些国家摆脱对帝国主义和霸权主义势力的依赖。尤其是上海通过多种援助，以实际行动支持兄弟的阿尔巴尼亚人民"反帝、反修"斗争和社会主义建设；遵照中央指示精神，全力支援越南人民抗美救国战争；坚决

---

① 上海市档案馆. 援助越南医疗器械厂工程技术组工作总结［A］. 上海：援助越南医疗器械厂工程技术组，1977.

② 周恩来. 政府工作报告［M］. 北京：人民出版社，1975：12.

支持阿拉伯各国人民反对帝国主义及其附属势力的斗争，从整体层面配合了"反帝防修"斗争的需要，为有效遏制帝国主义和霸权主义的嚣张气焰贡献了上海力量。

在配合"反帝防修"斗争中，上海援外战线涌现出一批先进典型。比如，1970 年 9 月，为了支援巴勒斯坦人民的反帝斗争，上海医药采购供应站接到国务院下达的一批药品和医疗器械生产任务。对此，上海医药采购供应站表示，要坚决执行无产阶级司令部命令，纵有千难万难也要不折不扣完成无产阶级司令部交给的任务。面对这项紧急的援外任务，全站上下协调有关兄弟单位，连续奋战五昼夜提前完成任务，其中，一些工人同志斗志昂扬，以实际行动坚决支持巴勒斯坦人民的反帝斗争。"共产党员唐鸿庭同志发扬了模范带头作用，抢着干艰巨工作，一次驳货中用力过猛头碰汽车顶，流血不止，但由于他全神贯注着工作，还当是汗水淌下来了，后经同志们发觉，硬把他拖下来，包扎好后他又上去了。老年职工贺楚同志发高烧到 40 度还坚持在战斗岗位上，直到装完最后一箱医疗器械还要打扫场地，不肯下火线。"① 这种工作态度和实干精神，是上海人民在"反帝防修"斗争中的真实情绪表达，更是上海参与国家援外工作的真实写照，对推动世界反帝、反殖、反霸运动的发展产生了积极影响。

---

① 上海市档案馆.中国医药公司上海采购供应站革命委员会关于紧急援助巴勒斯坦任务完成的情况报告［A］.上海：中国医药公司上海采购供应站革命委员会，1970.

第五章

上海参与国家援外的调整与初步改革时期（1979—1993）

　　自 20 世纪 70 年代末以来，中国改革开放的步伐逐步推进，国内经济社会建设迎来一个全新的时期，我国的对外援助在援外规模、援外方式、援外管理等层面进行了改革和调整，以适应时代发展的需要。同时，进入 20 世纪 80 年代以来，和平与发展日益成为时代主题，发展成为中国面临的第一要务，也是广大发展中国家的强烈渴求。在普遍追求发展的大背景下，中国的对外援助逐步淡化政治功能，日益突出其经济属性，成为助力受援国经济发展的"杠杆"，也是加强中国同发展中国家经济联系与经济技术合作的"助推器"。

　　不可否认，自新中国成立以来，在不同的发展阶段，我们面临的时代主题和主要任务有所不同，但开展社会主义经济建设以实现国富民强的发展目标始终是中国共产党人的"初心"与"使命"，也是亿万人民的期待。1949—1956年，经过"一化三改"，国民经济得到恢复和发展，社会主义基本制度在我国初步建立。党的八大对我国社会基本矛盾做出了正确判断，并明确提出了集中力量发展国民经济的正确口号。但党的八大制定的路线并未坚持下去，无产阶级同资产阶级之间的矛盾、社会主义同资本主义的矛盾日益被提上日程并被视为国内社会的主要矛盾。而在 1966—1976 年"文革"期间，更是坚持"以阶级斗争为纲"，国民经济建设遭受"重创"。"四人帮"被粉碎后，中国开始拨乱反正，至 1978 年党的十一届三中全会的召开，决定将国家工作的重点转移到社会主义现代化建设上来，并要求围绕经济建设这个中心实行改革开放。

　　这一伟大决策，对我国内政外交各项工作产生了深远影响，可以说，不仅终结了"以阶级斗争为纲"的时代，迈出了高度重视发展对外经济关系的步伐，也迎来了外交与援外工作服务于经济建设的崭新时期。为此，我国的对外援助进行了一系列的改革，变得更加"理性"和"务实"，比如，开始追求"有来有往"，坚持"援外"与接受"外援"并重；对外经济技术援助与对外经济技术合作协调发展；对外经济技术援助与经济技术合作方式日趋多元化等。随着时代背景的变化，国家对地方参与援外提出了新的要求，而上海在参与国家的对外援助中也出现了一些新动向、迎来新局面，同时，在"承包责任制"下上

海参与国家援外的多元互动模式激发了援外主体的能动性，在促进我国与受援
国之间经济互惠、政治互信以及扩大上海在国际社会的影响力等方面均发挥了
重要作用。

第一节　改革开放后国家对地方参与援外的新要求

党的十一届三中全会召开之后，国家工作的重心转移到经济建设上来，在
国内解放生产力、发展生产力逐步成为全社会共识。在国际社会层面，随着亚
非拉地区民族民主解放运动的进一步发展，广大发展中国家在取得民族独立和
实行民主改革之后，也开始聚焦本国发展的问题。国内、国际形势的变化，对
中国外交战略的制定和对外援助的实施产生了深刻影响，外交工作与援外工作
开始成为服务国家发展的重要工具。

进入 20 世纪 90 年代，国内、国际形势产生了新的变化。改革开放释放的
经济红利，展示了强大威力，既坚定了人们继续解放生产力、发展生产力的信
心，也进一步激发并推动着中国改革开放的进程，深化中国与发达国家、发展
中国家间的经济合作成为不可阻挡的潮流。同时，伴随着全球经济的持续发展，
政治经济多极化趋势日益显著，不同力量间的相互制衡促使和平的力量进一步
增长，各国迎来发展的重要机遇期。此外，由于发达国家经济结构调整与产业
转移，以及广大发展中国家经济的崛起，使中国经济与国际社会的互补性进一
步增强，经贸往来与经贸合作日益紧密。这种变化让不同国家之间进一步加深
经济合作成为可能与现实。

一、谋求发展是地方参与国家援外的时代任务

为改变社会主义初级阶段贫穷落后的状况，以邓小平等同志为代表的国家
领导人，便开始谋划外交如何配合、服务国家发展的问题。他在论述 20 世纪 80
年代主要任务时强调对外工作与国内发展具有统一性。"我们的对外政策，就本
国来说，是要寻求一个和平的环境来实现四个现代化。"[1] "四化"的实现与国
内的发展，同时又决定着我国的国际地位和在处理国际事务中所起的作用。

为争取一个和平的发展环境和实现"四个现代化"建设目标，邓小平就我
国的对外战略与援外工作进行了部署。即反对霸权主义、维护世界和平、加强

---

[1]　邓小平文选：第 2 卷［M］．北京：人民出版社，1994：241．

与第三世界的团结。在对外援助过程中，中国应继续着眼于为广大发展中国家提供力所能及的帮助，但绝不"当头"。对外援助工作应坚持开放性的思维，既有"南北对话"，又有"南南合作"，争取物质和技术层面的流动，以促进第三世界的真正发展。此外，随着改革开放进程的开启，国内各个要素开始被激活，地方省市在外事活动中也逐步展现出应有的活力。总之，这一时期，我国经济建设与经济发展的要求十分迫切，在一切工作服务于这个大局的背景之下，谋求发展成为国家援外工作的时代重任，这种战略转变与调整对地方参与国家的援外活动提出了新要求。

（一）地方参与国家援外，对争取和平的发展环境做出了积极贡献

国家的对外援助工作是一个有机整体，中央、中央部门、地方政府和组织机构相互联系，不可分割。国家对外援助事业的发展，与地方的参与、支持、配合密不可分。党的十一届三中全会以来，随着对外开放政策的实施，我国的对外援助工作发生了较大变化。援外作为我国积极履行无产阶级国际主义义务的同时，也肩负为促进经济发展而营造一个和平外部环境的重要使命。这就需要地方在参与国家援外工作中，就其目标定位、援外广度、援外深度等层面做出适当的调整，为营造和平的发展环境贡献力量。改革开放之后，从整个外事工作的格局来看，地方在国家对外交往中发挥了重要作用。"地方外事工作在政治上有力地配合中央的外交工作，为反对霸权主义，维护世界和平，做出了积极贡献。"① 在经济建设层面，地方的活力被激发，在参与国家援外工作中为推动"四化"建设发挥了积极作用。

（二）地方参与国家援外，必须坚持"集中统一领导"的原则

推进改革开放的各项事业，必须坚持有领导、有秩序地进行，忽视中央的权威，则极易引发中央与地方之间的矛盾，进而导致"由治而乱"。在改革开放时期，邓小平十分注重中央的权威性问题。"中央定了措施，各地各部门就要坚决执行，不但要迅速，而且要很有力，否则就治理不下来。"② 但他又指出，中央的权威是在大方向、大原则、大问题上的一种"宏观控制"，而非"全权包办"。

对外援助属于国家外交的范畴，也是国家外事工作的重要组成部分，坚持"集中统一领导"的原则是一种良好传统，更是任何时候都不能松懈的问题。20世纪80年代，随着援外战略的调整、援外形势的快速变化、援外机构的改革以

---

① 中共中央文献编辑委员会. 李先念文选［M］. 北京：人民出版社，1989：425.

② 邓小平文选：第 3 卷［M］. 北京：人民出版社，1993：277.

及地方参与援外积极性的提升，地方省市在对外援助中面临多头管理、过分追求经济利益等问题。面对援外工作中混乱与分散现象在一定程度上削弱"集中统一领导"原则的严峻事实，党的第二代领导集体审时度势，强调对外工作的"三个统一"①，确保外交大权牢牢掌握在中央手中。

同时需要看到，在对外援助活动中，坚持"集中统一领导"原则并不意味着影响地方的积极主动性。中央对外交和外事权力的控制始终是方向性、原则性的，是一种"宏观层面"的控制，而伴随着改革开放的步伐，地方省市在具体执行中央的援外决策部署方面，拥有了更多的权力和机会。比如，在执行援外任务时遇到业务方面、技术层面的问题，相比过去，地方省市拥有更多的自主处理权和发言权、建议权。在中央批准和国家允许的前提下，一些有条件的地方省市可以直接承担援外项目，与对方开展经济技术合作等。

（三）地方参与国家援外，要反映社会主义和民族优良传统的外交风格

我国社会主义和民族优良传统的外交风格是在毛泽东、周恩来、陈毅等老一辈领导人的指导与培育下形成的，这些外交风格反映在对外援助领域主要是平等对待、不附加任何政治条件、引导受援国自主发展、说话算数等。这些外交风格对赢得受援国对我国的赞同和推动我国对外援助事业的发展产生了重要作用。

随着改革开放号角的吹响，我国同国际社会的联系日益增多，对外援助与对外经济技术合作范围得以扩大。受经济利益的驱动和资产阶级思想的影响，国内个别地方也出现了"重经济合作、轻对外援助"的现象，以及重视与发达资本主义国家交往、忽视与第三世界国家共谋发展的行为，这对援外事业的健康发展产生了消极影响。

针对援外工作中的不良倾向，党的第二代领导集体从爱国主义与国际主义教育、对外政策和外事纪律学习、思想政治建设等层面入手，深入开展批评、自查和反省，重塑我国社会主义和民族优良传统的外交风格。

二、深化合作是地方参与国家援外的重要目标

在和平与发展成为时代主题的大背景下，局部战争、种族冲突、经贸摩擦不断呈现，霸权主义有所抬头，南北贫富差距进一步扩大，广大发展中国家之

---

① 只能由中央统一制定方针政策，只能按中央的统一部署行动，只能按中央统一的口径对外表态。详见：中共中央文献编辑委员会. 李先念文选［M］. 北京：人民出版社，1989：427。

间的合作与发展依然面临严峻挑战。复杂的国际形势和迫切的国内发展需求，迫使我国的对外战略做出相应调整，对外援助作为国家重要的外交工具，开始为深化国际合作"铺路"。

（一）以援助带动合作成为地方参与国家援外的新的着力点

随着改革开放力度的加大，发展外向型经济逐步被提上日程。早在 1984 年，继 5 个经济特区之后，国务院批准包括上海等在内的 14 个城市为沿海开放城市，以更好地加强对外经济技术交流与合作。1987 年党的第十三次全国代表大会要求充分发挥沿海城市在对外经济技术合作中的"基地"功能和"窗口"作用，为地方省市参与对外经济技术交流与合作提供了契机。在此背景下，对外援助被赋予新的内涵与功能，援外项目的共同开发与合作成为援助国和受援国之间的利益共同点。以江泽民为代表的国家领导人，在阐述构建 21 世纪"长期稳定、全面合作"的中非关系时，主张"双方积极配合，通过合资、合作等方式振兴中国提供的传统援助项目"①，从而达到互惠互利的目的，实现中国与非洲之间的共同发展。

一些具体承担国家援外任务的地方部门和地方企业，正是在援外的过程中增加了地方与受援国之间的交流、互动，这在一定程度上为地方企业走向国际社会创造了机会和有利条件。为了更好地开展国际合作，党中央也十分注重妥善处理好援外与对外经济技术合作间的关系。在同亚非拉发展中国家开展经济技术合作时，面对有些项目短期难见效益甚或不得不提供一些无偿援助的问题，他指出我们不能被这种困境束缚住手脚，而是要主动融入，主动进入当地市场。加强与发展中国家的工作，"不能只喊口号，必须拿出一点本钱来，这也是讲政治的一个重要要求和表现"②。

（二）地方在执行援外任务和开展对外经济技术合作时，必须服务于全局

毫无疑问，在改革开放的过程中，地方省市与国际社会的交流日益频繁，合作日益紧密，加之中央部分权力的下放，促使地方省市在外事工作中较为活跃。尤其是对于一些沿海开放"窗口"城市，处在改革开放的前沿，受经济发展和经济利益的驱使，在外事工作中容易超越中央授权的边界，从而造成地方与中央之间的张力。比如，国务院就上海在未经中央的允许下擅自邀请伊朗能

---

① 江泽民文选：第 1 卷［M］．北京：人民出版社，2006：529.
② 江泽民文选：第 2 卷［M］．北京：人民出版社，2006：511-512.

源部部长访问的事宜进行通报批评①，对地方参与国家的外事工作敲响了一次警钟。

以江泽民为代表的国家领导人站在国家与民族最高利益的角度看待外交工作和外事活动，认为"我国外交是总体外交，外交是高度集中统一的"②。一切外事工作必须在中央外交方针政策的指引下展开，否则便不具有合法性。外交外事授权的有限性，对地方省市执行援外任务和开展对外经济技术合作划定了空间与范围，地方必须妥善处理好局部与全局的关系，始终将全局放在第一位，坚持局部服从、服务于全局而决不能行"僭越"之事。

（三）地方在援外和对外经济技术合作中应兼顾经济效益与社会效益

与计划经济时代相比，新世纪之交的对外援助发生了很大变化，寻找援助国与受援国之间的共同利益成为援外工作的重要目标。然而，作为世界上最大的发展中国家和社会主义大国，我国的对外援助与西方发达国家单纯追求经济效益和单纯的"利己主义"又有着本质区别。我们实施的对外援助，是一种互利互赢型的新型援助，虽然在不同的时期侧重点有所不同，但真正通过援助帮助受援国发展、真正使受援国人民受惠的本色不曾改变。以江泽民为代表的国家领导人，在制订新世纪之交的援外战略规划中，同样注重援外的经济效益与社会效益相统一的问题。

在对周边邻国提供援助和开展经济技术合作时，江泽民强调既要合理追求经济利益，也要着眼于长远和全局，避免"急功近利"的问题。对于特别友好的国家，"不要期望从他们那里赚多少钱，有时甚至要舍得付出，继续提供力所能及的帮助，多搞一些投资少、周期短、效益好的项目，包括技改项目，搞好人员培训"③。事实上，在新世纪之交，中国不但加大了对发展中国家的援助力度，还通过增加人力资源开发和技术援助与合作等途径引导欠发达国家的自主发展、独立发展。此外，中国对外紧急人道主义援助的力度不断加大，国内一些省市积极为受到自然灾害和社会性灾害袭扰的国家与地区提供力所能及的救助，并同受援国开展救灾合作，这种援助多具有无偿的性质，充分彰显了我国地方省市在援外和对外经济技术合作中的公益性。

---

① 《朱镕基上海讲话实录》编辑组.朱镕基上海讲话实录［M］.上海：上海人民出版社，2013：399.
② 江泽民文选：第1卷［M］.北京：人民出版社，2006：315.
③ 江泽民文选：第3卷［M］.北京：人民出版社，2006：316.

第二节 上海参与国家援外的新动向

改革开放之后，党和国家各项工作逐步走向正轨，以经济建设为重心的工作路线日益彰显，毫无疑问，国家外交与援外工作服务于这条路线。自开放的大门主动打开之后，我国经济发展的成就得以展现在世界人民的面前，这种具有中国特色的崛起之路和发展模式对发展中国家形成强大的吸引力。

国情世情的巨变，对援外战略调整、援外政策制定、援外工作布局、援外方式改革等均提出了新的要求。过去的援外工作不仅得到党中央的肯定和认可，而且在新时期，援外作为国家外交的必备工具，在联系、团结广大发展中国家中被赋予更加重要的使命，尤其是 20 世纪 80 年代初期，援外"四项原则"提出后，我国的对外经济技术援助逐步走向对外经济技术合作。在这种背景之下，上海参与国家的援外工作也随之发生新的变化，上海除了继续承担国家的援外任务外，也开始探索与受援国之间开展彼此互利的经济技术合作。

一、国内国际环境的新变化

党的十一届三中全会召开之后，"以阶级斗争为纲"的时代走向终结，改革开放的序幕逐步拉开，国家工作的重心转移到经济建设上来。1980 年，邓小平对 20 世纪 80 年代的主要任务进行了预判，认为反对霸权主义以争取和平、收复台湾以实现祖国统一、推进以"四化"为核心的经济建设是 20 世纪 80 年代中国共产党人要做的三件大事，并强调这三件大事的核心是现代化建设。[1]

在推进社会主义现代化建设这个轴心之下，中国的外交政策在继承中催生新的突破。1982 年，邓小平在谈到中国的对外政策时强调："中国的对外政策是一贯的，有三句话，第一句话是反对霸权主义，第二句话是维护世界和平，第三句话是加强同第三世界的团结和合作，或者叫联合和合作。"[2] 但进入 20 世纪 80 年代之后，他又对世界形势做出了新的判断，认为和平与发展逐步成为时代主题，新的世界大战可以避免，对和平与发展形成主要障碍的是霸权主义、强权政治，但世界多极化发展的趋势成为不可阻挡的潮流。正是基于这种正确的判断，我国的外交政策一改过去那种以社会制度和意识形态作为评判国际关

---

① 邓小平文选：第 2 卷 ［M］．北京：人民出版社，1994：239-240.

② 邓小平文选：第 2 卷 ［M］．北京：人民出版社，1994：415.

系的重要标准，而是逐步淡化社会制度和意识形态对外交工作的影响，以追求发展为主要目的，努力加强与世界各国的交往和合作。在对外战略上，我国确立了独立自主的和平外交政策，在坚持奉行和平共处五项原则、反对霸权维护和平的基础上，还致力于通过"南南合作""南北对话"等举措，推动建立国际政治经济新秩序。

在国际社会层面，这一时期，广大发展中国家取得民族独立之后广泛走上了发展民族经济的道路。然而，由于长期遭受帝国主义和霸权主义的殖民统治或剥削，这些国家的工业基础十分薄弱，产业体系不够完整，发展的经验相对欠缺，其民族振兴之路步履维艰。为了弥补"先天不足"的劣势，这些国家希望通过"后天努力"实现弯道超车，因而发展中国家发展的需求较为迫切。

但是，单凭一腔"渴求发展"的热情并不能解决发展中国家自身存在的难题，一些亚非拉欠发达国家在探索各自的发展道路上四处"碰壁"，有的陷入迷途甚或歧路。以非洲发展中国家为例，有些国家选择走西方资本主义的道路，有些国家倾向于苏联的"计划经济"模式。但整体而言，这些道路和模式并没有成功为他们"医好创伤"，更没有帮助非洲国家摆脱贫困。继20世纪70年代非洲出现经济危机之后，20世纪80年代的非洲大陆依然深陷发展的"泥潭"而无法自拔，到20世纪90年代，随着"东欧剧变"和"苏联解体"，非洲的形势也严峻起来。西方某些国家趁机对非洲大陆推行"颜色革命"，以"援助"手段输出其政治、经济、文化等层面的影响，并通过经济的"剪刀差"从非洲攫取经济利益，这些均进一步激发了非洲各国的矛盾，导致各国政局动荡，给原本滞后的经济"雪上加霜"。

在强烈的发展渴求的驱使之下，以及对西方、苏联模式的失望之后，发展中国家尤其是非洲，逐渐将目光转移到中国这边。"他们看到了中国坚持独立自主和改革开放政策的正确性，力图借助中国的力量，捍卫本国主权和发展民族经济。"[①] 这使中国与广大发展中国家之间的关系有了新的内涵，也为我国开展独立自主的外交工作提供了新的着力点。

二、援外工作中的分歧及再调整

国内国际环境的新变化，对我国的援外工作提出新要求，在改革开放政策的引领下，对外援助为国内经济建设服务成为必然趋势。具体到实践层面，该时期，由对外提供单一援助到开展多种形式的经济技术合作，成为我国同第三

---

① 钱其琛. 外交十记 [M]. 北京：世界知识出版社，2003：257.

世界国家经济合作的主要方式。然而这种援外方式的转变和援外共识的形成并非一帆风顺，而是经过了统一思想、调整政策、出台方案等一系列环节。

20世纪70年代中后期，越南和阿尔巴尼亚的反华行为，对我国的援外工作造成很大的负面影响。作为社会主义国家的越南和阿尔巴尼亚，曾一度被中国视为"兄弟国家"和"优先援助"的对象，中国集全国之力为越、阿提供了大量的援助。尤其是援助越南，可以说中国付出了大量的心血。1974年8月3日，周恩来在会见越南副总理黎清毅时指出："从你们抗美救国战争以来，我们一直把援越摆在援外工作首位，至今仍是如此。有的属于贷款，但大部分是无偿的，援越经济、军事总额占我国援外的48%，外汇、粮食都占我援外的首位。"① 但中国的付出，最终换来的却是受援国的嚣张、敌视和挑衅。

这样的结果严重伤害了中国人的内心，1977年6月29日，李先念在谈及中越边界斗争时强调："中越边界斗争是长期的、复杂的。同志们有气，气很大。我们援越共花了二百零二亿。"② 对此，党内一些同志对援外工作产生了一些消极的看法，认为对外援助不一定能够达到团结、交往社会主义国家和发展中国家的目的。加之20世纪70年代，我国繁重的援外任务一度超越国力可正常支撑的限度，部分党内同志认为援外"得不偿失"，甚至一些人片面地认为对外援助是多此一举，援外等于资源浪费。比如，在当时，社会上和一些机关内部对援外工作有以下议论和责难，"搞援外的还是空一点好，援外越多人家反对我们越凶"，"现在搞四化资金很缺乏，你们少干点给别人送钱的蠢事"③。所以在改革开放初期，党内对援外认识上的分歧，成为制约援外工作有序开展的重要因素，而解决这一问题显得刻不容缓。

1979年1月，邓小平在一次会议上就新时期的援外工作发表讲话："应当肯定我们过去援助第三世界是正确的，我们国家经济困难，但是我们还得拿出必要数量的援外资金……具体办法要修改，真正使受援国得到益处。"④ 邓小平的这次讲话，为新时期我国如何开展援外工作提供了方向性指导。1980年3月，全国外经工作会议召开，中央确定了新时期援外工作的基本方针："坚持无产阶

---

① 李连庆. 大外交家周恩来：第6卷［M］. 北京：人民出版社，2016：335.

② 《李先念传》编写组，鄂豫边区革命史编辑部. 李先念年谱：1970—1978：第5卷［M］. 北京：中央文献出版社，2011：494.

③ 上海市档案馆. 积极做好外经工作更好地为四化服务：外经工作情况第十五期［A］. 上海：上海市对外经济联络局，1980.

④ 全国邓小平生平和思想研讨会组织委员会. 邓小平百周年纪念：全国邓小平生平和思想研讨会论文集：中［M］. 北京：中央文献出版社，2005：748.

级国际主义，坚持援外八项原则，认真做好对外援助工作，广泛开展国际经济技术合作，有出有进，平等互利，为促进友好国家的经济发展，为实现我国四个现代化做出应有的贡献。"① 同年 7 月，国务院召开会议研究了对外援助工作，同年 11 月，国务院出台《关于认真做好对外援助工作的意见》，对过去的援外工作进行了总结，阐述了对外援助产生的积极影响，肯定了中央各部门和地方省市援外工作中的成绩与贡献，对援外工作中的问题进行了分析并要求及时改正。同时，在这个文件中，中央要求各部门和地方省市，对于国家已承诺援外的任务，要积极承担，按时、保质、保量地完成。1982 年 1 月 14 日，胡耀邦在中央书记处会议上做了《关于对外经济关系问题》的发言，就新时期如何正确地支援第三世界进行了专门的阐述，并强调不能只算"经济账"而忘了老朋友，"要告诉我们的同志，支援第三世界国家是一个带有战略性质的问题，切不可掉以轻心"②。1983 年 9 月，第六次全国援外工作会议召开期间，中央再次强调援助第三世界的战略意义，并指出各部门、各地方积极承担国家的援外任务是一项政治任务。中央领导人的讲话与援外工作文件的相继出台，全面、客观地解读了我国的对外援助工作，在向全国人民阐述援外意义与援外必要性的基础上，对新时期的援外工作进行了再调整和再部署，对指导全国援外工作的开展以及地方参与国家援外工作均具有重要意义。

三、援外"四项原则"提出后从经济技术援助走向经济技术合作

1982 年 12 月至 1983 年 1 月，赵紫阳在访问非洲 11 国时，提出了新时期同非洲国家开展经济技术合作的四项原则，即"平等互利、讲求实效、形式多样、共同发展"③。

"四项原则"首先是对"八项原则"的继承。从理论出场的层面来看，"四项原则"与"八项原则"一样，都是我国领导人在访问非洲国家时提出的，是中国与广大发展中国家开展经济技术合作的指导性原则。就核心内容而言，"四项原则"与"八项原则"在很多层面有着惊人的一致，比如，都遵循"和平共处五项原则"，秉持平等交往的原则，主张在国与国之间相互平等的基础上开展援助和合作；又如，都坚持不附加任何条件的原则，在援助与合作的过程中，

---

① 上海市档案馆. 关于 1980 年工作总结和 1981 年工作计划［A］. 上海：上海市对外经济联络局，1981.

② 中共中央文献研究室. 三中全会以来重要文献选编：下［M］. 北京：人民出版社，1982：1128.

③ 《怀念周恩来》编辑组. 怀念周恩来［M］. 北京：人民出版社，1986：526.

坚决不设置"霸王条款"与"附加协议"，而是国不论大小、强弱、贫富，都做到真诚相待；再如，都注重引导受援国独立自主地发展，通过援助与合作，切实增强受援国自主发展的能力等。"四项原则"继承了"八项原则"的精髓，是指导新时期我国援外工作的纲领性文件。

但同时，"四项原则"又是对"八项原则"的进一步发展。"四项原则"是在总结过去我国援外工作经验、成败的基础上产生的，并充分考虑了国内国际环境的变化，对指导新时期的援外实践具有较强的针对性，因而与"八项原则"相比，也存在着明显的不同。第一，"四项原则"所讲的"平等互利"，更注重双方利益的获取和利益的分配。与"八项原则"相比，其政治色彩淡化、经济色彩浓厚，但也绝不是不考虑援助中的"政治因素"，而是侧重在平等互利的基础上开展经济技术合作。第二，"四项原则"中的"讲求实效"，对援助国和受援国均进行了一定程度的规制。对援助国来说，援外项目不在于"贪多求大"，而是要充分考虑自身的国情国力，更加强调"量力而行"，注重援外效果而非盲目追求援外规模。对受援国而言，请求的援助项目必须充分考虑本国国情和当地实际，要有利于促进本国经济社会的发展，而非盲目追求大项目、高端项目的上马。对援助国与受援国双方而言，援助是双向互动的，过去中国侧重单方向地帮助受援国而获利较少，现在则强调双方在援助与合作的过程中能够产生共同的"经济利益"，既可使受援国获得利益，也能够促进中国经济建设。第三，"四项原则"中的"形式多样"，要求新时期的援外方式必须有所突破，即不断开发除物资援助、成套项目援助、技术援助之外的其他援外方式。第四，"四项原则"中的"共同发展"，强调的是援助国与受援国双方的共同发展，忽视任何一方的发展则是有悖于双方根本利益的，实现双方共同发展的途径则是通过经济技术合作。

第三节　上海参与国家援外的新局面

根据国家工作重心的转移和对外援助工作的新要求，这一时期，上海除了继续承担国家的援外成套项目任务外，还通过对外承包工程和劳务人员输出等方式积极对外开展多种形式的经济技术合作。同时，对外一般物资援助继续发展，对外紧急人道主义援助进一步展开。

一、对外承包工程迅速展开

对外承包工程，"指我国对外承包公司承包国外建设工程项目、我国援外成套项目、我国驻外机构的工程项目和以服务成果向业主收费的技术服务项目，以及由各对外承包公司提供的成套设备、工程物资等。对外承包工程的营业额是以货币表现的本期内完成的对外承包工程的工作量"①。从 1984 年至 1993 年间，上海市在外承包工程的数量多达 130 个，且整体上呈上升趋势，签订的对外承包工程合同金额、对外承包工程实际营业额、对外承包工程外汇净收入虽然在不同的年份有所波动，但整体上呈现发展态势（详见表 12）。

表 12 1984—1993 年上海在外主要承包工程情况

项目	1984 年	1985 年	1986 年	1987 年	1988 年	1989 年	1990 年	1991 年	1992 年	1993 年
数量（个）	4	7	7	15	9	9	12	23	18	26
合同金额（万美元）	4985	1149	651	4988	10371	4160	3929	7474	12450	18688
实际营业额（万美元）	无	无	683	475	1937	4648	4083	2165	4196	11359
外汇净收入（万美元）	无	无	1	392	2023	1570	2042	1401	2239	不详

资料来源：上海市统计局．上海统计年鉴：1989 ［M］．北京：中国统计出版社，1989：368；上海市统计局．上海统计年鉴：1990 ［M］．北京：中国统计出版社，1990：323；上海市统计局．上海统计年鉴：1991 ［M］．北京：中国统计出版社，1991：343；上海市统计局．上海统计年鉴：1992 ［M］．北京：中国统计出版社，1992：364；上海市统计局．上海统计年鉴：1993 ［M］．北京：中国统计出版社，1993：309；上海市统计局．上海统计年鉴：1994 ［M］．北京：中国统计出版社，1994：103。

其中，1984 年上海主要面向伊朗和泰国承包工程，包括单班手产 10 万只的伊朗皮革球厂 2 个、单班手产 17 万只的伊朗皮革球厂 1 个、泰国住宅建筑 1 个；1985 年面向泰国承包 7 个工程，分别为泰国幸福玻璃厂成套设备、泰国四环素盐酸盐药厂、向泰国提供清钢联棉装置、泰国公路工程、泰国兰日杏大学教学楼、泰国电火局办公楼扩建工程、泰国建楼房；1986 年上海在外承包的工程为伊朗渔网厂、上海展览中心北馆打桩工程、香港 SMS 润滑油厂、泰国边防巡警

---

① 上海市统计局．上海统计年鉴：1987 ［M］．上海：上海人民出版社，1987：426.

署总部大楼停车场、泰国边防巡警署总部大数增层、泰国 2168 号公路、我国驻泰国使馆附属建筑；1987 年上海主要面向美国、澳大利亚、泰国、伊朗、孟加拉国等承包工程，包括美国住宅屋顶工程、美国奥兰多建中国亭子、澳大利亚达令港中国花园、我驻澳大利亚使馆、泰国 1126 号公路、我驻泰国使馆室内装修工程、伊朗建造渔船及其补充项目、伊朗皮革球厂等 15 个项目；1988 年上海在外承包的 9 个工程包括伊朗渔轮转让工程、美国园林工程、美国办公室装修工程等。①

此外，随着综合实力的增强，上海也重点承包了部分规模较大的海外工程，截至 1993 年年底，上海对外承包的工程项目合同金额在 500 万美元以上的项目就有 9 个，包括泰国 BNS 电弧炉工程、中美合资上海达安房产 "801" 工程、菲律宾 Banban 桥工程、中美合资无锡惠飞房产土建工程、浦东外高桥保税区工程、上海新纪元实业公司车间仓库工程等。②

二、援外成套项目重点聚焦发展中国家

首先，在这一时期，上海市继续承担国家援外成套项目的任务，以 "续建" 的形式为朝鲜、孟加拉国、柬埔寨、贝宁、马达加斯加等国家建成了一批成套项目（详见表 13），涉及轻工、纺织、渔业、电力、医药等多个行业，有力地支持了这些国家的经济社会建设。

表 13　1979—1993 年上海重点完成的援外 "续建" 成套项目情况

序号	续建成套项目名称	建设时间	筹建部门	受援国
1	橡胶制品厂	1970—1985 年	上海市化工局	
2	熙川油泵厂	1971—1980 年	上海柴油机厂	
3	超高频电子管厂（39 号）	1974—1980 年	上海灯泡厂	
4	油漆厂（35 号）	1976—1981 年	上海市化工局	朝鲜
5	无线电仪器厂（38 号项目）	1977—1981 年	上无二十一厂、十厂	
6	烽火电子仪器厂	1972—1982 年	上海市仪表局	
7	酚醛胶木车间厂	1975—1982 年	上海市化工局	

---

① 上海市统计局，《上海统计》杂志社. 上海市对外经济统计年鉴：1949—1988 [Z]. 上海：内部资料，1989：208-209.

② 上海市统计局. 上海统计年鉴：1994 [M]. 北京：中国统计出版社，1994：104.

序号	续建成套项目名称	建设时间	筹建部门	受援国
8	米糠浸出油厂	1978—1986 年	上海市粮食局	孟加拉国
9	波拉什尿素肥料厂	1978—1985 年	上海市化工局	
10	磅逊海洋渔业冷冻厂	1971—1979 年	上海市水产局	
11	磅逊港输变电工程	1976—1979 年	华东电管局	
12	柬中友谊纺织厂恢复工程	1976—1979 年	上海市纺织工业局	柬埔寨
13	金边输变电工程	1976—1979 年	华东电管局	
14	塞布雷安占轮胎胶管厂	1976—1979 年	上海市化工局	
15	炼油厂专用油码头工程	1977—1979 年	交通部三航局	
16	贝宁卷烟火柴联合工厂	1975—1984 年	上海市轻工业局	贝宁
17	国营制药中心	1978—1985 年	上海市化工局	马达加斯加
18	塞古棉纺织厂缝纫线车间	1972—1979 年	上海市纺织局	马里
19	海军码头修理	1977—1979 年	三航局	坦桑尼亚
20	单晶硅厂	1971—1982 年	上海市冶金局	罗马尼亚
21	布加勒斯特印刷机械厂	1978—1981 年	上海市机电一局	

资料来源：《上海外事志》编辑室. 上海外事志［M］. 上海：上海社会科学院出版社，1999：428-430，433；《上海对外经济贸易志》编纂委员会. 上海对外经济贸易志：中册［M］. 上海：上海社会科学院出版社，2001：1259，1274-1275，1287-1288；上海市档案馆. 上海市 1980 年对外援助成套项目计划［A］. 上海：上海市人民政府，1980；上海市档案馆. 上海市 1981 年对外援助成套项目计划［A］. 上海：上海市计划委员会，1981；上海市档案馆. 上海市外经局上海市对外援助成套项目计划［A］. 上海：上海市计划委员会，1978—1983。

其次，上海市还以"新建"的形式为朝鲜、尼泊尔、斯里兰卡、阿拉伯也门、马尔代夫、塞舌尔、科摩罗、津巴布韦、埃塞俄比亚、埃及、尼日利亚、布基纳法索、圭亚那、哥伦比亚、苏里南等国家援建了一批成套项目（详见表 14）。这些项目主要以中小型轻工项目为主，大都涉及受援国人民生产生活的需要，为促进亚洲、非洲、拉丁美洲等部分发展中国家工业、农业的发展发挥了重要作用。

表 14　1979—1993 年上海重点完成的援外"新建"成套项目情况

序号	新建成套项目名称	建设时间	筹建部门	受援国
1	咸兴圆珠笔厂	1985—1988 年	上海市轻工业局	朝鲜
2	巴里科蒂造纸厂	1979—1986 年	上海市轻工业局	尼泊尔
3	沼气池技术援助项目	1986—1988 年	上海成套进出口公司	
4	养鱼站扩建	1982—1984 年	上海市水产局	斯里兰卡
5	古拉萨尔第二尿素化肥厂	1981—1983 年	上海市化工局	孟加拉国
6	萨那棉纺织印染厂扩建改建工程	1980—1983 年	上海市纺织工业局	阿拉伯也门
7	机绣厂	1984—1985 年	上海市手工业局	马尔代夫
8	综合工艺学校	1979—1984 年	上海市高教局	塞舌尔
9	人民大厦	1981—1985 年	上海市建工局	科摩罗
10	政府办公大楼	1986—1987 年	上海市建工局	
11	供水工程	1990 年	上海市建工局	
12	总统官邸	1990—1991 年	上海市建工局	
13	成衣厂	1983—1985 年	上海市手工业局	津巴布韦
14	工业缝纫线厂	1989—1993 年	上海市纺织工业局	埃塞俄比亚
15	开罗国际会议中心	1986—1989 年	上海中建工程公司	埃及
16	依托依肯农业项目	1986—1987 年	上海市农业局	尼日利亚
17	奥得培农业项目	1980—1983 年		
18	多里园艺项目	1986—1987 年	上海市农业局	布基纳法索
19	4 个小水坝修复利用工程	1987—1990 年	上海市农业局	
20	沼气技术援助项目	1984—1985 年	上海市农业局	圭亚那
21	植棉项目	1986—1989 年	上海市农业局	
22	小砖厂	1992—1993 年	上海对外经济技术合作公司	
23	种鸭场	1987—1989 年	上海市农业局	
24	淡水养虾技术	1985—1987 年	上海成套公司、上海水产研究所	哥伦比亚
25	体育馆	1985—1987 年	上海中建工程公司	苏里南
26	稻壳煤气发电站	1987—1992 年	上海市粮食局	
27	友谊成衣厂	1983—1985 年	上海市建工局	苏丹

续表

序号	新建成套项目名称	建设时间	筹建部门	受援国
28	国营制药中心	1982—1984 年	上海市医药工业公司	马达加斯加
29	农业水利项目	1984—1988 年	上海市外经公司	阿尔及利亚
30	麦迪亚外科医疗器械厂	1979—1980 年	上海浦江电表厂等	

资料来源：《上海外事志》编辑室.上海外事志 [M].上海：上海社会科学院出版社，1999：429-431，433-434；《上海对外经济贸易志》编纂委员会.上海对外经济贸易志：中册 [M].上海：上海社会科学院出版社，2001：1275-1277；上海市档案馆.上海市 1980 年对外援助成套项目计划 [A].上海：上海市人民政府，1980；上海市档案馆.上海市 1981 年对外援助成套项目计划 [A].上海：上海市计划委员会，1981；上海市档案馆.关于报送《上海市 1979 年对外援助成套项目计划》的通知 [A].上海：上海市对外经济联络局，1979；上海市档案馆.上海市 1983 年对外援助成套项目建设计划 [A].上海：上海市计划委员会，1983。

最后，围绕援外成套项目，上海市也积极对外提供技术援助并与受援国开展技术合作。1979 年，上海市轻工业局承担我国向罗马尼亚提供年产 1 亿支铅笔生产线、火柴生产线以及糖果包装纸（食用淀粉纸）三个项目的筹建任务，而援罗马尼亚年产 600 万吨只塑料卷笔刀生产线项目的筹建任务，由上海市手工业局承担。① 同年，上海市手工业局承担我国援助利比里亚木器家具厂的筹建和设计任务。② 同年，经中央批准，上海市城建局、机电一局、交通局共同派遣机修技术人员，对北也门公路局机修厂进行技术指导并展开技术合作。③ 同年，上海市水产局承担对叙利亚养鱼、捕鱼技术合作的可能性考察任务。④ 同年，上海市轻工业局承担援助南斯拉夫巧克力厂、圆珠笔厂生产技术合作成套项目的筹建任务，上海市手工业局和上海市机电一局承担援助南斯拉夫木螺丝元钉与卷笔刀工艺设备生产线的筹建任务。⑤ 同年，上海市对外经济联络局

---

① 上海市档案馆.关于同意承担与罗马尼亚生产技术合作项目的函[A].上海：上海市对外经济联络局，1979.

② 上海市档案馆.关于下达援利比里亚木器家具厂筹建和设计任务的通知[A].上海：上海市对外经济联络局，1979.

③ 上海市档案馆.关于承担北也门公路局机修厂技术合作任务的通知[A].上海：上海市对外经济联络局，1979.

④ 上海市档案馆.关于同意承担对叙利亚渔业考察任务的复函[A].上海：上海市对外经济联络局，1979.

⑤ 上海市档案馆.关于同意承办向南斯拉夫提供成套项目的函[A].上海：上海市对外经济联络局，1979.

派遣 4 名缝纫技术人员（外加 1 名翻译人员）赴利比里亚传授西装、翻领衫等设计、制作技术。①

1980 年，农业部要求上海市选派 1 名蘑菇种植技术人员赴苏里南参加考察。② 1981 年，根据中国与斯里兰卡两国政府关于养鱼专家问题的换文规定，由我国派遣 2 名淡水养鱼专家和 1 名翻译人员对斯里兰卡乌达瓦拉维淡水鱼养殖试验站进行技术指导，并提供激素、鱼苗等少量物资，该项目由上海市承担。③

上海市还通过多边援助的方式，对外提供经济技术援助。1979 年，上海市粮食局承担以联合国名义援助泰国碾米厂的考察任务。④ 截至 1982 年年底，上海市已同 18 个国家⑤开展了双边科技合作，主要通过互派考察组、互聘专家、互相提供技术资料和苗木、种子的方式进行技术交流，这种合作方式具有花钱少、收效快、形式多样、机动灵活的特点，既有助于双边技术水平的提升，也增进了彼此间的友谊。

此外，围绕国家援外成套项目的需要，上海市也为一些受援国提供了必要的成套设备援助。比如 1984 年，我国援助孟加拉国化肥厂项目由我方供应安装材料和主要设备，上海重型机器厂为该项目承制扒料机 1 台⑥，为援孟化肥厂的顺利建成发挥了重要作用。

三、对外一般物资援助继续发展

这一时期，上海继续承担国家对外一般物资援助任务，为广大发展中国家提供了必要的物资支持。1980 年，经中共中央对外联络部批准，中华全国总工会给予加纳工会 2500 件汗衫的援助，价值 5000 元，该任务具体由上海市第一百

---

① 上海市档案馆.关于同意承担派遣缝纫专家科技合作项目的复函［A］.上海：上海市对外经济联络局，1979.

② 上海市档案馆.关于请选派蘑菇种植技术人员赴苏里南进行考察的函［A］.北京：中华人民共和国农业部，1980.

③ 上海市档案馆.关于请承担斯里兰卡淡水鱼养殖试验站技术指导任务的函［A］.北京：对外经济联络部，1981.

④ 上海市档案馆.关于同意承担以联合国名义援泰碾米厂考察任务的复函［A］.上海：上海市对外经济联络局，1979.

⑤ 上海市档案馆.1983 年对如何开创新局面的设想［A］.上海：上海市对外经济联络局涉外处，1983.

⑥ 上海市档案馆.化学工业部、机械工业部、对外经济贸易部关于要求安排援助孟加拉国化肥厂扒料机按时交货问题的函［A］.北京：中华人民共和国化学工业部，中华人民共和国机械工业部，中华人民共和国对外经济贸易部，1984.

货商店承办。① 同年，国家体委承担援助冈比亚体育场、宿舍需要窗帘用料 2384 米，上海市第一商业局协助安排了一批用料，包括白乔其纱 241.68 米、缎绸 40.8 米、花绸 1341.6 米、高级捏花绸 360.12 米、白绸 275.12 米。②

1982 年，我国以"中国共产党"的名义援助莫桑比克党一批物资，其中上海市第一商业局供应了价值 20810 元的物资，包括铁熨斗 100 个，价值 100 元；28 式男款自行车 40 辆，价值 6800 元；衬衫 100 件，价值 1200 元；布鞋（成人男、女及儿童用）500 双，价值 2500 元；铅笔 1000 打，价值 1000 元；拍纸本 1000 册，价值 800 元；小五金（钳子、锤子、木工手锯、钢卷尺、活搬子）180 件，价值 2000 元；球类（足球 100 个，篮、排球各 20 个）1000 元；足球衣、裤、袜 60 套，价值 1800 元；纸类（胶版纸、宣传广告纸等）2000 元；印刷油墨 900 元；相纸 10 盒，价值 320 元；相纸用显、定影粉各 500 包，价值 200 元；胶片 5 盒，价值 150 元。③ 同年，中华全国总工会决定援助马里工联价值 3000 元左右的一个足球队的准备器材和一套广播器材，援助扎伊尔工联价值 3000 元左右的缝纫机和儿童服装，援助莫桑比克工会价值 5000 元左右的自行车和油印机等，这些物资大部分由上海商业局购置。④

四、对外紧急人道主义援助进一步展开

这一时期，上海市除了对我国周边国家提供紧急人道主义援助外，更将目光放眼于全世界，关心关注全球性问题，积极对世界上灾害多发、频发的国家和地区提供紧急人道主义援助。

1979 年，佛得角爆发粮食危机，中国政府通过中国红十字会总会与上海市红十字会赠送佛政府 1000 吨小麦，并由上海市粮食局灌包后交上海市粮油进出口公司办理外运。⑤ 同年，为救济在泰国的柬埔寨难民，我国决定援助泰国一

① 上海市档案馆. 中华全国总工会关于要求给加纳工会代表团援助二千五百件汗衫的函 ［A］. 北京：中华全国总工会，1980.
② 上海市档案馆. 商业部特需局关于援助冈比亚体育场窗帘用料 2384 米的函［A］. 北京：商业部特需局，1980.
③ 上海市档案馆. 商业部外事局关于请供应莫桑比克解放阵线党一批援助物资的函［A］. 北京：商业部外事局，1982.
④ 上海市档案馆. 中华全国总工会关于援助马里、扎伊尔、莫桑比克工会物资的函［A］. 北京：中华全国总工会，1982.
⑤ 上海市档案馆. 中国红十字会总会、上海市红十字会关于援助佛得角粮食事宜的情况汇报、函［A］. 北京：中国红十字会总会，1979.

批紧急物资，其中上海市捐赠药品 4 万元、罐头食品 4 万元、布匹 2 万元。①

1982 年，为救济在巴基斯坦境内的阿富汗难民，我国决定提供一批药械援助，其中上海市赠送价值 2 万元的药品和医疗器械。② 同年，我国政府以中国红十字会的名义向巴勒斯坦红新月会援助 20 吨药品和器械，这些物资均在上海配药和调拨。③ 同年，我国政府无偿援助几内亚比绍政府 1000 吨大米，向津巴布韦捐赠价值人民币约 5000 元治疗麻风的药品，并为救济北也门灾民向北也门政府提供价值人民币 3 万元的药品共计 3 吨，这些物资均在上海调拨。④ 同年，中国红十字会向黎巴嫩红十字会提供价值人民币 20 万元的药械共计 20 吨，也安排从上海调拨。⑤

第四节 "承包责任制"下上海参与国家援外的多元互动模式

随着对外援助中"经济属性"的彰显，完善援外管理工作、提升援外工作效益成为无法回避的问题。在援外机构整合与组建方面，对外经济贸易部成功设立并被赋予新的职责。随之，"承建部负责制"被"承包责任制"取代，承包单位的能动性也被进一步激发。在地方参与国家援外模式不断创新的过程中，上海参与国家援外的多元互动模式随之形成。

一、对外经济贸易部的设立及其职责

改革开放之后，提升援外管理工作效率成为国家机构改革的重要内容，为解决之前援外工作受多部门管理、交叉重叠管理带来的效率不高问题，1982 年，

---

① 上海市档案馆.中国红十字会总会、上海市红十字会关于援助泰国罐头、药品器械等物资的清单、函[A].北京：中国红十字会总会，1979.
② 上海市档案馆.中国红十字会总会关于委托上海市红十字会办理援助在巴基斯坦境内阿富汗难民药械的通知、函[A].北京：中国红十字会总会，1982.
③ 上海市档案馆.中国红十字会总会关于援助巴勒斯坦红新月会药品和器械的函[A].北京：中国红十字会总会，1982.
④ 上海市档案馆.中国红十字会总会、上海市红十字会关于援助几内比绍大米、津巴布韦和北也门药品的通知、函[A].北京：中国红十字会总会，1982.
⑤ 上海市档案馆.中国红十字会总会关于援助黎巴嫩二十吨药械的函[A].北京：中国红十字会总会，1982.

中央对国家进出口管理委员会、对外经济联络部、对外贸易部、外国投资管理委员会四大机构进行整合，合并设立对外经济贸易部，并在对外经济贸易部下设置对外援助局。对外经济贸易部归口管理对外经济技术合作以及对外贸易工作，对外援助局则主管援外工作，在对外办理和组织实施经援项目时，由中国成套设备出口公司对外充当对外经济贸易部的法人，在业务上，中国成套设备出口公司由对外经济贸易部直接领导。

对外经济贸易部在援外管理方面的主要职责是："在国务院领导下，贯彻执行党和国家的有关方针、政策，研究拟定国别援助方案，办理政府间的经援协议；经国务院授权，向有关部门和省、自治区、直辖市人民政府下达经援项目的承建、筹建任务和其他经援任务，组织落实经援项目承包任务；编制对外经援计划，管理援外资金；组织有关公司执行物资援助任务；审批经援项目的设计、总概算、对外合同价格；督促经援项目的实施，办理对外移交；编制援外物资的申请计划，组织订货；监督有关单位贯彻执行国家的援外方针政策、规章制度和履行对外协议；协调各部门、各地区的工作关系；组织调查研究，拟定援外法规，总结经验，改进工作。"① 在地方层面，对外经济技术援助工作由省、自治区、直辖市的归口管理部门负责，在对外经济贸易部的统筹协调下，共同做好援外工作。

二、承包责任制的形成

不可否认，在特定的历史时期，"承建部负责制"在援外工作中发挥了重要作用，但这种体制侧重用单一的行政手段来管理经援项目，对经济因素往往忽视，容易导致下级部门责任落实不到位、"吃大锅饭"等问题的滋生。改革开放之后，随着国家经济体制的变革，探索以行政手段与经济手段相结合共同管理经援项目的新模式成为国家较重视的议题。1980 年，对外经济联络部颁布《关于对外经援项目试行投资包干制的暂行办法》，开始探索实施投资包干制②，并在一些新上马的经援项目中率先试行。为进一步完善这项制度，1983 年，对外

① 石林，等. 当代中国的对外经济合作［M］. 北京：中国社会科学出版社，1989：81-82.

② 投资包干制是指：国家把实施某个经援项目的全部工作包给一个部门或地区，由其全面负担经济技术责任。在国家统一计划、援外方针政策和规章制度、对外协议范围内，承包单位对项目实施的管理享有一定的自主权。项目所需费用按照对外商定的合同价格和上述"暂行办法"的规定，由承包单位包干使用。详见：石林，等. 当代中国的对外经济合作［M］. 北京：中国社会科学出版社，1989：89.

经济贸易部颁布《对外经援项目承包责任制暂行办法》，要求在新上马的项目中普遍推行承包责任制，同时在尚未完成的项目和个别新项目中，依旧允许"投资包干制"和"承建部负责制"。为了更好地贯彻"政企分开、简政放权"原则，1985 年，对外经济贸易部将部分管理权限下放至中国成套设备出口公司，由其统一负责援外项目的组织实施。与此相适应的是，在地方层面，省级地方政府也将项目实施交由其所属的国际经济技术合作公司负责办理。

在承包责任制下，对外经济贸易部主要负责援外宏观层面的管理，如制订援外计划、拟定国别援助方案、组织援外项目考察、负责建章立制等工作。中国成套设备出口公司则在对外经济贸易部的领导下，负责商签援外项目实施文件、落实承包单位、审批援外项目设计及项目拨款、对承包单位进行监督等工作，并与承包单位签订承包合同。承包单位一般是国务院有关部门、省、自治区、直辖市所属的国际经济技术合作公司或国有企业、事业单位，由国务院有关部门或地方人民政府对其进行领导、管理、监督和协调，并帮助解决本地区或本部门承包单位与分包单位之间的矛盾、分歧等问题。承包单位和分包单位分别根据承包或分包合同开展项目选址考察、落实施工、向受援国递交工程图纸及有关技术资料等工作。承包单位和分包单位根据实际需要，确定具体的承包执行单位和分包执行单位，承包单位与承包执行单位有时相同、有时不同，分包单位与分包执行单位亦然（见图3）。

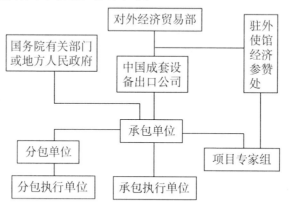

图3　"承包责任制"下地方参与国家援外的多元互动模式①

中央与地方援外管理体制的进一步变革，简化了程序，提升了效率。尤其

---

① 此图参考借鉴了承包责任制管理体制图，详见：《上海对外经济贸易志》编纂委员会. 上海对外经济贸易志：下册［M］. 上海：上海社会科学院出版社，2001：2208。

是与之前相比，承包责任制是对"投资包干制"的进一步完善，它强调政企分开，允许承包单位可以是中央部门，省、自治区、直辖市所属的国际经济技术合作公司或国有企业、事业单位。这项制度在明确承包单位经济、技术责任的同时，也进一步扩大了承包单位的自主权。此外，与过去相比，承包责任制的承包方式与承包范围比较灵活，可以全包，也可以承包一部分。总之，这项制度有利于确保承包单位的独立经营和自负盈亏，从而激发承包单位的能动性，进而在整体上提升项目效益、节约国家资源。

三、上海参与国家援外的多元互动模式

按照"承包责任制"的有关要求，由中国成套公司上海分公司和上海市外经公司协助中国成套设备出口公司完成经援任务。上海市经援项目的实施，由中国成套公司上海分公司和上海市外经公司共同办理，中国成套公司上海分公司负责经援项目的实施、设备供应、材料供应等，上海市外经公司负责物资供应等业务。

根据"承包责任制"的一般性要求，并结合当地实际，上海市政府对援外管理体制做了如下完善。第一，经援成套项目试行投资包干后，属于上海市直接承担的项目，由上海市外经局抓总，并由上海市承担筹建、设计、施工、安装的单位分包。采用严格的合同制形式规范总包单位与分包单位之间的关系，以明确各自的经济、技术职责。第二，由上海市外经局统一归口管理本市对外承包工程，提供技术服务（含劳务服务）、对外提供成套设备等业务，并会同有关单位研究，报上海市政府审批，对外签订合同。由上海国际建筑工程公司出面签订有关单纯承包建筑施工、提供施工力量的合同，其他承包工程，提供技术服务（含劳务服务）、成套设备业务，则以中国成套设备出口公司上海分公司的名义签订合同。第三，可以通过银行的"专项贷款"来解决因承包上述各项业务所需的周转资金问题，但要按期归还本息。第四，上海市直接承建的经援成套项目和对外承包工程项目所需的各种标准机电设备与统配材料，通过全国性的援外设备、材料订货会议进行解决。所需各种非标准设备和非统配物资，凡本市生产的由市计委列入本市计划，专项安排生产，并优先供应，这方面的生产任务由市外经局与有关局联系落实。外地生产的，则由市外经局向外经部申请解决。第五，与联合国渠道有关的各项经济技术合作，均仍由上海市外经

局归口管理。①

新的援外管理体制的实施与完善，为援外工作的顺利展开提供了重要保障。在"承包责任制"下，上海参与国家经援工作的流程大致分为如下七个阶段②。

第一阶段，立项。根据援助国与受援国之间的经援协议，研究受援国的要求，拟定援助方案，报送国务院批示后，两国政府进行换文。援外任务下达后，由中国成套设备出口公司、外经贸部援外局、驻外使馆、上海外经贸委协调进行信息分析和筛选，主要是对项目内容、上海的承担能力、对方国情等因素进行考察，"排除"则终止项目，"入选"则进行至下一阶段。

第二阶段，资格预审。就承接能力、承包范围、合作方式、合作条件等因素落实内联单位，并编制资格预审表。在综合考察实施单位情况、以往类似经历、技术人员装备情况、拟投入技术力量的基础上，做出决定。"落选"则终止项目，"通过"则进入下一阶段。

第三阶段，考察设计投标。围绕设计单位简介、考察组成员、考察投资提纲、报价等因素编制设计考察投标书。"落标"则终止项目，"中标"则签订内部承包合同，进入下一阶段。

第四阶段，设计考察。通过考察，围绕两国合作领域、选择建设地址、拟定建设方案、搜集设计资料等领域，编制考察报告，进行项目设计（包括方案设计、初步设计、施工图设计），通过送审，签订项目设计交接书。

第五阶段，施工阶段投标。围绕施工单位介绍、施工方案、工料费概算、建设周期等因素编制标书，进行投标。"落标"则终止项目，"中标"则签订内部承包合同，迈入下一阶段。

第六阶段，项目实施。进行国内施工准备，包括施工组织设计、组织施工队伍、设备材料订货等。同时进行国外施工准备，包括现场准备工作计划、组织当地机料工等。进而组织设备材料发运、开展项目施工管理、开展设备安装调试、进行试生产，并做好技术培训工作。

第七阶段，项目验收、移交及结算。依次进行项目验收、项目移交、项目结算后，对项目进行总结。至此完成全部任务。

---

① 上海市档案馆. 上海市政府批转上海市对外经济联络局关于外经工作情况的报告［A］. 上海：上海市人民政府，1980.

② 《上海对外经济贸易志》编纂委员会. 上海对外经济贸易志：下册［M］. 上海：上海社会科学院出版社，2001：2209-2211.

第五节　上海参与国家援外的多重效应

新时期，上海参与国家援外工作取得了一系列的新成效，通过对外经济技术援助与经济技术合作，不但加强了中国与受援国之间的经济互惠，增进了中国与发展中国家之间的政治互信，同时也扩大了上海在国际社会的影响力。

一、加强了中国与受援国之间的经济互惠

进入 20 世纪 80 年代，"发展经济"成为中国与第三世界国家共同的追求目标。在我国，动荡的十年"文革"对国民经济的发展造成较大影响，而"以阶级斗争为纲"路线的终结，使国内长期被束缚的力量获得解放，各种驱动经济发展的要素竞相奔流，对外援助作为外交重要工具之一，当然也是服务国内经济发展的要素之一。在世界上，尤其是广大的亚、非、拉国家和地区，贫穷落后的状况尚未发生实质性改变，如何实现快速发展成为这些国家唯一的出路。作为发展中的社会主义国家，中国在改革开放之后，在不断拓展"朋友圈"的同时，并未忘记"老朋友"，加强与第三世界国家的团结和合作依然是中国对外工作的基本立足点。在实践层面，中国继续通过对外援助等方式，一如既往地支持亚、非、拉国家和地区的经济建设与社会发展，尽力帮助这些国家改善自身的民族经济状况。

从上海参与国家援外的实践来看：一方面，上海继续承担国家下达的援外成套项目任务，为亚洲、非洲、拉丁美洲、东欧部分社会主义国家和民族主义国家援建了大量的工程项目，涉及轻工、化工、水产、粮食、电力、农业、纺织等诸多领域，这些成套项目的建成或开设，不仅解"燃眉之急"，更"惠泽长远"，往往成为支撑受援国长远发展的基础性工程，对促进受援国经济发展起到较大的推动作用；另一方面，上海积极响应国家的号召，主动开拓对外承包工程与劳务合作业务，以援助带动合作，从单一的对外经济技术援助走向援外与合作并举之路，在帮助受援国发展经济的同时，也增加了国内相关产品和物资的出口，为国家和企业创收了外汇，实现了中国与受援国之间的经济互惠。

尤其在对外承包工程与劳务合作方面，上海发挥了重要作用。按照"平等互利、讲求实效、形式多样、共同发展"的原则，上海积极与第三世界国家开展经济技术合作，比如，上海与泰国、新加坡等国开展了合资经营和技术合作，涉及农业养殖、工业、服务业三个层面。有关统计表明，"到一九八八年底止，

上海已同 9 个国家和地区签订了包括建厂、建造公路、提供工业成套设备，以及在建筑、轻工、纺织、机电、医疗等方面提供劳务、技术服务的 100 多个承包工程和劳务合作合同"①。这些工程和项目的签订，既有力地支持了发展中国家的经济建设，也为上海的企业和产品走出国门、走向世界提供了契机。

二、增进了中国与发展中国家之间的政治互信

在国际现实主义大师汉斯·摩根索看来，对外援助本质上是政治性的，其战略目标都是为了维护和促进国家利益。②放眼全球，对外援助服从、服务于维护国家利益的需要是绝大多数主权国家对外战略的主要考虑。毋庸讳言，我国的对外援助作为外交工具之一，同样有着配合国家对外工作、实现国家对外战略利益的考虑，但中国的对外援助有别于西方国家，具有自身鲜明的特点，是一种互利共赢型援助。在计划经济时代，中国的对外援助着眼于反帝、反殖、反霸斗争的需要，中国对第三世界国家的支援，旨在帮助这些国家尽快获得民族独立、巩固民主运动成果和帮助发展民族经济，从而壮大世界上反对帝国主义和霸权主义的力量。改革开放后，中国继续把履行无产阶级国际主义义务作为时代重任，在尊重对方主权、不干涉他国内政、平等对待、不附加任何政治条件、引导受援国自主发展等原则下，继续向广大发展中国家提供力所能及的援助，用以支持受援国经济社会建设，并通过经济技术援助与经济技术合作并举的方式，寻找彼此的共同利益，实现双方的互利共赢。可以说，中国对外援助的立场、原则、动机自始至终是一致的、鲜明的，这种基于"平等"基础上的不附加任何条件的新型援助，在历史时期和当今社会均备受受援国的好评，成为增进中国与发展中国家之间政治互信的"润滑剂"和"助推器"。

上海作为中国的大城市之一，在承担国家援外任务的过程中，将这种互利共赢型援助展现得"淋漓尽致"，广受第三世界国家的赞同与好评，为我国在国际社会树立良好的国家形象做出了重要贡献。比如，在承担援外任务中，上海向受援国展示了过硬的技术和水平，为我国赢得了良好的赞誉。以上海与其他省份联合协作援建的朝鲜油泵油咀厂项目为例，朝方对我国提供的设备和投产后产品符合设计要求，以及技术培训的质量都比较满意，评价较高，说我国产品超过苏联，填补了朝鲜的空白，并认为这个厂是朝鲜的一个现代化工厂，也

① 上海市人民政府外事办公室《上海外事志》编辑室.上海外事四十年：1949—1989 [Z].上海：内部资料，1990：85.

② MORGENTHAU H. A Political Theory of Foreign Aid [J].American Political Science Review, 1962, 56（2）：301-309.

是中朝友谊的象征，对此金日成主席亲自将产品定名为"台星号""延丰号"，并以他的名义，二次对我技术组授勋。① 又如，上海在参与国家援外活动中，坚持真正的"授人以渔"，帮助受援国增强独立发展、自主发展的能力。以这一时期上海为罗马尼亚培训的单晶硅实习生项目为例，上海第二冶炼厂在接到国家下达的培训任务后高度重视这项工作，制定专门的培训方案，根据罗马尼亚实习生的实际技术水平进行"因材施教"，毫无保留地传授技术，普遍提升了罗马尼亚实习生的科学理论知识与业务技术水平。罗马尼亚实习生表示："硅材料生产，欧洲搞得最早，但是他们作为专利保密，技术上卡我们。而中国伸出友谊之手，师傅也一点不保守，不厌其烦地教，尽全力把知识传授给我们，这说明我们友谊是牢固的。"② 再如，在我国援建的贝宁体育场项目中，由上海市负责承担电话、电缆部分协作任务，经过中、贝双方联合验收，贝方认为体育场造型优雅、精工细作、布局和谐；在援马里卷烟火柴公司卷烟厂技术合作项目中，在我方技术人员的指导下，马方工人不仅能掌握操作技术，还学会排除故障，使生产稳步上升。③ 不难发现，上海参与国家的援外工作，不但有助于延续中国与第三世界国家之间的传统友谊，也为新时期中国对发展中国家顺利开展外交工作贡献了地方力量，成为增进中国与发展中国家之间政治互信的积极要素。

三、扩大了上海在国际社会的影响力

因历史原因以及独特的地理位置等因素，上海市工业基础雄厚、产业体系完备、科技水平先进，在历史时期曾被视为新中国的"王牌"城市。改革开放后，上海市又作为国家首批 14 个沿海开放城市之一，成为我国对外开放的前沿地带，在发展外向型经济中又获得了进一步的发展，可以说在长三角地区乃至全国范围而言具有举足轻重的地位。上海在全国的分量使其被赋予更多的职责与使命，在对外援助领域也是如此。可以说，上海市在参与国家的援外工作中立下了汗马功劳，上海援建的一些工程项目、派遣的援外医疗队、提供的援外成套设备等逐渐被受援国认可，在发展中国家乃至国际社会上具有一定的知名度。有关资料显示："历年来，上海承担的经援任务较重，包括工业、交通、基

①　上海市档案馆 . 关于上海市 1980 年对外援助成套项目计划执行情况的报告［A］. 上海：上海市对外经济联络局，1980.

②　上海市档案馆 . 罗马尼亚单晶硅实习生工作情况：外经工作情况第二十五期［A］. 上海：上海市对外经济联络局办公室，1979.

③　上海市档案馆 . 上海市外经局对外援助成套项目计划执行情况报告［A］. 上海：上海市对外经济联络局，1982.

建、农业、教卫、粮食、渔业以及出国医疗队等各类中小型项目，最高年度投资计划达一亿七千万元，工程项目遍布亚、非、欧洲二十七个国家，在国际上有一定影响。"①

上海市始终遵循国家援外工作的各项要求，并根据受援国的实际状况，大力弘扬中国对外援助的理念，充分发挥自身的技术优势，以高尚的精神、严格的要求、过硬的技术不断塑造上海在受援国乃至国际社会的影响力。

以上海市城建局水文地质大队（后改为规划局水文地质处）承担的援助坦桑尼亚打井技术合作项目为例，上海不仅为坦桑尼亚打井，帮助坦方民众解决现实的生活难题，更注重"授人以渔"，先后为坦方培训大批钻探技术人员与机修技术人员，使受援国人民独立掌握打井的技能，这在当地为上海的水文地质队赢得较好的口碑。上海援外打井工作队技术高超，通过施工与培训相结合的方式，在现场实战教学中为坦桑尼亚修复了一口经过其他国家专家多次修理无效的"废井"，进一步扩大了上海市在坦桑尼亚人民中的良好形象。此外，上海打井技术组能积极主动与坦方地方政府协作配合，发挥坦方的积极性，工作中注意既不强加于人，又不包办代替；遇到问题耐心协商，积极建议，具体指导，赢得了坦方官员的尊重和支持，效果比较显著；技术组内部坚持艰苦奋斗，勤俭办援外的优良传统，在工作中从大处着眼，小处着手，精打细算，修旧利废，点点滴滴节省援外开支；生活上从简，作风上从严，以实际行动贯彻援外八项原则，受到了坦方政府和人民的好评。坦桑尼亚主管该合作项目的水电部人事局局长斯威里，在召开的欢送上海市城建局水文地质大队工作组的招待会上曾称赞道，"中国专家住的是铁皮房子，工作在野外，16 人仅有两辆小车，若是其他国家专家 16 人就要 16 辆小车，中国专家这种艰苦奋斗的精神是值得学习的……坦桑尼亚学员在不到两年的时间里，就学会了打井技术，并且仅用 20 天的时间就打了一口水井，中国专家培训方法好，肯教技术，为他们培养了技术骨干"②，并希望中国的专家能再来坦桑尼亚提供帮助。

---

① 上海市档案馆.关于扩大对外经济技术合作任务归口管理的请示［A］.上海：上海市对外经济联络局，1979.

② 上海市档案馆.援坦桑尼亚打井技术合作任务胜利完成：外经工作情况第二十四期［A］.上海：上海市对外经济联络局办公室，1979.

第六章

上海参与国家援外的评析

从 1950 年上海开展轰轰烈烈的抗美援朝运动，到 1993 年上海参与国家援外工作走向"理性""务实"的阶段，40 余年的风雨路程，展现了上海作为重要的"次国家行为体"，对亚洲、非洲、拉丁美洲、东欧发展中国家以及其他国家和地区提供援助的立体画卷。伴随着国内外环境的改变和国家外交工作的调整，上海参与国家对外援助的目标、规模、内容、方式均发生了显著变化，但总体而言，上海通过积极承担国家的援外任务、及时落实国家的援外政策、不断探索和创新援外模式，为维护中国的国家利益、配合中央的外交工作、提升中国的国际地位发挥了重要作用。实践证明，上海作为"次国家行为体"开展对外援助，是我国对外援助事业的重要组成部分，也是参与国家对外援助不可或缺的重要主体。

在上海参与国家对外援助的历程中，既有自身特点和成功经验，也有工作上的失误和教训，但实现国家利益、维护国家利益始终是上海参与国家援外的主要目标。借助对外援助这一工具，上海较好地实现了这个目标，为推动我国政治、经济、社会建设与发展，做出了应有的贡献。同时，需要看到，在不同的历史时期，上海对外援助关注的国家利益侧重点是不同的。在计划经济时代，上海参与国家援外旨在维护国家安定与国家政治利益，进入改革开放时期，上海参与国家援外重在服务于国家经济建设与经济利益。此外，通过对外援助，上海在维护国家根本利益的同时，也注重谋求自身发展，尤其是改革开放之后，上海在对外经济技术援助与对外经济技术合作中，也开始重视运用"两种资源""两个市场"来发展地方经济，甚至一度出现了与国家"争利"、片面强调经济利益的不良倾向。

评价和分析上海参与国家的对外援助，既需要对不同的历史时期上海参与国家援外的教训及其补救举措进行客观解读，更需要我们从援外理念、援外主体结构、援外渠道、援外机制、援外宣传等层面进行深入思考，找出"共性"的、带有"普遍性"的问题，对"次国家行为体"如何更好地参与国家的对外援助提出改进建议与思路。

第一节　实现国家利益：上海参与国家援外的核心目标

"一般地讲，国家利益是指民族国家追求的主要好处、权利或受益点，反映这个国家全体国民及各种利益集团的需求与兴趣。"① 对"国家利益"这一概念的界定，既要考虑固定的、不变的内容，也要顾及内生变量与外生变量要素的影响。那些固定的、不变的内容，如地缘位置、土地、资源等因素左右着一个国家的对外战略走向；国家的内生变量，如生产力发展水平、对外开放程度等因素决定着国家的外交政策；而国家的外生变量，如国际环境、大国关系、世界焦点问题等对主权国家实施什么样的外交政策具有重要影响。

从国家利益的概念来看，国家利益对一个国家的存在和生存具有不可或缺的作用，因而，国内、国外政治活动应该充分考虑国家利益的实现。正如有学者认为的那样，"国家利益既是一切政治活动的出发点与归宿点，也是公共利益在域外延伸的子集（subset）"②。国家外交和对外援助作为国内政治的延续以及主权国家对外政治活动的重要体现，必须将实现和维护国家利益作为出发点与落脚点，唯有如此，才能确保一个国家在激烈的国际竞争和残酷的国际丛林规则中屹立不倒。

然而，国家利益是可以分类的，根据不同的标准可以分为不同的类别，诸如军事利益、政治利益、经济利益、文化利益等，这些均是构成国家利益的重要组成部分。在不同的时期和不同的环境条件下，不同类别的国家利益具有不同的重要性，在利益实现与利益维护层面也具有先后之分和轻重缓急之别。国家利益是一个动态变化的过程，不同类别的国家利益处在一种"此消彼长"的状态中，其中居于主导地位的往往只有一个，即最高国家利益。国情的差别、国家工作重心的差异以及外部威胁的变化，往往决定着当局对最高国家利益的研判，相关的国家资源配置和对外政策实施必然围绕之，为之服务。比如，当一个主权国家面临战争威胁时，反抗侵略、保卫国家安全和社会安定是最高的国家利益，也是主权国家的第一要务；当和平与发展成为时代主题之后，改变国家贫穷落后的状况，积极发展经济、追求经济利益成为主权国家面临的头等

---

① 王逸舟. 国家利益再思考［J］. 中国社会科学，2002（2）：161.
② 冯旺舟，肖银洁. 超越修昔底德陷阱还是实现帕累托最优：论习近平的国家利益观及其现实启示［J］. 湖北社会科学，2020（2）：27.

大事。

从 1950 年到 1993 年，上海在参与国家的对外援助中历经了风雨，也收获了喜悦。在不同的历史时期，上海通过积极承担国家的援外任务，有效地维护和实现了国家利益，也在援外过程中逐步寻找到新的发展契机，利用国际资源进一步壮大、发展了地方经济。然而，上海作为"次国家行为体"的重要一员，其实施对外援助与开展对外经济技术合作，是以国家"赋权"为基础和前提的，这就决定了上海的对外援助必须与国家整体的援外战略相一致，必须坚持始终将"国家利益"放在第一位。

实践证明，上海在参与国家的对外援助中，始终以实现国家利益和维护国家利益为核心目标，并根据最高国家利益的变化，在中央的领导下开展不同的援外活动。1950—1954 年，抗美援朝、保家卫国成为新中国的最高利益，上海积极响应国家号召，以志愿的方式捐款捐物、出钱出力，向朝鲜提供了大量的军事援助；1955—1978 年，探索建设社会主义道路成为时代重任，我国亟须一个和平、安定的国际环境，同时为打破帝国主义、霸权主义对我国的经济封锁和政治孤立，对外援助成为中国发展与第三世界国家友好关系和"反帝防修"的重要工具。在这种背景下，上海参与国家援外主要为国内政治服务，履行无产阶级国际主义义务成为上海援助亚、非、拉丁美洲有关国家的重要原因；1979—1993 年，"以经济建设为工作重心"取代"以阶级斗争为纲"的路线，实行改革开放，发展国民经济体现了国家的最高利益，为适应这一变化，上海在中央的领导下，积极调整援外计划，在继续承担国家援外任务的同时，也注重与有关国家开展经济技术合作，积极对外承包工程和开展劳务输出，以援助带动合作，通过多项举措共同服务于国内经济建设。

毋庸讳言，在不同的时期，我国的国家利益侧重点不尽相同，对外援助服务于国家利益的着力点也存在差别。但整体而言，上海的对外援助在国家宏观援外战略的规制下，有力地配合了我国的外交工作，为维护国家整体利益发挥了重要作用。在中央的领导下，上海在援外力度、援外规模、援外方式等层面进行适时调整，在助力实现我国国家利益的同时，有力地支持了第三世界国家的经济恢复与经济建设，为构建援助国与受援国之间"互利共赢"的新型国际关系贡献了上海力量。

综上所述，上海参与国家的对外援助，在不同的时期侧重点和具体目标有所不同，涉及维护国家安定、服务政治需要、助力国内经济建设等多个层面。但是，在根本上是为维护国家利益服务的，能否最大限度地维护与实现国家利益，是衡量和检验上海参与国家援外工作成败的主要标准。

第二节　上海参与国家援外的整体趋势

上海参与国家援外的整体趋势，可以以 1978 年党的十一届三中全会召开为分水岭。1978 年之前，我国处在计划经济时代，上海参与国家的对外援助主要是服务于国家安定与国家政治利益的需要。1978 年之后，我国进入改革开放的新时期，上海参与国家的对外援助为国家经济建设和实现国家经济利益服务。

一、计划经济时代旨在维护国家安定与国家政治利益

从新中国的成立到改革开放之前，中国一直处在计划经济时代。这一时期，在经济层面，中国逐步摆脱"苏联模式"的影响，开始探索建设自身的社会主义道路，但以政治建设统领经济建设的色彩浓厚，国家"宏观调控"这只"有形的手"始终居于主导地位，"抓革命、促生产"成为那个时代的响亮口号。在政治层面，无产阶级国际主义成为指导中国开展对外交往的重要指导思想，国家的社会制度和意识形态成为衡量中国对外关系的重要因素。在国际环境层面，全球处在"冷战"之中，以苏联为首的社会主义阵营同以美国为首的资本主义阵营处在对立状态，大的战争虽然没有发生，但小的摩擦不曾间断，国际环境和世界局势处在相对紧张中。在上述背景下，一方面，新中国需要进一步巩固新生的主权，清除国内国外一切安全威胁；另一方面，作为一个国土面积、人口基数等规模庞大却贫穷落后的社会主义大国，中国亟须加强与国际社会的交往、获得世界友好国家的了解和支持，从而为打破帝国主义对我国全方位的封锁寻找缺口与空间。因此，维护新生政权的安全稳定与对外追求国家的政治利益成为极为重要的内容和国家工作的大局，其他方面如经济利益、文化利益等则服从、服务于这个大局。

1949 年，新中国成立之初，面临着严峻的内忧外患。国内特务与反革命分子、土匪、地主恶霸等尚未肃清，1950 年 6 月 25 日朝鲜战争的爆发又将新中国拉到战争的边缘。面对友邦朝鲜人民军的节节败退和美帝国主义对我国边境轰炸、武力干涉等嚣张行为，如何在惊涛骇浪中维护国家领土和主权完整以及实现我国边境地区的安全稳定，成为以毛泽东同志为核心的第一代党中央首要思索的核心问题。1950 年 8 月 4 日，在中央政治局会议上，毛泽东认为："如果美

帝得胜，就会得意，就会威胁我们。"① 很显然，毛泽东将维护我国东北地区边境安定作为当时中国最高的国家利益。"抗美援朝，保家卫国"口号提出以后，全国各地迎来支援朝鲜前线的高潮。在这个过程中，上海通过动员志愿参军、捐款捐物、增产节约等方式全力支持抗美援朝运动，至1953年朝鲜停战协定签立，我国的安全利益得到保障，可以说，上海为抗美援朝战争的胜利做出了重要贡献。

除战争威胁外，新中国还面临着帝国主义政治上的孤立、经济上的封锁、文化上的渗透以及军事上的包围。美帝国主义对新中国的敌视，不仅是国与国之间的对立，更是资本主义制度与社会主义制度之间的对抗。因此，维护国家利益不仅要求维护国家安定与政治安全，捍卫社会主义制度、维护社会主义阵营、壮大世界和平势力也同样符合该时期中国的根本利益。支持、帮助其他社会主义国家和民族主义国家有助于壮大第三世界的势力，符合中国的根本利益。1959年，毛泽东在会见喀麦隆、几内亚、肯尼亚、马达加斯加代表时指出："各国人民，特别是社会主义国家，已经独立了的国家，一定要帮助、支持你们。"② 此外，对社会主义国家和民族主义国家的支持上升到国家对外战略的高度。1963年，周恩来在开罗共和国宫答记者问时强调："中华人民共和国政府对外政策的主要内容之一，就是积极支持亚洲、非洲、拉丁美洲的民族解放运动。"③

上海除了积极承担国家援助朝鲜、越南这两个社会主义"兄弟"国家外，也对周边国家如蒙古、柬埔寨等国提供援助，这些均为维护中国周边安全和扩大中国对外交往的格局发挥了积极作用。1955年，万隆会议之后，中国的"朋友圈"逐步扩大到非洲、东欧等第三世界国家。除继续援助越南和朝鲜外，上海还为印度尼西亚、蒙古、缅甸、也门、马里、几内亚、加纳、阿尔巴尼亚、古巴等国援建了成套项目、培训了实习生，并向部分国家派遣了援外专家，有力地促进了亚洲、非洲、拉丁美洲国家的民族民主运动，也为中国在国际社会赢得了更多的信任和认可，为进一步打破帝国主义对中国的政治孤立、扩大中国在世界的影响力发挥了重要作用。

1964年，"中国政府对外经济技术援助的八项原则"提出后，上海参与国

---

① 庞松.中华人民共和国史：1949—1956［M］.北京：人民出版社，2010：67.
② 中共中央文献研究室.建国以来重要文献选编：第12册［M］.北京：中央文献出版社，1996：52.
③ 中华人民共和国外交部，中共中央文献研究室.周恩来外交文选［M］.北京：中央文献出版社，1990：374.

家对外援助的力度和规模均有所加大，进入 20 世纪 70 年代，上海对外援助的规模迎来高峰。在这个阶段，上海承担了国家繁重的援外任务，为配合国家的外交工作与援外战略的顺利实施发挥了重要作用。在实践层面，上海陆续为亚洲、非洲、拉丁美洲、东欧等地区的众多国家援建了大量成套项目，涉及轻纺、化工、电力、机械、粮食、水产、医药、交通、冶金、电力、仪器仪表等诸多领域，并为受援国提供了技术援助、培训了大量的实习生，为促进受援国经济社会发展发挥了重要作用。虽然这一阶段出现了越南、阿尔巴尼亚"反华排华"事件，给上海乃至全国的援外工作带来一定的困难和负面影响，但整体而言，上海通过积极开展对外援助，帮助国家获得了丰厚的"回报"。比如，一些受援国为中国在联合国合法席位的恢复发挥了不可或缺的作用；通过对外援助，中国有效规避了"中苏交恶"后的外交困局，进一步获得了第三世界国家的支持；随着上海参与国家援外力度的增大，越来越多的第三世界国家和其他世界友好国家在国际事务中尊重、信任、支持中国，我国面临的外部环境不断得到优化，国家的政治利益进一步得到巩固和发展。

二、改革开放时期注重国家经济建设与经济利益

1978 年，党的十一届三中全会召开之后，国家工作的重心转移到社会主义经济建设上来，"发展"成为中国的头等大事，追求经济发展和经济利益成为国家利益的核心部分。改革开放之初，邓小平认为："社会主义现代化是我们当前最大的政治，因为它代表着人民的最大的利益，最根本的利益。"[①] 在分析对外政策与国内经济建设的关系时，他强调前者必须为后者服务。在经济建设成为压倒一切的任务之下，对外援助除了在塑造国际形象、维护国家政治利益方面继续发挥重要作用外，其聚焦目标也逐步发生根本性转移，开始更多地为国家经济建设与经济发展"铺路"。

改革开放战略的实施，为地方省市的对外联系与对外交往提供了机遇，而地方外事工作的发展与地方对外经济技术合作的加强，又为国内经济建设和国家经济利益的实现"开窗破墙""铺路导航"。

以上海为例，在改革开放的春风吹拂下，截至 20 世纪末，上海驻有 39 个国家的领事馆、设有 44 家外国新闻机构分社、与 39 个国家的 47 个城市建立了友好关系、吸引 54 家外国金融机构在沪营业、会聚 85 个国家与地区的企业家

---

① 中共中央文献研究室. 十四大以来重要文献选编：中［M］. 北京：人民出版社，1997：1744.

在沪发展、凝聚 254 家世界 500 强企业在沪投资、接待外宾多达 165.5 万人次、举办了一些重要的国际会议。① 上海全方位、宽领域、多层次对外交往格局的形成，增进了国际社会对上海的认识与了解，提升了上海的国际知名度，为上海拓宽与世界不同国家尤其是第三世界国家经济技术合作道路产生了积极影响。在"平等互利、讲求实效、形式多样、共同发展"四项原则的指导下，上海除了继续承担国家对一些发展中国家的援助任务外，同样注重加强与第三世界国家的经济联系，开展多种形式的经济技术合作，如对外承包工程与对外劳务输出等。"到一九八八年底止，上海已同 9 个国家和地区签订了包括建厂、建造公路、提供工业成套设备，以及在建筑、轻工、纺织、机电、医疗等方面提供劳务、技术服务的 100 多个承包工程和劳务合作合同。"② 上海作为国家 14 个沿海开放城市之一，对第三世界国家经济技术援助以及与发展中国家经济技术合作的实践，为进一步加强中国与各发展中国家的经济技术合作开辟了道路、积累了经验、提供了方案，从根本上服务了国家经济建设的大局，有效地维护了国家的经济利益。

第三节　上海参与国家援外的基本特点

1950—1993 年，上海参与国家的对外援助是一个不断变化发展的过程，呈现出一系列具体的特点：在援外指导思想层面，从意识形态主导到现实利益驱动；在援外动机层面，从维护国家利益到兼顾地方利益；在援外力度层面，经历了"增加—起伏—稳步增加"的变化过程；在援外范围层面，从周边社会主义国家到遍布全球；在援外内容层面，涉及军事援助、经济技术援助、人道主义援助领域；在援外方式层面，以成套项目为主兼顾其他方式。

一、在援外指导思想层面，从意识形态主导到现实利益驱动

上海的对外援助是国家援外工作的重要组成部分，在指导思想层面与国家的整体援外事业具有一致性。1950—1978 年，主导上海参与国家援外的指导思想是"无产阶级国际主义"的意识形态，改革开放后，追求现实的国家利益逐

① 国家计委地区经济发展司，上海市发展计划委员会，人民日报社新闻信息中心. 二十一世纪可持续发展的中国：上海卷：一 [M]. 北京：人民出版社，2001：44.
② 上海市人民政府外事办公室《上海外事志》编辑室. 上海外事四十年 [Z]. 上海：内部资料，1990：85.

步成为主导上海参与国家援外的指导思想。当然，需要说明的是，改革开放前的意识形态主导并非意味着完全不考虑现实的国家利益，改革开放后现实的国家利益驱动并非完全否定意识形态的影响，只不过在 1978 年改革开放前后，"无产阶级国际主义"的意识形态与现实的国家利益，对上海参与国家援外所产生的影响力有所不同而已。

我国是中国共产党领导下的无产阶级专政的社会主义国家，我们最终的奋斗目标是实现全人类的解放，为此，坚持无产阶级国际主义原则，在力所能及的范围内向受压迫和被剥削的民族与人民提供必要的援助，以支持他们的民族、民主运动与斗争，是我们应尽的国际义务。1950 年 6 月，毛泽东在接见援越军事顾问团时指出："帮助被压迫民族和国家的解放斗争，这是国际主义的问题，是共产党人的义务。"① 新中国成立之初，毛泽东将"无产阶级国际主义"作为中国开展对外关系的指导思想，并强调要按照这一指导思想开展对外援助工作。1958 年 10 月，中共中央强调："认真做好对外经济、技术援助工作，是一项严肃的政治任务，也是我国人民对兄弟国家和民族主义国家的人民应尽的国际义务。"② 按照这项要求，新中国成立初期，我国在自身经济实力十分有限的条件下，为朝鲜、越南等社会主义国家和民族主义国家提供了最大限度的援助。20世纪 60 年代，随着"对外援助八项原则"的提出，中国进一步发扬"无产阶级国际主义"精神，进一步扩大了对"兄弟"社会主义国家和"友好"民族主义国家的支持。20 世纪 70 年代，"无产阶级国际主义"成为指导中国对外援助的最高原则，我国援外的力度急剧加大并达到顶峰，为支援世界人民的反帝、反霸、反殖斗争做出了重要贡献。改革开放之前，上海的对外援助作为国家援外的一部分，为支援第三世界国家的民族解放与经济发展产生了积极影响，从援外指导思想来看，"这项工作历来是按照国际主义的原则和对外斗争的需要，为反帝、反殖、反霸这一总的战略目标服务的"③。

党的十一届三中全会之后，国家工作的重心转移到经济建设上来，为了发展经济，我们走上了改革开放的道路。在对外关系层面，意识形态不再是中国对外交往的立足点与出发点，也不再是决定中国与外国关系"好"或"恶"的

① 《中国军事顾问团援越抗法实录》编辑组．中国军事顾问团援越抗法实录：当事人的回忆［M］．北京：中共党史出版社，2002：190.
② 中共中央文献研究室．建国以来重要文献选编：第 11 册［M］．北京：中央文献出版社，1995：523.
③ 上海市档案馆．关于全国外经工作会议主要情况和贯彻意见的报告［A］．上海：上海市对外经济联络局，1980.

硬性指标，从维护国家利益的角度出发来考虑国际关系成为新时期的主要选择。恰如邓小平强调的那样："考虑国与国之间的关系主要应该从国家自身的战略利益出发。"[①] 在全国轰轰烈烈搞经济建设的大背景下，中国的对外援助也进行了相应的调整，在指导思想层面，逐步淡化意识形态的影响，开始注重以国家利益为主要导向。对此，党中央将"坚持无产阶级国际主义，坚持援外八项原则，认真做好对外援助工作，广泛开展国际经济技术合作，有出有进，平等互利，为促进友好国家的经济发展，实现我国四个现代化作出应有的贡献"作为新时期我国援外工作的基本方针。在这一方针的指导下，上海继续承担国家的援外任务，积极对外承包工程和劳务输出，努力寻求与国际社会开展多种方式的经济技术合作，主动参与联合国的多边援助，同时开始接受国际社会对本地的援助。

二、在援外动机层面，从维护国家利益到兼顾地方利益

从 1950 年到 1978 年，上海参与国家对外援助的主要目的在于维护国家的安全和国家的政治利益。在这段近 30 年的援外历程当中，上海完全依附于中央，在中央的授意和允许下开展对外援助，主要通过参与国家的援外工作达到维护国家安全与政治利益的目的。

1950—1953 年，抗美援朝期间，上海积极响应国家的号召，主要通过"志愿"的方式捐款捐物，出钱、出力、出人，为朝鲜反对美帝国主义的侵略提供最大限度的援助，并为救济因战争产生的朝鲜难民提供力所能及的物质帮助。上海的这种做法，主要是为了维护我国东北边境的安全和我国主权免遭帝国主义的侵害，同时，支援朝鲜反对帝国主义的斗争也是出于维护社会主义阵营整体利益的需要。

1954—1964 年，随着万隆会议的召开，我国对外援助的力度开始加大，上海在支援世界社会主义国家和民族主义国家巩固革命成果、恢复国民经济过程中发挥了重要作用。这一时期，我国的对外援助实行"总交货人部制"，援外工作领导权、决策权、管理权完全归中央所有，上海作为地方省市，扮演着国家援外工作"执行人"的角色。上海参与国家援外的单一执行模式，主要作用在于维护国家的整体利益，鲜有涉及地方利益的考虑。

1965—1978 年，中国对外援助的"革命化"色彩日渐浓厚，尤其是中苏关系交恶在 1969 年珍宝岛冲突后达到顶峰，"反帝""防修"成为中国对外援助的

---

① 邓小平. 邓小平文选：第 3 卷［M］. 北京：人民出版社，1993：330.

双重任务，加大对第三世界国家的援助以削弱帝国主义、修正主义在世界范围内的影响成为中国对外战略的重要目标。出于这种政治目的和政治利益的考虑，中国对外援助的力度进一步加大并于 20 世纪 70 年代中后期达到顶峰。为此，上海在这一时期承担了繁重的援外任务，为实现国家的对外政治意图贡献自身的力量。同时，为了适应援外任务急剧增多的现实需要，我国援外管理体制由"总交货人部制"转变为"承建部负责制"，在援外管理层面，中央下放一部分管理权限给地方，上海进入归口管理本地援外事务的时代。"承建部负责制"塑造了上海参与国家援外的双元管理模式，在这种模式下，中央和地方的积极性均得到了较好的调动。但总体而言，这种模式旨在通过加强中央与地方的协作来完成国家下达的援外任务，主要是出于服务整个援外工作大局的需要，对地方利益的考虑较少。

改革开放之后，随着国家工作重心的转移以及国际环境的变化，我国的对外援助工作迎来新的发展春天。"以阶级斗争为纲"时代的结束和"以经济建设为中心"时代的开启，要求从经济利益的角度考虑对外援助。为此，我国的援外工作在 20 世纪 80 年代进行了调整，主要表现为：对援外规模进行了压缩，对援外质量与援外效益提出了新要求，对援外方式进行了大胆创新。对外援助不仅支持受援国的经济发展，也开始为我国的经济建设服务，并逐步成为带动地方经济发展的一种新途径。在这一时期，为了解决我国对外援助效率低下等难题，国家对援外管理工作进行了改革，开始推行"承包责任制"。这种制度在坚持中央的统一领导下赋予地方更多的管理权限和发展机会，地方省市可以根据实际情况以竞争的方式获得国家的援外项目，而中标单位在实施援外项目时遵循"盈亏自负"的原则，有实力的地方单位或企业从中获得经济利益成为一种正当的、合法的、被鼓励的行为。因此，招标承包制塑造了上海参与国家援外的多元互动模式，在这种模式下，上海参与国家的对外援助除了服务于国家的经济建设与经济利益之外，还实现了与国家"互利"、与国家"分利"的目标，完成了从维护国家利益到兼顾地方利益的转变。

三、在援外力度层面，经历了"增加—起伏—稳步增加"的变化过程

上海参与国家对外援助的力度，经历了一个从增加到大起大落再到稳步增加的过程。20 世纪 50 年代初期，上海积极响应国家号召，在抗美援朝中积极捐款捐物，拉开了上海对外援助的序幕。

1955—1964 年，随着中国对外联系的扩大和交往对象的增多，我国对外援助开始有所增加，上海参与国家援外的力度也随之加大，该时期上海共承担援

外项目50个，主要包括31个轻纺项目和部分发电、造船项目，据可查的41项统计数据，共耗资2.58亿元。其中，1959—1963年，在全国147个援外项目所需的37万台件机电设备中，由上海生产供应的统配部管设备占到2/3、生产供应的非标准设备占90%以上。此外，全国援外所需市场商品1050万台件，由上海生产供应的占到95%以上。1965—1978年，中国的外交空间继续拓展，尤其是随着中国在联合国安理会常任理事国合法席位的恢复，加大对世界社会主义国家和民族主义国家的支持力度成为履行无产阶级国际主义义务的重要职责。为此，中国为支持、帮助第三世界国家的经济社会建设提供了大量援助，并在20世纪70年代中后期达到顶峰，后来随着援外力度与国力不对称问题的暴露，国家对援外工作进行了合理的调整，援外力度随之急剧减小。在这种时代背景下，上海承担了国家繁重的援外任务，对外援助项目多达220项。其中，主要由上海承担的项目多达179项，涉及金额达20.5亿元。这一时期，上海派出的援外专家达5480人次。截至1978年，为受援国培训实习生和技术人员达10957人次。1979—1995年，随着国内工作重心的转移，国家对外援助实现了理性回归，上海承担的援外项目只有21项。①

改革开放以来，虽然上海承担国家的援外项目有所减少，但在新时期，上海在国家的号召下，变单一的对外援助为对外经济技术援助与对外经济技术合作相统一，以新的形式，如对外承包工程与劳务输出等，支持、帮助广大发展中国家的经济社会建设，在援外力度层面实现了稳步增加的目标。以上海对外承包工程项目的合同金额来看，1985年，对外承包工程项目共7项、合同金额1149万美元；到1995年，对外承包工程项目增加到43项、金额达16456万美元。② 因此，改革开放之后，上海对外援助的力度呈现稳步增加的势头。

四、在援外范围层面，从周边社会主义国家到遍布全球

上海参与国家援外的范围，随着中国对外关系的发展不断扩大，经历了从援助周边朝鲜、越南社会主义国家到援助全球发展中国家的历程。上海作为中国主要的工业城市之一，通过承担国家的对外经济技术援助与合作任务，有力地支持了亚洲、非洲、拉丁美洲、东欧国家的民族独立事业和经济社会建设，为加强中国与广大发展中国家之间的联系发挥了重要作用。

---

① 《上海对外经济贸易志》编纂委员会. 上海对外经济贸易志：上册［M］. 上海：上海社会科学院出版社，2001：35，47.

② 《上海对外经济贸易志》编纂委员会. 上海对外经济贸易志：下册［M］. 上海：上海社会科学院出版社，2001：2206.

　　新中国成立后，上海始终遵循国家的外交方针与援外战略，通过对外援助这一工具，逐步加强与国际社会的联系。上海承担国家对外援助的任务，是从援助朝鲜、越南这两个社会主义邻国开始的。其中，朝鲜是上海援助的第一个国家，1950 年，上海援助朝鲜一批医药器械，并从 1953 年开始为朝鲜培训实习生。

　　抗美援朝运动爆发后，上海积极组织动员社会各界捐款捐物、出钱出力，为支援朝鲜前线并为反帝斗争取得最终胜利做出了重要贡献。

　　1955 年，上海开始承担国家的援外成套项目任务，为越南援建了统一火柴厂，这是上海对外援建的第一个成套项目。1955 年，万隆会议后，一些社会主义国家和民族主义国家加深了对新中国的了解与认识，并先后同中国建立了良好的国际关系；到 1964 年，中国的"朋友圈"得到拓展。在这个时期，上海参与国家援外的范围开始照顾更多的周边邻国，并走出亚洲、走向非洲、走进东欧和拉丁美洲一些国家。从 20 世纪 50 年代中期到 1964 年，上海除了继续为朝鲜和越南援建成套项目、提供成套设备、派遣出国专家、培训实习生之外，还分别向蒙古、印度尼西亚、缅甸、也门、马里、几内亚、加纳、阿尔巴尼亚、古巴等国家援建了一批成套项目，并为部分国家提供了成套设备、派遣了出国专家、培训了实习生。可以说，这一时期的援外范围从亚洲扩大到非洲、东欧、拉丁美洲一些国家。

　　1964 年年初，随着"中国对外援助的八项原则"的提出，中国同亚洲和非洲一些新兴的民族国家建立了良好的国际关系，并为支持这些国家恢复、发展本国的民族经济提供大量援助。进入 20 世纪 70 年代后，尤其是 1971 年 10 月 25 日中国在联合国恢复合法席位后，中国开始同更多的国家建立外交关系，请求中国提供援助的国家也随之增多，上海参与国家援外的任务也急剧增加。在 1965 年至 1978 年这段时间里，上海为越南、朝鲜、柬埔寨、巴基斯坦、斯里兰卡、尼泊尔、伊拉克、也门、几内亚、坦桑尼亚、塞舌尔、苏丹、扎伊尔、毛里塔尼亚、罗马尼亚、马耳他、阿尔巴尼亚等国分别提供了成套项目援助，援外范围包括亚洲、非洲、欧洲等一大批民族主义国家和部分社会主义国家。

　　改革开放之后，中国的对外援助逐步回归理性，中国同广大发展中国家经济技术合作的道路进一步拓宽，在"平等互利、讲求实效、形式多样、共同发展"原则的指引下，中国加大了对世界欠发达国家的援助力度，将开展经济技术合作作为同第三世界国家加强经济联系的重点内容，并创新对外援助与对外合作的形式，积极面向一些有需要的发展中国家和部分发达国家，对外承包工程和劳务输出，对外援助的范围逐步遍及全球。以上海参与国家援外成套项目为例，截至 1993 年，上海总共为 37 个国家援建了 198 项成套项目（不含因受援国国内原因而未动工的数十个项目），其中，亚洲涉及 13 国，共计 114 个项目；非洲涉及 16 国，共计 31 个项目；拉丁美洲涉及 4 国，共计 8 个项目；欧洲涉及 4 国，共计 45 个项目。① 不难发现，上海参与国家对外援助的范围，实现了由点到线再到面的发展局面，亚洲的朝鲜和越南、欧洲的阿尔巴尼亚、非洲部分国家，是上海重点援助的对象。

五、在援外内容层面，涉及军事援助、经济技术援助、人道主义援助领域

上海参与国家的对外援助中，就援外内容层面，主要涉及对外军事援助、经济技术援助以及人道主义援助三个领域。在不同的历史时期，对外援助的侧重点有所差异，总体来看，1950—1978 年，以提供军事援助和经济技术援助为主；1978 年之后，以对外经济技术援助和对外人道主义援助为主。

1950—1953 年，上海主要通过提供军事援助支持抗美援朝斗争，对朝鲜前线士兵的救助和因战争产生的朝鲜难民的救济也属于军事援助的范畴。1955 年，万隆会议召开后，我国对外军事援助的力度也有所加大，除了继续援助朝鲜和越南这两个社会主义国家之外，还对老挝、柬埔寨等周边国家提供了军事援助，并开始向阿尔及利亚、安哥拉等非洲民族主义国家提供军事援助。从这一阶段上海承担国家对外军事援助任务来看，上海主要通过提供成套军需设备、提供军需物资等方式向朝鲜、越南、阿尔及利亚等国提供了军事援助，有力地支援了社会主义国家和民族主义国家争取民族独立与民族解放的正义斗争。同时，在改革开放之前，随着世界反帝国主义、反殖民主义、反霸权主义运动的发展，越来越多的国家在获得国家独立和民族解放之后，亟须解决恢复、发展民族经济这一难题，为此，中国除了提供军事援助之外，还通过对外经济技术援助的方式，帮助第三世界国家巩固革命的成果和真正掌握国家的经济命脉。在这一过程中，上海积极承担国家的援外任务，通过援建成套项目、提供成套设备、培训外国实习生、派遣出国专家等方式帮助亚洲、非洲、欧洲、拉丁美洲社会主义国家和民族主义国家恢复、发展国民经济。

改革开放之后，一方面，开展社会主义经济建设成为我国的中心工作，对外援助为国内经济建设服务成为一种新的战略抉择；另一方面，世界社会主义

---

① 《上海外事志》编辑室 . 上海外事志［M］. 上海：上海社会科学院出版社，1999：406.

国家和民族主义国家在实现民族经济恢复之后，如何进一步发展本国的民族经济以改变贫穷落后的现实状况，逐步成为第三世界国家的广泛共识与共同追求。同时，20世纪80年代之后，国际局势相对缓和，和平与发展日益成为时代主题，开展"南南合作"与"南北对话"均面临难得的历史机遇。在这种情形下，我国的援外战略进行了较大的调整，对外军事援助的份额大幅缩减，对外经济技术援助与对外经济技术合作成为"重头戏"。在这一阶段，上海除了继续承担国家的援外任务外，还加大了对外经济技术合作的力度，积极对外承包工程和开展劳务输出，主动参与联合国多边援助，进一步丰富了对外经济技术援助的内涵，有力地支持了广大发展中国家的经济社会建设。此外，作为中国的大都市之一，上海在改革开放的过程中与国际社会的联系日益紧密，对一些世界性议题、全球性问题的关注成为上海走向世界的重要体现。比如，随着全球自然灾害和社会性灾害的多发、频发，上海逐渐加大了对外紧急人道主义援助的力度。在不同的历史时期，上海曾对亚洲、非洲等遭受灾害威胁的国家及时提供了救灾物资和救灾援款，为受援国实现灾后经济恢复与灾后家园重建发挥了积极作用。

六、在援外方式层面，以成套项目为主兼顾其他方式

关于我国的对外援助方式，《中国的对外援助（2014）》白皮书中将我国具体的援外方式归纳为8种："成套项目、一般物资、技术合作、人力资源开发合作、援外医疗队、紧急人道主义援助、援外志愿者和债务减免。"[①] 这8种具体的援外方式，并非一蹴而就，而是在历史时期逐渐形成的。

从上海参与国家的援外实践来看，上海主要通过援建成套项目、提供物资支援、对外培训实习生、派遣援外医疗队、开展经济技术合作、对外提供紧急人道主义援助等方式支援受援国家与地区的建设和发展，基本上囊括了我国对外援助的8种方式。但是，在所有的援外方式中，对外援建成套项目一直是我国援外的主要方式，也是上海参与国家援外的主要方式。1950—1993年，无论是对外军事援助，还是对外经济技术援助，对外援建成套项目这种方式更受受援国的欢迎和青睐，通过援建中小型的成套项目，可以有效帮助受援国家的基础设施建设，从而在长远上帮助受援国实现经济恢复与经济发展的目标。因此，为了支持民族主义国家发展独立自主的民族经济和真诚无私地支持兄弟国家的

---

① 中华人民共和国国务院新闻办公室．中国的对外援助（2014）［M］．北京：人民出版社，2014：5.

社会主义建设，加强我国同他们之间的团结并促进经济的共同高涨，对外成套项目援助成为历史时期我国援外的主要方式。

需要说明的是，在历史时期，对外援建成套项目是一个宏观的概念，它是一个包括人、财、物在内的综合体。比如，20 世纪 60 年代，我国《对外经济技术援助工作试行条例（草案）》中曾明确规定："对外提供援助的方式，除因特殊情况给予无偿援助或赠送外，一般的是提供有息（低息）或无息贷款。援款用于提供物资、技术援助和成套设备项目（以下简称"成套项目"），其中成套项目应该占主要部分……成套项目包括供应成套设备和部分建筑、安装材料、派遣专家、培训实习生和提供必要的技术资料。"① 可以说，对外援建成套项目在我国援外活动中扮演了重要角色，尤其是在改革开放之前，曾一度扮演着"主要角色"。

改革开放之后，随着全党工作重点的转移，我国对外经济技术合作的内容也有了新的发展。上海参与国家对外援助的内容与方式也产生了较大变化，从援外实践来看，上海除了继续向第三世界友好国家以贷款形式提供成套项目援助外，在平等互利、有授有受的原则下，也发展了同罗马尼亚等国的生产技术合作，开展了对外承包收费工程项目（包括提供成套设备）业务，开展了对外提供劳务（派遣工程技术人员或个人）业务，参加了联合国开发计划署和工业发展组织的多边援助，并开始接受联合国开发计划署经济援助等。此外，随着自然灾害的多发、频发，以及战争导致"难民潮"等，上海加大了对外紧急人道主义援助的力度，帮助受援国灾后恢复与灾后重建。

第四节　上海参与国家援外的教训

在不同的历史时期，上海通过承担国家的援外任务，不断探索、创新援外模式与援外方式，为推动国家援外事业的发展发挥了不可或缺的作用。但不可否认的是，受主、客观原因的影响，上海在参与国家的对外援助中，也出现了一些工作上的失误，产生了深刻教训。需要说明的是：第一，这些失误和教训发生在上海，是上海在参与国家援外工作中遇到的问题和困境；第二，这些失误和教训往往是一些具体的问题；第三，这些失误和教训在当时被及时发现、

---

① 上海市档案馆.中纺部转发对外经济技术援助试行条例的通知［A］.北京：中华人民共和国纺织工业部，1963.

及时总结，上海围绕"人、财、物"层面进行了补救工作。

一、援外出国专家派遣工作存在失误

派遣援外出国专家是我国对外援助工作的重要组成部分，也是我国帮助受援国解决实际问题、向受援国传授科学知识理论与科学技能以及为受援国培训专业技术人才的主要途径。从上海参与国家对外援助的实践来看，在不同的历史时期，上海派出的援外出国专家主要包括工农业方面的专家和医疗卫生领域的专家。一直以来，上海作为工业发展水平相对较高的大城市之一，在我国拥有数量庞大、工种齐全、技能过硬的技术人才和产业工人。同时，作为我国医疗卫生事业发展较快的大城市之一，上海的医疗水平与医疗人员的素质在全国有着较好的口碑。从整体层面来看，这些科技专家、技术工人、医疗专家、医护人员等群体作为援外人员出国，较好地完成了国家、地方交给的援外任务，有力地配合了我国的对外援助工作，为推动受援国经济社会的发展发挥了积极作用，给受援国尤其是第三世界国家的人民留下了良好的印象。然而，在不同的历史条件与社会环境下，上海援外出国专家的派遣工作仍然存在一些不足与失误，这在一定程度上影响了援外出国专家作用的发挥。

（一）援外出国专家的抽调，影响了上海当地有关单位的正常生产工作

我国历来重视援外出国专家的派遣工作，并将选拔"又红又专"的援外专家当作一项政治任务来抓。首先，"讲政治"是选拔援外专家的首要标准和必须具备的"硬性指标"。1958 年 1 月 12 日，周恩来在接见柬埔寨经济代表团时指出："我们派去的设计人员和经济代表团的人员纯粹是搞经济事务的，不搞政治，即不干涉柬内政。"① 其次，援外出国专家不仅要严守国家的政治纪律，还要政治清白，同时具备过硬的专业技能，能够保质保量地完成国家的援外任务。1960 年 3 月，中华人民共和国冶金部在下达给太原、鞍山、本溪、海南岛、石景山、马鞍山钢铁公司，大冶钢厂，天津第一钢厂，上海永鑫钢管厂，云南锡业公司，广东、安徽、河北、上海冶金厅（局）有关选拔援越太原钢铁厂生产专家的函中明确要求："选派的人员，必须历史清楚，政治可靠，思想进步，身体健康。在历次运动中表现积极，并有一定技术水平和实际工作经验者。"② 并要求有关单位组织力量，专门进行人员的选拔审查工作（初选时要有一定的后

---

① 中共中央文献研究室.周恩来年谱：1949—1976 中卷［M］.北京：中央文献出版社，1997：120.

② 上海市档案馆.冶金工业部关于选拔援助越南太原钢铁厂生产专家的函［A］.北京：中华人民共和国冶金部，1960.

备），对当事人的历史、家庭成员及社会关系的政治历史情况，进行调查对证，对于合乎出国条件者，应填写常驻国外和临时出国人员审查表，并报省委、市委批准后，连同全部档案材料及时上报冶金部。

不难发现，我国派遣的援外出国专家，是政治立场与专业技能均"过硬"的精英群体，他们往往是一个单位或企业的中坚分子或骨干力量，在某个领域中起到核心作用。而对一个单位来说，这样的人物一般较为"稀缺"，一旦被抽调，就很有可能导致本单位正常的生产工作无法继续，尤其是一些对技术性要求较强的生产部门。虽然上海的工业生产水平较高，但技术精湛的专家"并不富裕"，在派遣出国专家时同样存在上述问题。比如，20 世纪 60 年代，中国橡胶工业公司上海分公司在负责朝鲜橡胶制品厂筹建工作时需要从上海选派相关出国专家，但从上海的实际情况来看，"目前大部分企业，内外仅有一套技术力量，一旦抽调后，由于企业本身缺乏后备，对企业内是会带来一定影响"①。一方面，企业的骨干力量被抽调，另一方面，缺少可以及时顶上来的后备力量，这对上海当地企业的正常生产工作造成不利影响。

（二）过分看重"政治情况"的原则，影响了理论与技能过硬人才的外派

我国在选拔援外出国专家时坚持"又红又专"的原则，这本身没有任何问题，这项原则可以最大限度地确保援外专家的"质量"，对及时完成援外任务和维护我国声誉均具有重要意义。在 1978 年之前，为响应"以阶级斗争为纲"的精神要求，"又红又专"首先是"红"，其次才是"专"，从当时的历史背景来看，也具有一定的意义。

但作为承担国家援外任务的地方省市，在理解和执行"又红又专"这项原则时，容易犯"教条主义""机械主义"的错误，对"红"与"专"的把握不够精准，给援外出国专家派遣工作造成负面影响。有一些技术水平较高的人员，在技能层面符合选拔的标准，其自身政治立场坚定、政治素质也过硬，但由于这种人员的家庭出身不好或社会关系复杂，而被"一刀切"，被认为是"政治不够清白"，不够"根正苗红"。有一些技术专家政治情况一般、专业技能过硬，本来可以完成国家下派的援外任务，但由于"政治情况一般"而非"政治情况较好"的原因被一票否定，这在一定程度上影响了部分专家和技术人员的工作热情。

比如，在 1960 年，国家有关部委要求上海市化学工业局选派制造聚氯乙烯

---

① 上海市档案馆. 中国橡胶工业公司上海分公司援助朝鲜橡胶制品厂筹建工作 1964 年度总结［A］. 上海：中国橡胶工业公司上海分公司，1965.

人造革和薄膜（原料调配操作法）的技术人员出国援助朝鲜，上海市化学工业局将这项任务安排给上海化工厂，但上海化工厂表示按照"又红又专"的人员选拔标准，自身无法承担这一任务。原因在于：该厂现有工程技术人员中，除副厂长和塑料研究所副厂长两位同志符合出国条件之外，其他技术上比较好的工程技术人员，政治条件均不符合出国要求，有的经过多次审查，公安部门都不同意，如目前负责聚氯乙烯薄膜和人造革车间的主任工程师，由于政治情况复杂，1959 年拟出国越南，当地公安局未批准。从工人中提拔的工程技术人员，政治条件一般较好，但理论基础较差，文化水平较低，掌握的技术工种面较狭窄（一般是一两个工种），能实际操作而不能单独解决生产中的理论性问题，出国也不能完成任务反而影响不好，经上海化工厂党委研究，确实很难承担援朝派遣技术人员的任务。同时，该厂表示，关于向朝鲜派遣食用色素技术人员也有困难，因全厂工程技术人员中负责食用色素生产的仅有三人，其中两个技术员有海外关系，社会关系十分复杂；一个工程师思想上很落后，在各项运动中表现不好，政治上对我党尚有一定的距离，上述人员均不符合出国要求。现全厂生产食用色素的有十五个工人，因业务水平较低，一般只能操作，而不能单独解决生产上的技术性问题，如出国很难完成任务。[1]

（三）重选拔、轻管理的倾向，导致个别援外出国专家产生不良行为

在派遣援外出国专家时，我们十分注重出国之前对专家的选拔工作，然而，却在援外专家出国之后疏于日常管理，对这一群体出国后的思想政治教育、日常行为规范、个体心理抚慰等工作重视不够，容易导致个别援外出国专家在异国他乡产生不良的社会情绪。

个别援外出国专家对援外的重要性缺乏足够的认识，在工作中存在"好面子""摆架子"的不良行为。以 20 世纪 60 年代上海援助加纳棉纺织厂的专家组为例。出国初期，由于缺乏援外工作经验，在部分同志中产生了一些模糊思想。比如，有的同志，外出不愿意乘坐大卡车，认为这样有失中国专家的身份；有的同志认为最好不要自己洗衣服，免得被别人说成小气；也有的同志认为专家主要是做指导的，对要不要跟班参加劳动不理解。[2]

也有少数援外出国专家思想不够坚定，受不得委屈，情绪不正常和有某些

---

① 上海市档案馆.上海市化学工业局关于规定对朝鲜技术援助项目任务的报告［A］.上海：上海市化学工业局，1960.

② 上海市档案馆.上海市纺织工业局援外工作办公室关于一支高举毛泽东思想伟大红旗的援外工作队的材料：记援助加纳棉纺织厂专家组政治思想工作［A］.上海：上海市纺织工业局援外工作办公室，1965.

错误认识。以 20 世纪 50 年代我国援助蒙古苏赫巴托制浆造纸厂的出国技术人员为例，虽然出国的援蒙技术人员当中绝大多数是很好的同志，他们在国外继续发扬我国工人艰苦朴素和勤劳实干的优良传统，但也有个别技术人员不注意个人形象，不能很好地融入当地社会。比如，个别技术人员在国外不舍得吃、穿，外出时服装不够整齐，去商店时喜欢"挤购"商品，时常在商店门口集聚和闲逛，造成了一定不良影响；有的技术人员在国外不愿做自己专业以外的工作，对于生产工人工作较少时做了卸货搬运的工作，便觉得这是国内从来没有的，为此而感到委屈；甚至极个别技术工人会对蒙古的同志存有"轻视"的思想。①

除以上三个问题外，也有客观原因导致我国援外专家工作效率不高的情况，比如"语言"问题。像援外医疗卫生领域的出国专家，他们的工作性质、工作内容、工作要求等方面与工农业领域的援外出国专家有着很大的不同。在为受援国提供医疗服务的过程中，沟通交流变得更加普遍和更加重要，因此，对国际通用语言或当地语言的掌握十分必要。但在历史时期，我国援外医疗专家均不同程度地存在着"语言障碍"的问题，对援外工作造成不利影响。在改革开放之前，"我派往国外的医务人员，绝大多数不会外语，给工作带来很大困难，并影响医疗队的声誉"②，面对这种客观层面的困难，急需我们从主观层面采取措施加以解决。

二、部分援外任务的下达忽视了上海的实际

毋庸置疑，对外援助作为我国重要的外交工具之一，在支援受援国家发展、维护我国对外战略利益等方面发挥了重要作用。中国的援外事业从起步到发展再到不断壮大，为支援世界反帝国主义、反殖民主义、反霸权主义，维护世界的和平与发展做出了重要贡献。在中央的统一领导下，上海积极参与国家的援外工作，在"财力"投入方面可以说尽到了一个大城市应尽的责任。但需要看到，在历史时期主要是 20 世纪 70 年代，上海在参与国家的对外援助时，同样存在力度过大的问题，与当地的"财力"状况不相适应。而国家在下达援外任务时，考虑到上海是我国主要的大城市，在主观上认为可以赋予其更多的援外任务，没有充分考虑上海的实际情况。

---

① 上海市档案馆.轻工业部关于援助蒙古造纸厂工作的几点经验材料[A].北京：中华人民共和国轻工业部，1959.
② 上海市档案馆.关于进一步改进援外医疗队工作的几点意见[A].北京：卫生部，对外经济联络部，外交部，1979.

　　上海过多地承担国家的援外任务，是与国家整个援外工作布局密不可分的。在 20 世纪 60 年代，我国的对外援助工作还是比较理性的，援外的力度与国家的财力比较相适应。根据李先念 1964 年的描述，我国的外汇支出中"大约有百分之四多一点是用于对外援助的"①，援外力度明显在国家财政状况可以支撑的范围内。但是，在 20 世纪 60 年代，国家在下达援外任务时，分给上海的任务过多，忽略了上海可以实际承担的能力。以上海承担国家援助朝鲜橡胶制品厂为例，在任务分工层面，上级领导对上海分公司思想认识上，认为上海技术力量强、办法多，因此，在设计单位与筹建单位明确分工基础上，体念设计单位困难多，对上海公司筹建单位体察少，在处理具体工作中，对上海加重了负担，对上海技术力量薄弱，与近来承担的支援内地建设之重，技术力量空虚，是认识不足的。②

　　进入 20 世纪 70 年代，随着中国在联合国合法席位的恢复，与中国建交的国家大增，向我国提出援助要求的国家也越来越多，我国对外援助步入激增阶段并在 20 世纪 70 年代中后期达到高峰。李先念在谈及对阿尔巴尼亚的援助时感慨道："一九七六年到一九八〇年援助数目字太多了，我们力不从心。"③ 当然，这种"力不从心"一方面是由于援外力度急剧加大，另一方面是受 20 世纪六七十年代我国国情的影响。1977 年 6 月 18 日，李先念在会见老挝代表团时指出："我们是个很穷的国家，特别是近几年'四人帮'的破坏，再加上自然灾害，我们是力不从心。"④ "力不从心"的主要体现就是国家的援外任务过多，在一定程度上超出了国家财政允许的范围。

　　具体到上海来看，在 20 世纪 70 年代上海承担了国家"繁重"的援外任务，这对上海的财力造成较大的压力。以 1976 年对外援建成套项目为例，1976 年，我国向 51 个受援国计划安排建设项目 305 个（其中，新建 81 个，续建 224 个），比 1975 年计划增加 30 个。另外，安排勘测设计及其他工作项目 301 个（其中，准备 162 个，收尾 31 个，技术合作 44 个，其他 64 个），比 1975 年计划减少 70 个。在国内，这两类项目分别由 32 个部门和 27 个省、自治区、直辖市承担筹

---

① 《李先念传》编写组．建国以来李先念文稿：第 2 册 [M]．北京：中央文献出版社，2011：255.

② 上海市档案馆．中国橡胶工业公司上海分公司援外一组关于援助朝鲜橡胶制品厂筹建工作的汇报 [A]．上海：中国橡胶工业公司上海分公司援外一组，1965.

③ 《李先念传》编写组．建国以来李先念文稿：第 3 册 [M]．北京：中央文献出版社，2011：323.

④ 《李先念传》编写组，鄂豫边区革命史编辑部．李先念年谱：1970—1978：第 5 卷 [M]．北京：中央文献出版社，2011：491.

建任务。就 1976 年对外援助成套项目分地区情况来看，四川 13 个、贵州 6 个、云南 6 个、西藏 1 个、陕西 13 个、甘肃 2 个、新疆 1 个、河南 16 个、湖北 24 个、湖南 20 个、广西 7 个、广东 19 个、江苏 17 个、浙江 8 个、安徽 11 个、福建 3 个、江西 9 个、山东 16 个、北京 41 个、天津 21 个、河北 16 个、山西 18 个、内蒙古 5 个、辽宁 30 个、吉林 19 个、黑龙江 15 个、未分地区项目 25 个，上海承担的项目合计 74 项（其中，筹建项目 60 个，协作项目 14 个)①。通过比较发现，上海承担的援建项目在全国来说最多，肩负的援建任务最重，这对上海的"财力"提出了严峻挑战。

三、个别对外援建成套项目与设备的质量有待提升

在相当长一段时间内，为受援国援建成套项目是我国对外援助的主要方式，也是上海参与国家对外援助的主要途径。尤其是一些中小型成套项目的援建，建设周期短、施工难度小、收效较快，既是我国的强项，也备受受援国家的欢迎，可以说为支援第三世界国家的经济社会建设发挥了重要作用。上海为受援国援建的成套项目以及提供的相关成套设备总体上是好的，满足了受援国的需求，但是受一些主、客观原因的影响，部分成套项目与设备在质量上存在个别问题，对我国的援外工作产生了一定的消极影响。

上海部分成套项目与设备存在质量上的问题并非个例，从国家援外工作的整体层面来看，质量问题带有一定的普遍性。20 世纪 60 年代，时任国家对外经济联络委员会主任方毅同志在谈及我国的援外工作时强调，具体的援外工作有很多亟待改进的地方，比如，有些项目的设计和建设进度缓慢，赶不上受援国的迫切需要；有些项目的建筑结构不完全适应于受援国的自然气候条件；有些项目的工艺和设备在一定程度上落后于世界先进水平。② 国家援外工作中存在的这些问题，上海同样存在，只是问题表现的程度有所不同而已。

上海援外成套项目及其设备存在的问题，一方面是受援国配合不力造成的，这是客观层面的原因。以上海援建马达加斯加国营制药中心项目为例，土建施工自复工以来，由于水泥供应出现脱节，项目不得不停工一段时间；马方负责建造的仓库迟迟未动工，使我国发运抵马达加斯加的设备材料损坏、失窃严重；法国土建承包商在我方未同意其将现浇楼面结构改为预制次梁和楼板情况下自

---

① 上海市档案馆.［上海市革命委员会工业交通组］全国计划会议文件：一九七六年对外援助成套项目计划（草案)［A］.上海：上海市革命委员会工业交通组, 1975.

② 上海市档案馆.方毅关于对外经济技术援助工作的发言稿［A］.北京：国家外经济联络委员会, 1965.

行施工等。上述问题不仅对工程质量带来影响，而且施工进度被迫相应推迟。另一方面，上海援外成套项目及其设备存在的问题是由上海部分生产单位对产品质量把关不够严格造成的，这是主观层面的原因。在 20 世纪 70 年代，根据中国机械进出口公司的反映，上海市生产的部分援外产品存在一些质量问题，比如，上海第二机床厂出口日本及澳大利亚的 L-3 型普通车床，齿轮箱漏油，油泵供不上油，床身与齿轮箱的连接只装上两个螺钉，其余两个孔眼对不上，质量问题不少，外商有意见……上海铸造机械厂生产的援朝鲜的压铸机，试车时问题很多，电动机转子颤动，油缸内有切屑，锈蚀十余处等。①

改革开放之后，对外援助为经济建设服务成为新时期我国援外工作的主导方向，追求经济利益成为国家援外工作的重要目标，上海在参与国家的对外援助中同样开始注重追求经济效益。但一些地方企业和单位对新时期国家援外精神"吃不透"，片面地认为援外就是为了经济利益，产生了一味地"向钱看"的不良倾向，对援外的政治效益、社会效益关照不足。在这种不良倾向下，一些地方单位和企业在援外过程中产生了松懈情绪，对那些"援助"成分较大、"合作"成分较小的项目比较"冷淡"，即便是承担了这些项目的援建任务，也由于这些项目"油水"较少，施工建设过程中不够积极、不上心思，时常出现工程进度延期或援建质量不高等问题。

此外，有些援外任务的下达，忽略了上海的实际，缺少必要的调查研究，导致援外工作效率不高。比如，1959 年，朝鲜通过国际科学技术合作的途径向我国申请技术援助，希望从中国获得铁板印刷机的技术资料，国家科学技术委员会将该项任务下达给上海，由上海向朝鲜提供铁板印刷机的制造图纸、工艺图纸以及标准操作方法。② 但是，上海市科学技术委员会通过与上海市机械局、轻工业局和通用公司、印刷机械厂、益民食品厂等单位联系发现，当时，上海尚未研究试制此项印刷机，因此，无法承担供给该项技术资料。③ 再如，1976年，朝鲜通过科技途径向我国农林部提出援助项目申请，由平壤市地方工业总局向我国派遣一个五人组的蔬菜生产考察团，考察时间为一个月，希望从中国

---

① 上海市档案馆. 上海汽车厂关于援助朝鲜、越南、阿尔巴尼亚车辆、维修配件、随车工具包装质量二吨转子发动机车集中利用使用、在产品质量上存在问题、展览品费用事宜[A].北京：第一机械工业部，1973.

② 上海市档案馆. 国家科学技术委员会关于请研究承担朝鲜向我国申请援助项目的函[A].北京：国家科学技术委员会，1959.

③ 上海市档案馆. 上海市科学技术委员会关于无法承担朝鲜向我国申请援助项目的复函[A].上海：上海市科学技术委员会，1959.

获得以下技术：第一，去除草酸等有害物质增加维生素含量的方法；第二，富有长寿需要的营养物质的蔬菜种类的选择和栽培管理方法；第三，了解温室栽培的技术问题和提高单位面积产量的方法；第四，温室中防止病虫害和不用农药抑制病虫害的方法；第五，人工栽培蘑菇中增加品种去除杂草的技术问题；第六，在蘑菇中，富含长寿需要的营养物质的蘑菇种类的选择和栽培方法；第七，温室中完成香蕉栽培方法和保持香味的方法；第八，香蕉后熟方法和防腐剂处理以及长期保管的方法。此项任务下达给上海后，上海市农业局表示，由于上海郊区蔬菜生产温室很少，有些在上年才开始搞，没有积累温室栽培技术的资料，且本局对富有长寿需要营养物质的蔬菜种类和蘑菇品种等项目也没有研究过，因此无法承担该项的考察任务。①

第五节　上海聚焦"人、财、物"要素补救援外失误的举措

在历史时期，上海主要从统筹"人、财、物"的要素出发，最大限度地补救援外工作中的失误。从"人"的角度来看，通过选拔、教育、管理相结合的方式，不断塑造高质量的援外专家与技术人员队伍；从"财"的角度来看，按照"勤俭办援外"的要求，妥善安排并合理使用援外经费；从"物"的角度来看，以协同作战、提前规划、激发工作人员责任感与使命感等方式实现"提质增效"的目标。

一、多措并举加强援外专家与技术人员队伍建设

援外专家与技术人员的综合素质，直接展示了我国援外人员的整体形象，也在较大程度上制约着援外任务能否按时、保质、保量地完成。可以说，一直以来，我国较为重视加强援外专家与技术人员的队伍建设，通过多种方式与途径不断增强援外出国人员思想政治素质和专业技术水平。

首先，兼顾好"红"与"专"的关系，通过"甄别精选"为受援国派遣坚定的国际主义战士。1964 年 12 月 19 日，周恩来在会见阿联酋副总理时强调，中国的援外专家与技术人员决不能在国外搞特殊，应遵守当地法律，并全心全

---

① 上海市档案馆. 上海市农业局革命委员会关于无法承担援助朝鲜蔬菜项目的复函［A］. 上海：上海市农业局革命委员会，1976.

意地为受援国服务。① 1967 年 6 月 25 日，周恩来在会见赞比亚总统时提出中国派遣援外专家的三条原则："（一）不干涉驻在国内政，全心全意为人民服务；（二）教会驻在国的人后尽快回国；（三）工资待遇和驻在国同等技术人员完全相同，不能有任何特权，不得有大国沙文主义。"② 可见，无论是对出国援外人员的选拔，还是对出国后援外人员的管理，国家始终坚持将政治原则摆在第一位。当然，需要说明的是，强调"政治素质"并非否定"专业技能"，只有革命的热情、缺乏业务上的精通同样"难堪大任"，援外出国专家与技术人员既要政治上过硬，也要精通业务，两者不可偏废。

按照中央的这一精神，上海在选拔援外出国专家与技术人员时，严守"政治底线"，为受援国挑选政治立场坚定与政治素质过硬，同时业务水平较高的出国专家。以 1966 年上海市手工业管理局为古巴选派木制玩具专家为例，在援外出国专家小组组长的选拔上，要求是政治上十分坚强的共产党员，而且立场必须坚定；作风正派，善于团结群众，具有一定的领导能力和实际革命斗争经验；具有在复杂的环境中单独处理问题和应对突发事件的能力；同时，要求是生产技术上基本过硬的厂长或副厂长。对组员的要求是，政治立场坚定，技术上精通玩具生产的整个工艺过程，并能单独解决生产疑难问题（政治面貌上最好也是党员）。此外，强调组长和组员最好从一个单位选派，以便领导和搞好内部团结，从而确保"一致对外"③。"又红又专"援外专家与技术人员的选派，能够坚决执行中央和地方的援外决策、援外工作部署，对高质量完成援外任务具有重要作用。

其次，注意"选拔"与"管理"并重，通过开展政治、业务等方面的学习活动，不断提升援外专家与技术人员的政治思想觉悟。按照中央的有关精神，上海的有关单位与企业不仅注重对援外工作人员的选拔工作，也逐步重视对出国后援外专家与技术人员的管理工作。在具体的实践层面，要求出国援外专家小组成立党支部或临时党支部，定日开展党的政治生活、组织生活，通过"先进堡垒"作用的发挥，不断提高援外小组成员的思想觉悟、政治觉悟，从而激发援外专家与技术人员干事创业的热情。以 20 世纪 70 年代援助越南医疗器械

---

① 中共中央文献研究室. 周恩来年谱：1949—1976：中卷［M］. 北京：中央文献出版社，1997：695.

② 中共中央文献研究室. 周恩来年谱：1949—1976：下卷［M］. 北京：中央文献出版社，1997：163.

③ 上海市档案馆. 第二轻工业部对外联络司关于请另行选派援助古巴木制玩具专家的函［A］. 北京：第二轻工业部对外联络司，1966.

厂的出国专家与技术人员队伍建设为例，在使馆党委和有关部门的领导与关怀下，党支部认真组织了学习马列著作和毛泽东著作活动，号召小组成员每天坚持收听中央广播，并建立了每周一个半天和三个晚上的学习制度。通过认真学习《共产党宣言》《国家与革命》《为人民服务》《纪念白求恩》《愚公移山》《红旗》《人民日报》等有关文章，提高了大家的知识理论水平和理论联系实际的能力。同时，在学习中开展"忆苦思甜"活动，进行新旧社会对比，从而不断改造小组人员的世界观。总之，通过建立、健全党的组织生活，开展积极的思想斗争，增进了交流、增强了团结，有效地克服了部分成员之前存在的大国主义、临时观点等思想倾向，极大地提高了执行毛主席革命外交路线的自觉性。

最后，及时开展心理抚慰工作，确保援外专家与技术人员在异国他乡安心工作。援外专家与技术人员出国后，因社会环境、风土人情、饮食习惯等方面差异，容易产生孤独的感觉和浮躁的情绪，这种问题逐渐引起上海有关部门的重视，为了确保出国援外人员安心工作，上海相关部门尽可能地完善出国援外人员的工作、生活待遇，让他们及时感受到祖国的"温暖"。比如，在 20 世纪 60 年代，上海市总工会在处理我国应聘出国的经济、技术援助专家和技术人员工会会籍问题时规定："应聘出国的经济、技术援助专家和技术人员，凡是工会会员的，出国时间在一年以上，保留会籍，停交会费，同时，为了使这些人能在国外安心工作，工会组织对其家属仍应同会员家属一样对待，允许他们享受工会举办的集体文化福利事项。"① 20 世纪 70 年代，我国加强了对出国援外专家与技术人员的生活保障工作。1972 年，对外经济联络部在关于援助阿尔巴尼亚工作的意见中强调了援外人员的生活待遇问题，要求："对工程技术人员的物质文化生活应引起重视，如筹建专家招待所、派遣医疗组（另有专题报告）、放电影以及书报传递等其他文艺生活，今年亦应设法解决。"②

此外，为了解决一些出国援外专家因不懂外语给工作带来不利影响的难题，中央有关部门向各有关省、自治区、直辖市卫生局发出精神号召，要求各地主动克服困难，努力使医疗队员在出国前保证集中六个月时间学习外语。上海积极响应国家的号召，为医疗队创造必要的工作学习与生活条件，重视他们的外语学习，以保证医疗队更好地完成任务。

---

① 上海市档案馆. 上海市总工会组织部关于答复应聘出国的经济、技术援助专家和技术人员凡是工会会员的保留会籍、停交会费的通知［A］. 上海：上海市总工会组织部，1964.

② 上海市档案馆. 对外经济联络部 1972 年援助阿尔巴尼亚工作意见［A］. 上海：对外经济联络部，1972.

二、发扬"勤俭办援外"精神对援外财力进行合理安排

上海为受援国提供的援助，本质上是国家对外援助的重要组成部分，是中央下达给上海的必须完成的任务，作为国家的一分子，只要条件允许，上海无法回避对外援助这项重任。但随着上海承担国家援外任务的增多，上海市自身财力面临着较大的压力。上海在解决这一问题时，不是通过推诿、扯皮的手段来少承担国家下达的援外任务，而是通过科学规划，对援外财力进行合理安排，从而补救援外工作中的失误。

积极贯彻国家"勤俭办援外"的精神，不盲目追求"大而全"。"勤俭办援外"是我国对外援助的优良传统，早在新中国成立初期，方毅同志便对如何做好援越工作和成套项目建设进行了思考，主张"不要把苏联援助中国的一套做法生搬到越南去，不要盲目追求现代化、自动化，也要防止因陋就简的偏向"①，可以说是"勤俭办援外"精神的重要体现。

上海积极发扬国家"勤俭办援外"的精神，在20世纪60年代的援外实践中坚持以下思路：对外援建成套项目中的"当地配套费用"由受援国负担，大约建成一个项目，我们援助60%，受援国自己负担40%，这样对它们起约束作用；按照国家相关要求，坚持差异化的援外思路，对蒙古这样的国家，实行"一包到底"，对越南、朝鲜、阿尔巴尼亚这样的国家，由他们自己负担40%（有的超过40%），避免他们盲目地要；对民族主义国家，因为没有经验，一般都是我们全包，当地费用也是我们出，这样很不好，以后在与马里等国家谈判中须改过来。援款的使用，要细小节流。援外项目必须先对受援国的资源、原料、生产销售、交通运输、劳动力、技术水平，以及我国的技术水平与设备制造能力等进行调查，然后确定。同时，必须分批确定，分批安排，避免同时上马、齐头并进。对援款不能满打满用，防止超额……援外项目必须技术成熟，确有把握，才能承担，一般只承担中小型项目，对重工业、化工项目要特别谨慎，除非特别需要……尽量不承担或少承担。对需要大量研究实验的项目，一般不能承担……凡是对方能解决的，都由对方解决，避免一切都由我们包下来的情况。②"勤俭办援外"的思路为上海节约了开支，有助于避免资源浪费的现象，为缓解国家与地方的财力产生了积极作用。

---

① 《方毅传》编写组．回忆方毅［M］．北京：人民出版社，1999：4.
② 上海市档案馆．上海市经济计划委员会援外办公室国家计委方主任在上海市援外工作党员干部会上的报告［A］．上海：上海市经济计划委员会援外办公室，1962.

改革开放之后，为了适应新的形势，上海及时响应国家的号召，进一步贯彻"勤俭办援外"的方针，努力提高援外项目建设的管理水平，力求把有限的财力、物力使用得当。同时，加强调查研究，制订切实可行的项目实施计划，主动与受援国有关部门合作共事，及时解决当地费用资金、材料和劳力供应问题，使双方工作有机地衔接起来。此外，坚持按照基本建设程序办事，大力改进施工管理，尽力降低工程成本。

除了坚持"勤俭办援外"的思路外，上海在参与国家援外工作中还坚持"实事求是"的原则，对于自身条件不具备或实力不允许承担的援外项目，及时向中央如实汇报，大胆说"不"，从而有效地避免了援外工作中的"误判"。比如，1959 年 12 月，上海市科学技术委员会就无法承担援朝印刷机技术资料一事向中央做出以下说明："关于朝方向我国申请的铁板印刷机的技术资料问题，经与本市机械局、轻工业局和通用公司、印刷机械厂、益民食品厂等单位联系，据称至目前为止，上海尚未研究试制此项印刷机。因此，无法承担供给该项技术资料。专此函复。"①

三、以提质增效为目标狠抓援外成套项目与设备质量

援外成套项目与设备质量，直接影响着我国在受援国的形象，因此，为受援国援建质量过硬的成套项目和提供优质的设备历来是上海参与国家援外工作的目标追求。在狠抓援外成套项目与设备质量工作中，上海主要采取了以下举措。一是通过多部门"协同作战"来达到"提质增效"的目的。随着形势的发展，援外工作日益繁重，在上海地区，对外援助不是某一个部门或单位的事情，而早已成为本市各部门的共同任务。因此，许多工作必须依靠相互协作才能完成。在技术工作、材料、发运等方面，还需取得科研单位，物资、运输等部门的密切配合和积极支持，才能保证高质量地完成援外任务。二是结合实际，将工作做在前面。上海有关单位坚持贯彻"积极承担和实事求是相结合"的原则，既要满足援外需要又要根据实际可能，既积极又慎重。凡上级交代任务，必须积极承担。凡有困难，必须千方百计创造条件，设法克服。经过努力，确实办不到，如实反映，请示领导决定，把工作建立在可靠的基础上，尽可能减少援外工作中的偏差，提升援外工作的整体效率。三是通过"抓革命、促生产"提升援外工作质量。上海市有关单位主动加强援外人员的思想政治教育，号召继

---

① 上海市档案馆.上海市科学技术委员会关于无法承担朝鲜向我国申请援助项目的复函[A].上海：上海市科学技术委员会，1959.

续发扬艰苦奋斗的优良传统，不断增强有关单位、企业、援外人员的使命感、责任感、荣誉感，引导他们诚心诚意地为受援国人民服务，坚决克服"向钱看"的倾向，防止松劲情绪，努力把国内外工作做好，保质、保量、按期完成援外任务。

第七章

上海援外对做好新时代国家援外工作的启示

　　步入 21 世纪，国际、国内环境发生了深刻变化。一方面，建设更好的世界、实现更好的发展成为国际社会共识和迫切要求。2000 年，联合国等机构发布《为所有人创造更好的世界——实现全球发展目标的进程》报告，为联合国千年发展目标提供了重要参考，这一年联合国千年首脑会议通过了《联合国千年宣言》，致力于推动全球可持续发展。但南北发展差距加大、局部战争、发展中国家暴力冲突、全球性自然灾害、国际人道主义危机、粮荒与饥荒、"难民潮"、贸易摩擦、发达国家频繁"退群"、流行病与大疫情等一系列问题严重威胁着全球的和平与发展，如何应对这些难题以实现更好的发展成为绝大多数国家的迫切要求。另一方面，中国不断提升对外开放水平，为全球经济社会发展持续注入动力。从党的十五届五中全会提出"走出去"战略，到加入世界贸易组织，再到提出"一带一路"倡议，中国不断提升全方位开放水平，倡导公平竞争与互利合作，努力提供破解世界难题的中国智慧与中国方案。

　　上海从服务国家对外战略大局的角度出发，相继出台《关于上海加快实施走出去战略的指导意见》《上海服务国家"一带一路"建设发挥桥头堡作用行动方案》等政策，在服务国家经济社会发展的同时，不断拓展对外经济技术合作，组织加大对外医疗援助力度，深化与发展中国家的人力资源开发合作，努力提升对外紧急人道主义援助水平和援外志愿服务质量，为推动构建"人类命运共同体"发挥积极作用。作为重要的"次国家行为体"，面对新时代的援外形势和援外任务，上海需要在援外理念、援外主体结构、援外渠道、援外机制、援外宣传等层面加以完善，从而为国家援外事业的发展做出新的更大的贡献。

第一节　不断丰富援外理念，充分重视对外援助中的"人文"要素

　　中国的对外援助理念，是一个不断变化发展的过程。有研究者指出，1971年，全国第一次援外工作会议的召开，确立了"无产阶级国际主义"的援外指导原则，这一原则至 1979 年均未改变；1980 年，全国外经会议召开，"有出有进、平等互利"成为我国援外理念的新动向；1983 年，全国第六次援外工作会议提出"平等互利、讲究实效、形式多样、共同发展"的四项原则，对我国的援外理念进行了补充；2011 年，《中国的对外援助》白皮书发布，我国的援外理念演变为"平等互利、注重实效、与时俱进、不附带任何政治条件"①。然而，无论是改革开放前注重政治利益的"无产阶级国际主义"理念，还是改革开放后强调经济利益与经济合作的"实用性"理念，在具体的援外实践中，中国一直比较重视"物质"层面的对外援助，而对援外中的"人文"层面关注偏低。

　　从国家对外援助的整体层面来看，"改革开放前的 28 年（1950—1978 年），我国对外援助的主要内容是向受援国提供贷款或无偿援助。那时我国所提供的贷款一般都是无息贷款；对外援助的方式一般为成套项目援助、技术援助、物资援助及现汇援助等"②。改革开放后，虽然在援外理念、援外方式、援外管理等层面我们做了较大调整，但在援外内容层面上，低息贷款援助与无偿援助转变为多种形式的经济技术合作，"物援"的成分没有发生根本性变化，对外援建成套项目、对外承包工程与开展劳务输出等依然是我国援外的重要内容。从上海参与国家援外实践的层面来看，新中国成立初期，上海对朝鲜、越南的援助，主要体现为从"物质"层面给予军事上、技术上、经济上的支援；万隆会议之后，上海参与国家援外的范围扩大，除继续承担国家援助朝鲜、越南的任务外，上海开始为其他社会主义国家和民族主义国家援建成套项目、提供成套设备、提供物资援助等；进入 20 世纪 70 年代后，上海承担了国家繁重的援外任务，在"物质"层面进一步帮助受援国；从 20 世纪 80 年代至 90 年代初期，上海参

---

　　①　刘方平. 中国援外战略转变探析 [J]. 东北亚论坛, 2016 (3)：51-52.
　　②　刘小云. 中国对外援助改革与调整二十年 [J]. 国际经济合作, 1998 (10)：30.

与国家援外的形式，从单一的对外经济技术援助逐步走向对外经济技术援助与对外经济技术合作并举，追求经济利益的目标依然没有超越"物援"的层面。以援外项目为例，"至1978年，上海承担的成套项目共220项，年平均14.6项，受援国有亚、非、东欧25国。其中上海主包179项，援助金额共计20.5亿元，平均每项1145.25万元……1979—1995年，上海承担援外项目21项，其中主包19项，合计金额6.01亿元，平均每项3163万元"①。

不可否认，在不同的时代背景与历史条件下，"物援"有其自身的合理性。从我国来看，"物援"在国家以及地方援外工作中发挥了不可代替的作用，对于配合国家的外交工作、实现主权国家对外战略意图发挥了积极功效。对受援国而言，中国提供的"物援"不附带任何政治条件，且大都急第三世界国家之所急，尤其是一些关乎受援国经济社会长远发展的成套项目的援建，为这些国家的经济恢复与经济发展注入了一剂"强心针"。但同时需要看到，上海在参与国家的对外援助中，对"人文"领域的关注偏少。比如，上海更重视完成国家下达的援外成套项目任务，对受援国存在的亟须解决的发展难题缺少必要的"方案援助""经验分享"等，这在一定程度上凸显了地方乃至国家援外工作中"人文"层面的薄弱。又如，在不同时期，上海也或多或少地开展了对外紧急人道主义援助，但这种援助更多的是向受援国或受援地区提供救灾物资、派遣救灾工作队等内容，侧重于从物力、人力层面帮助对方，而缺少对受灾国或受灾地区民众的心理抚慰，对弱势灾民也缺乏有针对性的援助方案。

援外理念对援外实践具有重要的指导作用，也在较大程度上展现了一个国家对外援助的动机与"初心"。随着国际关系理论的发展，援外理念也得以不断丰富，援外理念中的"人文"要素也逐步进入人们的视野。现实主义的国家利益论强调对外援助背后的政治经济利益和国家对外战略意图，视援外为维护本民族利益和国家利益的重要工具。自由主义的人道主义关怀论则以"去政治化""去意识形态化"为中心，主张挖掘对外援助中的"普世"价值观念。美国学者约瑟夫·奈提出了"软实力"理论，"这一理论的出场，使对外援助发生了深刻的变革，西方发达国家纷纷转变传统的对外援助理念，在向受援国提供'物援'的同时，逐步加大方案共享、预案援助、理念交流、智慧帮助等'人文'援助的力度，并以此作为意识形态输出和文化影响的新方式，从而不断塑造本

---

① 《上海对外经济贸易志》编纂委员会. 上海对外经济贸易志：中册 [M]. 上海：上海社会科学院出版社，2001：1242.

国在国际社会的'软实力'"①。作为新兴的援外大国，中国的对外援助既与西方国家有着本质上的区别，又清除了"计划经济"模式的弊端，在援外理念层面涵养了中国特色，因此，就理论层面而言，我们应有足够的自信。上海在参与国家的对外援助中，一方面要进一步挖掘我国援外理念中的"人文"要素；另一方面要坚持与时俱进，以更加开放的姿态主动学习借鉴西方国家的有益援外经验，不断催生新的"人文"成分。

从现实层面来看，我国的援外理念中是富含"人文"要素的，只不过有待我们进一步深挖、深耕。在毛泽东时代，"无产阶级国际主义"是指导我国援外的主要理念，这一理念并非意味着只求安全利益、政治利益，也注重坚持"以人为本"，维护个体的人的利益。在抗美援朝中，针对朝鲜境内的难民与饥荒问题，周恩来起草电文："我国已准备供应朝鲜二万吨粮食。志愿军可对驻地附近断粮居民酌情给予救济，但若数量大，仍宜送朝鲜政府转发。"② 在这一时期，中国还多次就海外灾害、难民问题发起人道主义救助，在履行无产阶级国际主义义务中彰显了浓浓的"人文情怀"。改革开放后，国际维和、防灾减灾、粮食安全、公共安全等世界性议题逐步进入我们的视野，我国对外人道主义援助的力度不断加大，并于2004年正式建立了"援外紧急人道主义援助机制"，这让我们在对外提供"人文"层面的援助中更加积极有为。尤其是面对全球罕见的"新冠肺炎疫情"，习近平同志向国际社会做出庄严承诺："中方秉持人类命运共同体理念，愿同各国分享防控有益做法，开展药物和疫苗联合研发，并向出现疫情扩散的国家提供力所能及的援助。"③ 这启示我们，地方在参与国家的对外援助中，应充分把握我国援外理念的时代内涵，在应对传统安全与非传统安全领域展开经验交流、技术援助、技术合作，为进一步增强我国对外援助的"公益"属性、"人文"属性贡献地方力量。

此外，上海作为我国的特大城市和沿海开放城市，应该进一步解放思想，率先与国际社会接轨，主动学习借鉴西方发达国家援外实践的有益成分，尝试在实施对外紧急人道主义援助中，除向受援国或受援地区提供必要的救灾物资、现汇援助以及派遣医疗救援队外，还可以适度增加救灾经验分享、防灾技术交流、灾害防控预案、弱势灾民关怀行动、灾后心理抚慰项目等"人文"援助的

---

① 闫红果 . 21 世纪以来中国对非洲的"救灾援助"［J］. 印度洋经济体研究，2020（3）：136.

② 中共中央文献研究室 . 周恩来年谱：1949—1976：上卷［M］. 北京：中央文献出版社，1997：233.

③ 习近平 . 携手抗疫　共克时艰：在二十国集团领导人特别峰会上的发言［M］. 北京：人民出版社，2020：3.

力度，让国际社会切实感受到上海这座国际化大都市的"温度"。

第二节 优化援外主体结构，引导更多的民间力量 参与对外援助

特殊的国情、历史等原因造就了中国单一制的国家结构形式，在这种形式下，中央政府在对内、对外事务中发挥着主导作用。对外援助作为国家外交工作的重要组成部分，更是一项由中央政府主导的官方活动。一直以来，我国的对外援助都具有强烈的"官方"色彩。早在 1958 年 4 月，周恩来在外事工作会议上便强调，"外交战线上的斗争，必须实行统一指挥下的分散作战，统筹安排下的分工协作"①，因此，地方外事工作绝对服从中央的领导是首要原则，也是其"官方"属性的集中体现。我国对外援助的"官方"属性还体现在援外资金的使用方面必须由中央掌握，1969 年 5 月，李先念在《关于一九六九年对外援助现汇用汇计划的报告》的批语中要求："根据中央精神，由外经委掌握。除中央已经确定的外，每一项新的用款，都要报中央批准。"② 因此，从对外援助"官方"属性的角度来看，中国的对外援助实行的是一种"举国体制"，在这种体制之下，援外战略的制定、援外政策的出台、援外对象的确定、援外资金的使用均由我国官方部门（主要是中央政府）决定，地方政府作为承担国家援外任务的单位，必须坚决服从中央政府的领导和管理。毫无疑问，这种"举国体制"具有强大的威力，它能够迅速、有效地集全党、全军、全民族、全国各地之力保障我国援外工作顺利展开，具有西方国家无可比拟的优越性，因而成为我国对外援助的一大特色。

但凡事均有两面性。一方面，我国对外援助浓厚的"官方"色彩以及衍生的"举国体制"，很好地组织、调动了中央各部委、省、自治区、直辖市及其附属单位参与国家的援外工作，并使其成为对外援助中的"核心"力量。另一方面，由官方部门主导的对外援助，长期忽视企业、志愿者协会、个体等民间力量的作用，导致对外援助的主体比较单一，最终产生援外工作中的"短板"。有

---

① 中共中央文献研究室. 周恩来年谱：1949—1976：中卷［M］. 北京：中央文献出版社，1997：138.

② 《李先念传》编写组，鄂豫边区革命史编辑部. 李先念年谱：1964—1969：第 4 卷［M］. 北京：中央文献出版社，2011：585.

学者指出，"NGO 参与对外援助在西方国家中得到广泛使用，但 NGO 在中国对外援助中发挥作用不够"①。从实际情况来看，中国参与国家援外工作的非政府组织主要有中国红十字会、部分志愿者协会等，但个别组织如中国红十字会仍具有"半官方、半民间"的色彩。

上海在参与国家的援外实践中，同样较好地组织动员了上海市轻工业局、化工局、纺织工业局、电业管理局、外贸局、粮食局、水产局、水产研究所、卫生局、高教局、农业局、手工业局、机电一局、冶金局、仪表局、建工局、邮电局、水文地质大队、江南造船厂、农业药械厂、沪东造船厂、禽类蛋品公司、柴油机厂、电缆厂、灯泡厂、耐火材料厂、无线电厂、电度表厂、机床厂、电子计算机厂、重型机器厂、成套设备出口公司等一大批企事业单位与机构参与到国家的援外活动中，但这些单位与机构或者是政府部门，或者是国有企业、事业单位，真正承担援外任务的非政府组织和民间力量相对不足。因此，作为全国数一数二的大城市，上海承担的国家援外任务，主要由官方力量来完成，而参与上海对外援助的非官方力量较为薄弱。

对外援助意味着大量的人力、财力、物力支付和发展资源的外部投放，这对援助方来说是一种较大的挑战，也考验着援助方的综合实力。尤其是一些规模较大、耗资较多、建设周期较长的项目，单纯依靠企业、社会组织、志愿者协会、个人等民间力量很难完成援外任务，也不符合对外援助的一般性规律。因此，优化援外主体结构，首先是要继续发挥以政府部门为主体的官方单位的作用，充分展现官方部门在资源整合、资金筹集、政策配套等方面的比较优势，从而为顺利完成国家的援外任务提供基本保障。

同时需要看到，政府援助模式相对固定、灵活性不够，难以满足受援国的个性化需求，"而且，过于强调政府角色会突出援助活动的政治性，不但引起国内舆论误解，也会增加国际社会的不信任感"②。从全球范围来看，尤其是在一些援外经验相对成熟的西方发达国家，引导私营企业、民间社会团体、多种志愿者组织以及不同类型的社团等非政府力量参与对外援助成为一种社会发展趋势，也是部分西方国家推行援助外交、公共外交、民间外交的重要方式。国际社会对非政府力量的重视，启示我们优化援外主体结构很重要的一个方面是引导更多的民间力量参与对外援助。

---

① 杨枝煌，杨南龙. 中国特色对外援助 70 年的基本图景及其优化建议［J］. 国际贸易，2019（12）：73.
② 何霁赠，李庆四. 新时代中国对外援助面临的挑战及改革路径［J］. 中共中央党校（国家行政学院）学报，2019（3）：125.

为充分调动民间力量参与国家对外援助的积极性，上海可以率先在国内进行相关探索，比如有关部门可以开展援外优质企业、援外优质团体、援外优质协会、援外先进个体等品牌认定活动和荣誉评选活动，并协同有关部门进行信息整合，在纳税、信贷、融资、奖励等方面给予一定的扶持和补偿，尽力消除民间力量参与对外援助的"忧虑"，进一步调动民间力量参与对外援助的积极主动性。地方政府也可以通过搭建相关平台，为加强政府与民间力量在援外中的交流与合作提供便利条件，既发挥政府部门的传统优势，又充分释放民间力量在援外活动中的活力，尤其是当官方力量不便介入时，充分展现民间力量的能动性，从而弥补援外工作中的失误与疏漏。

第三节 积极拓宽援外渠道，适度加大对外多边援助的力度

根据援助方与受援方的空间范围，国际发展援助的交付方式主要分为双边援助和多边援助两种。"双边援助为一国直接针对另一国所实施的援助及开展的合作。多边援助则指援助国将援助资金交予指定的国际机构，例如，世界银行（The World Bank）、联合国开发计划署（The United Nations Development Programme UNDP）、联合国儿童基金会（United Nations International Children's E-mergency Fund UNICEF）等，或是交由其他国际性非政府机构（international NGO INGOs），由它们将资金分配给发展中国家及欠发达地区。"① 相对而言，双边援助主要由援助国发起、实施和管理而不受第三方组织或机构的约束，更容易对受援国直接施加影响从而实现援助国的对外战略意图，受援国也不用经过第三方组织或机构的相关手续直接获得援助，因而广受援助双方的青睐，这也是双边援助一直为国际发展援助主流交付方式的重要原因。然而，多边援助却具有双边援助无可比拟的"公益性"，作为一个主权国家尤其是世界大国，主动发起、参与多边援助是履行国际义务、担负大国职责的重要体现。我国通过多边组织将援外资金输送到广大发展中国家和地区，对帮助发展中国家经济发展、实现区域共同发展产生了积极效应。上海在参与国家的对外多边援助中，虽然力度较小，但在不同的历史时期同样支援了部分第三世界国家的发展，为帮助它们恢复发展国民经济、实现灾后恢复与灾后重建等方面贡献了上海力量。

---

① 刘民权，张玲玉. 构建公平有效的国际发展援助及合作体系［J］. 学习与探索，2017（12）：147.

上海参与国家对外援助的渠道，与国家整体层面的援助交付方式是息息相关的。20 世纪 50 年代至 70 年代末，上海在对世界社会主义国家和民族主义国家的援助中，主要目的是通过支持、帮助第三世界国家的民族独立、国民经济恢复和经济社会发展，不断壮大世界反帝、反殖、反霸的力量，进而维护我国的国家安全与国家政治利益以及维护第三世界国家的利益。因此，在这一时期，双边援助更容易实现预期的目标，因而是上海参与国家援外的主要渠道甚至是唯一渠道。改革开放之后，一方面，我们需要继续支援第三世界国家的经济建设并与它们开展多种形式的经济技术合作；另一方面，随着中国的开放程度越来越高、对外交往越来越广、"朋友圈"越来越宽、在世界上的影响力越来越大，国际社会期望中国"积极有为"。为了回应国际社会这种关切，进一步履行大国职责，中国开始参与到联合国的多边援助中，为帮助欠发达国家及时摆脱饥饿、贫困、灾难等贡献中国力量。这一时期，上海积极响应国家号召，先后参与了联合国的一些多边援助项目，但整体而言，参与多边援助的力度较小，与上海在国际社会的影响力不相适应。

完善上海的对外多边援助工作，首先需要"拿捏好"对外多边援助的"度"。改革开放后，国内外形势发生了巨大变化，在国家经济实现大发展、大繁荣的背景下，上海作为长三角地区的"龙头"城市，经济社会发展的势头同样强劲有力。广大发展中国家不仅对中国寄予较高的期望，对上海这座国际化大都市也充满期待，希望能够与上海加强交流与合作、渴望得到上海的支持与帮助，要求上海这座国际城市承担更多的促进共同发展的责任。同时，为了贯彻落实国家深化改革开放的精神，上海市委、市政府于 2018 年 7 月 10 日出台《上海扩大开放 100 条》行动法案，上海在对外交往与对外经济技术合作中将变得更加主动、更加开放、更加有为，也更加自信地向世界表达自身对合作、发展等问题的看法。因此，如何回应与实现国际社会对上海的新期待，又能够充分考虑国家的对外战略并结合上海的实际做到"尽力而为"，需要上海有关部门在对外多边援助中掌握好"火候"。适度加大对外多边援助的力度，关键问题是把握好"度"的问题，最终目的是在满足发展中国家现实期待的同时，扩大中国在世界的影响力以及上海在国际社会的影响力，为实现国家和上海更好的发展营造一个有利的国际空间。

此外，还需要充分运用多边援助平台的功能作用。从实际情况来看，我国对外多边援助的平台主要有五类：一是联合国系统，主要包括世界卫生组织、联合国资本发展基金、联合国开发计划署、联合国教科文组织、联合国粮农组织、联合国环境规划署、联合国人口基金会、联合国难民署、联合国儿基会、国际农业发展基金会、联合国提高妇女地位国际研训所、联合国近东巴勒斯坦难民救济和工程处、世界粮食计划署、国际原子能机构、国际贸易中心、联合国人居署、世界贸易组织、国际劳工组织；二是世界银行集团，主要包括国际复兴开发银行、多边投资担保机构、国际开发协会；三是地区发展银行，主要包括非洲开发银行集团、亚洲开发银行、加勒比开发银行、泛美开发银行；四是其他多边组织和基金，主要包括红十字国际委员会、红十字会与红新月会国际联合会、全球环境基金；五是中国没有参加但提供多边援助的组织，包括太平洋共同体秘书处、美洲国家组织。① 在历史时期，上海参与国家的对外多边援助，主要是通过联合国系统这一平台进行的，对其他平台的运用相对较少甚至没有使用过。联合国系统平台虽然较多、较大，但多数机构是由西方发达国家尤其是美国主导的，中国通过此平台开展的对外多边援助难免受到掣肘或牵制。为此，上海在开展对外多边援助时，除了依靠联合国系统的众多平台外，还应充分运用世界银行集团、地区发展银行、其他多边组织和基金等平台的作用，将"鸡蛋"放在多个"篮子"里，通过多元化平台的运用，最大限度地释放对外多边援助的成效。

第四节 建立健全援外机制，牢牢掌握援外工作的主导权

上海市在参与国家的对外援助中，十分重视对受援国的项目建设，通过整合上海市的人力、财力、物力，为广大第三世界国家援建了一大批质量过硬、口碑较好的生产生活项目。在上海承担筹建的援外项目中，影响较大的除了援助越南数以百计的各行业的民用工厂、军用工厂、电站、医院以及援助阿尔巴尼亚的爱尔巴桑冶金联合企业以及许多轻、重工业工厂外，还有援助朝鲜油泵油嘴厂75号、13号工程，援罗马尼亚液压元件车间、单晶硅厂，援巴基斯坦的重型机器厂，援北也门的中等工业技术学校，援坦桑尼亚的"友谊"纺织印染厂，援马耳他的纺织厂，援斯里兰卡的淡水养殖试验站，援几内亚的渔业项目，援苏丹的"友谊厅"（国际会议大厦）等。这些援建项目，对于帮助受援国发展民族经济和加深我国同受援国人民之间的友谊，都起了显著的积极作用，在国际上也受到广泛的称赞。

但是，在历史时期，上海在参与国家的对外援助中，也不同程度地存在轻

---

① 熊厚．中国对外多边援助的理念与实践［J］．外交评论，2010（5）：52．

视援建项目的管理问题。这主要体现为：上海作为成套项目的筹建单位或协建单位，更注重向一些社会主义国家和民族主义国家"移交"已建成的项目，至于项目的后期运作、生产经营盈利状况如何等问题，关注得比较少；一些由上海"包下来"的成套项目本来应该由上海援建单位与受援国有关部门共同协作配合来完成，但我国一些援建单位与受援国之间缺乏充分的沟通与联系，觉得外国一些单位不好"打交道"，一些外国工人不好管理，因而"完全包办"的现象时常发生；由于缺乏科学的援外管理机制以及与受援国沟通不畅等原因，由上海生产的质量较好地与援外成套项目相配套的设备发运受援国后，因项目延期等原因，一些材料和设备被"冷处置"而没有保管好，以上海援建朝鲜的橡胶制品厂为例，该项目土建施工和试生产部分原料由朝方负责，由于朝方基建战线过长，材料、劳动力不足，本项目进度再三推迟，而由我方提供的设备已大部分发朝，这些设备的储存、保养、维修均发生了很大问题。①

尤其是随着中国援外规模的扩大，援外管理体制机制建设滞后于援外事业发展，如援外管理机构职能重叠、相互协调性不够等问题。为此，国家加强顶层设计，于2018年组建成立国家国际发展合作署，集"援外战略规划"与"援外组织协调"于一体，通过整合援外资源、统一援外决策、强化援外管理，有效地推动了新时期我国援外工作的开展。也有学者主张从法律的层面"建章立制"，以此规范我国的援外管理工作，强调"中国应借鉴西方发达国家援外法律制度的合理成分，尽快建立符合中国国力、具有中国特色、能体现南南合作特点的《对外援助法》，增强援外管理制度的系统性、权威性和合法性，优化对外援助结构……强化对援外项目的监管和评估"②，从而更好地为我国与受援国的国家利益服务。

从实践层面来看，在国家的顶层设计下，应通过建立健全有关援外管理机制，引导上海一些单位和企业在援外中解决"重建设、轻管理"的问题，从而牢牢掌握对外援助工作的主导权。比如，可以建立健全援外单位、企业和个人参与援外项目经营、管理机制。援外项目建成后，在与受援国协商并达成共识后继续深化合作，鼓励不同的援建主体可以凭资金、技术、管理等要素入股，从事建成投产项目的后续生产、经营、管理工作，从而实现互利共赢的目标。又如，在援外项目建设、管理过程中，应引入"产权明晰、责权分明、风险共

---

① 上海市档案馆. 关于上海市1979年对外援助成套项目上半年执行情况报告[A]. 上海：上海市对外经济联络局，1979.

② 张中祥. 中国对外援助为什么会遭到前所未有的质疑 [J]. 武汉大学学报（哲学社会科学版），2019（3）：183.

担、利益共享"的现代管理机制。凡是由受援国负责的材料、工程、工艺设计、人力配备等任务，要按照"规则""规范"由其配合好。一些由上海承担的设备、材料等物资发运受援国现场后，规范好彼此的责任与权力，妥善解决项目延期导致设备、材料保管不善的问题。

第五节　创新援外宣传方式，及时回应西方个别国家妄议

中国对外援助的过程，经历了一个从起步到发展再到壮大的阶段，尤其是改革开放之后，中国的对外援助开始变得理性、务实、高效。对此，一些西方"守成大国"开始感到压力与恐慌，进而对中国援外的义举产生"嫉妒"，并试图"诬陷"和进行"刁难"，尤其是在舆论层面鼓吹中国的对外援助是一种"新型殖民主义"和"资源攫取工具"。这种不负责任言论的背后固然是大国角力之策略使然，却为我们如何做好援外宣传工作敲响了警钟。

在历史时期，我国的援外宣传工作存在一些不足，主要体现在"重盛赞、轻批判"层面上：在以"阶级斗争为纲"的时代，援外宣传工作服务于我国国家安全与政治利益的需要，对外话语表达时"爱憎分明"，带有鲜明的"阶级斗争"烙印；同时，注重对援外英雄人物的"塑造"及其先进事迹的"讴歌"，突出正面宣传的作用，对援外中的问题与不足缺少现实关照，主张站在"无产阶级国际主义"的角度广泛宣传中国援外的积极成效。此外，在不同时期，侧重于被动回应国外媒体尤其是西方媒体对我国援外事业的"质疑"与"污蔑"，缺乏主动出击以抢占援外舆论"高地"的意识。

上海在参与国家的对外援助中就援外工作宣传方面与中央的"口径"是完全一致的，也十分注重"抓好典型"。比如，1965 年，由上海选派出国援助古巴的人员卫妙根同志由于工作出色，被驻古巴使馆及对外经委评定为出国援外人员乙等奖，此事被当作典型进行宣传，称赞卫妙根同志通过采取培育壮苗、移栽遮阴和加强灌溉等技术措施，把夏季移栽生菜的成活率由 30% 提高到 95% 左右，解决了古巴夏季生菜供应的问题；在菜种播种前用滴滴涕喷射苗床，解决了蚂蚁搬种子的难题，从而促使当地的生菜育苗成功；在选、留种工作以及豆角搭架方面也做出了成绩；任劳任怨，先公后私，先人后己，有苦先当，有福后享，不怕苦，不怕累，全心全意为古巴人民工作；热心传授技术，从多方

面帮助古巴培养了自己的技术力量。① 另外，作为参与国家援外的重要力量，上海在回应西方媒体对我国援外工作的"质疑"时同样比较"谨慎"和"保守"。诚然，这既有时代的原因，也与我们对外界主动批判的意识欠缺有关。

值得注意的是，"话语是构成新闻报道的单元，也是态度倾向、意识形态输出的载体"②。对话语及话语权的掌握历来受到主权国家的高度重视。中国在日益走向世界舞台中央的过程中，同样十分重视对话语及话语权的掌握问题，尤其是中国特色社会主义进入新时代之后，以习近平同志为核心的党中央视国际话语权为国家文化软实力的重要组成部分，指出："要精心构建对外话语体系，发挥好新兴媒体作用，增强对外话语的创造力、感召力、公信力，讲好中国故事，传播好中国声音，阐释好中国特色。"③ 那么，话语权是如何确立和获得的呢？从其自身构成要素来看，你的实力越强、位置越突出、声音越大，别人越容易跟随你、看到你、听见你。因此，在某种程度上说，一个主权国家话语及话语权的获得是"自塑"与"他塑"相互博弈的结果。"自塑"有赖于本国媒体的正面宣传，"他塑"主要是国际社会的认识、评价和判断，"自塑"与"他塑"博弈的最终结果影响着一个国家在国际社会的形象。当然，在这个过程中，"自塑"居于主导地位，"他塑"处在次要地位，"自塑"的声音越大、方法越恰当、效果越好，越能为"他塑"设置议程，从而影响甚至决定"他塑"的结果。由此可见，在一个主权国家当中，由统治阶级掌握新闻媒体进行国家形象的"自塑"是多么重要。

习近平同志历来重视新闻宣传与舆论引导工作中的"自塑"问题。他在主政浙江期间曾强调，做好新闻宣传工作，一要讲政治，二要顾大局，三要善创新，四要强素质。④ 在如何完善新时代的宣传工作中，他还主张"构建全党动手的大宣传格局"⑤。2016 年 2 月 19 日，在党的新闻舆论工作座谈会上，习近平总书记强调党的新闻舆论工作的职责和使命是："高举旗帜、引领导向，围绕中心、服务大局，团结人民、鼓舞士气，成风化人、凝心聚力，澄清谬误、明

---

① 上海市档案馆．农业部关于援助古巴工作的专家卫妙根评奖事迹材料的函［A］．北京：农业部对外联络局，1965.

② 曾润喜，杨喜喜．国外媒体涉华政策传播的话语框架与语义策略［J］．情报杂志，2017（6）：99.

③ 中共中央党史和文化研究院．习近平关于总体国家安全观论述摘编［M］．北京：中央文献出版社，2018：107.

④ 习近平．干在实处　走在前列：推进浙江新发展的思考与实践［M］．北京：中共中央党校出版社，2006：310-311.

⑤ 人民出版社．学习习近平总书记8·19重要讲话［M］．北京：人民出版社，2013：32-34.

辨是非，联接中外、沟通世界。"① 以上重要论断，为我们开展援外宣传工作提供了根本遵循。上海在援外宣传工作中应充分贯彻、落实中央的有关精神要求，既要以"海纳百川"的胸怀容得下多元化的声音，又要在联结中外、沟通世界中主动澄清谬误，及时回应西方个别国家"妄议""污蔑""歪曲"中国援外的言论，在与西方部分媒体的激烈交锋中塑造中国援外的立体形象。同时，应不失时机地向国际社会解读上海参与国家对外援助的历史和概况，通过个案的新闻聚焦与特写"释疑""解惑"，展示上海参与国家援外的生动画卷。此外，上海在宣传援外工作中应有世界眼光，充分考虑外国民众的认知风格与心理偏好，积极探索以"通俗化""民本化""国际化"的政治语言主动回应国际社会关切，在"自塑"与"他塑"相统一中更好地向世界说明中国！

概而述之，新中国成立以来，中国共产党人将对外援助作为一项必要的战略支出，保护了国家安全，有效维护了我国的政治经济利益，并以有别于西方国家的新型援助，促进了社会主义国家、民主主义国家以及广大发展中国家的经济社会建设，产生了互利共赢的效果。中国对外援助成绩的取得，离不开历届党中央的坚强领导，得益于援外战略与援外理念的适时调整、不断创新，也与地方省市的"敢于担当"和"积极参与"有着密切的关系。放眼中国70余年的对外援助历程，毛泽东、周恩来、邓小平、李先念、方毅、江泽民、胡锦涛、习近平等共和国的领袖和国家领导人，为探索、开拓、建构有中国特色的对外援助道路做出了重大贡献，他们关于对外援助的重要论述，为地方如何参与国家的对外援助提供了理论指引。尤其是历届党中央均十分注重妥善处理好援外工作中地方省市与中央之间的关系，并始终强调地方参与援外工作必须服从服务于国家援外工作的大局，为推动我国援外事业的持续发展提供了重要保证。

上海，作为新中国成立初期的"王牌"城市、轻工业发达城市、沿海开放型城市以及新时期的国际化大都市，在对外援助中被寄予更大、更厚重的期望。上海通过积极承担国家下达的援外任务，努力探索对外经济技术合作新方式，日益加大对外紧急人道主义援助的力度，为我国对外援助事业的起步、发展、改革以及完善做出了重要贡献，也向受援国家和受援地区展示了中国代表性城市的风采与温度。伴随着经济全球化和区域经济一体化进程的加快，上海日益走向国际社会，而海外企业竞相入沪也达到前所未有的程度，这种"如胶似漆"般的关系，使上海这座城市的命运与国际社会的命运紧紧地联系在一起。从某

---

① 人民日报社评论部．论学习贯彻习近平总书记新闻舆论工作座谈会重要讲话精神[M]．北京：人民出版社，2016：4.

种程度上来说，上海与不同主权国家之间是一种"经济互融""风险共担""文化互信"的命运共同体，这对新时代上海参与国家对外援助提出了新要求。为了更好地顺应这种时代要求，上海可以在援外理念、援外主体结构、援外渠道、援外机制、援外宣传等层面继续展开探索和大胆尝试，为进一步创新和完善"次国家行为体"参与国家援外工作贡献自身的力量！

参考文献

一、学术著作

[1] 马克思恩格斯文集：第 8 卷［M］．北京：人民出版社，2009：123.

[2] 马克思恩格斯文集：第 10 卷［M］．北京：人民出版社，2009：666.

[3] 马克思恩格斯选集：第 1 卷［M］．北京：人民出版社，1995：60.

[4] 马克思恩格斯选集：第 1 卷［M］．北京：人民出版社，1972：390.

[5] 马克思恩格斯选集：第 2 卷［M］．北京：人民出版社，1972：377.

[6] 马克思恩格斯选集：第 3 卷［M］．北京：人民出版社，1995：19.

[7] 马克思恩格斯全集：第 4 卷［M］．北京：人民出版社，1958：392，510.

[8] 马克思恩格斯全集：第 5 卷［M］．北京：人民出版社，1958：47-48.

[9] 马克思恩格斯全集：第 7 卷［M］．北京：人民出版社，1959：429.

[10] 马克思恩格斯全集：第 10 卷［M］．北京：人民出版社，1962：483.

[11] 马克思恩格斯全集：第 12 卷［M］．北京：人民出版社，1962：63.

[12] 马克思恩格斯全集：第 21 卷［M］．北京：人民出版社，1965：196.

[13] 马克思恩格斯全集：第 30 卷［M］．北京：人民出版社，1995：175.

[14] 马克思恩格斯全集：第 41 卷［M］．北京：人民出版社，1982：393-394，396.

[15] 马克思恩格斯全集：第 44 卷［M］．北京：人民出版社，1982：229.

[16] 马克思恩格斯全集：第 46 卷：上册［M］．北京：人民出版社，1979：472.

[17] 马克思，恩格斯．神圣家族，或对批判的批判所做的批判［M］．北京：人民出版社，1958：194-195.

[18] 恩格斯．德国的革命和反革命［M］．北京：人民出版社，1962：125.

[19] 列宁选集：第 2 卷［M］．北京：人民出版社，1995：358.

［20］列宁全集：第 6 卷［M］．北京：人民出版社，2013：343.

［21］列宁全集：第 24 卷［M］．北京：人民出版社，2017：150.

［22］列宁全集：第 25 卷［M］．北京：人民出版社，1988：72，73.

［23］列宁全集：第 31 卷［M］．北京：人民出版社，1985：145.

［24］中华人民共和国外交部，中共中央文献研究室．毛泽东外交文选［M］．北京：中央文献出版社，1994：132，142，156，208，228.

［25］中共中央文献研究室．毛泽东年谱：1949—1976：第 1 卷［M］．北京：中央文献出版社，2013：168，240，253，410.

［26］中共中央文献研究室．毛泽东年谱：1949—1976：第 2 卷［M］．北京：中央文献出版社，2013：54.

［27］中共中央文献研究室．毛泽东年谱：1949—1976：第 3 卷［M］．北京：中央文献出版社，2013：585.

［28］中共中央文献研究室．毛泽东文集：第 8 卷［M］．北京：人民出版社，1999：89.

［29］中共中央文献研究室．毛泽东著作专题摘编：下［M］．北京：中央文献出版社，2003：1145.

［30］中共中央文献研究室．毛泽东思想形成与发展大事记［M］．北京：中央文献出版社，2011：804.

［31］中共中央文献研究室．周恩来年谱：1949—1976：上卷［M］．北京：中央文献出版社，1997：10，70，233，334.

［32］中共中央文献研究室．周恩来年谱：1949—1976：中卷［M］．北京：中央文献出版社，1997：52，120，138，193，206，501，695.

［33］中共中央文献研究室．周恩来年谱：1949—1976：下卷［M］．北京：中央文献出版社，1997：48，163，378.

［34］中华人民共和国外交部，中共中央文献研究室．周恩来外交文选［M］．北京：中央文献出版社，1990：214，374.

［35］周恩来．政府工作报告［M］．北京：人民出版社，1975：12.

［36］《怀念周恩来》编辑组．怀念周恩来［M］．北京：人民出版社，1986：526.

［37］邓小平文选：第 2 卷［M］．北京：人民出版社，1994（2）：239-241，415.

［38］邓小平文选：第 3 卷［M］．北京：人民出版社，1993：277，330.

［39］江泽民文选：第 1 卷［M］．北京：人民出版社，2006：315，511-

512，529.

[40] 江泽民文选：第3卷［M］．北京：人民出版社，2006：316.

[41]《朱镕基上海讲话实录》编辑组．朱镕基上海讲话实录［M］．上海：上海人民出版社，2013：399.

[42] 胡锦涛文选：第2卷［M］．北京：人民出版社，2016：517.

[43] 胡锦涛文选：第3卷［M］．北京：人民出版社，2016：245.

[44] 习近平谈治国理政：第2卷［M］．北京：外文出版社，2017：444.

[45] 习近平谈治国理政：第3卷［M］．北京：外文出版社，2020：425.

[46] 习近平．之江新语［M］．杭州：浙江人民出版社，2007：20.

[47] 习近平．决胜全面建成小康社会 夺取新时代中国特色社会主义伟大胜利［M］．北京：人民出版社，2017：60.

[48] 习近平．携手抗疫 共克时艰：在二十国集团领导人特别峰会上的发言［M］．北京：人民出版社，2020：3.

[49] 习近平．干在实处 走在前列：推进浙江新发展的思考与实践［M］．北京：中共中央党校出版社，2006：310-311.

[50] 人民日报社理论部．深入学习习近平同志系列讲话精神［M］．北京：人民出版社，2013：189.

[51] 人民出版社．学习习近平总书记8·19重要讲话［M］．北京：人民出版社，2013：32-34.

[52] 人民日报社评论部．论学习贯彻习近平总书记新闻舆论工作座谈会重要讲话精神［M］．北京：人民出版社，2016：4.

[53] 中共中央党史和文化研究院．习近平关于总体国家安全观论述摘编［M］．北京：中央文献出版社，2018：107.

[54] 刘树发．陈毅年谱：上［M］．北京：人民出版社，1995：623.

[55] 中共中央文献编辑委员会．李先念文选［M］．北京：人民出版社，1989：425，427.

[56]《李先念传》编写组，鄂豫边区革命史编辑部．李先念年谱：1964—1969：第4卷［M］．北京：中央文献出版社，2011：585.

[57]《李先念传》编写组，鄂豫边区革命史编辑部．李先念年谱：1970—1978：第5卷［M］．北京：中央文献出版社，2011：491，494.

[58]《李先念传》编写组．建国以来李先念文稿：第2册［M］．北京：中央文献出版社，2011：255.

[59]《李先念传》编写组．建国以来李先念文稿：第3册［M］．北京：

中央文献出版社，2011：323.

[60] 钱其琛. 外交十记 [M]. 北京：世界知识出版社，2003：257.

[61] 乔冠华. 乔冠华团长在联合国大会第二十七届会议全体会议上的发言 [M]. 北京：人民出版社，1972：12.

[62]《方毅传》编写组. 回忆方毅 [M]. 北京：人民出版社，1999：4，5.

[63] 吴邦国. 吴邦国论人大工作：下 [M]. 北京：人民出版社，2017：702.

[64] 李连庆. 大外交家周恩来：第6卷 [M]. 北京：人民出版社，2016：335.

[65] 钟文，文夫. 邓小平外交风采实录 [M]. 北京：人民出版社，2004：411.

[66] 全国邓小平生平和思想研讨会组织委员会. 邓小平百周年纪念：全国邓小平生平和思想研讨会论文集：中 [M]. 北京：中央文献出版社，2005：748.

[67] 中央档案馆，中共中央文献研究室. 中共中央文件选集：1949年10月—1966年5月：第29册 [M]. 北京：人民出版社，2013：205.

[68] 中共中央文献研究室. 建国以来重要文献选编：第11册 [M]. 北京：中央文献出版社，1995：523.

[69] 中共中央文献研究室. 建国以来重要文献选编：第12册 [M]. 北京：中央文献出版社，1996：52.

[70] 中共中央文献研究室. 三中全会以来重要文献选编：下 [M]. 北京：人民出版社，1982：1128.

[71] 中共中央文献研究室. 十四大以来重要文献选编：中 [M]. 北京：人民出版社，1997：1744.

[72] 中共中央文献研究室. 十六大以来重要文献选编：下 [M]. 北京：中央文献出版社，2008：1144.

[73] 中共中央文献研究室. 中华人民共和国开国文选 [M]. 北京：中央文献出版社，1999：390.

[74] 北京大学马克思列宁主义研究所. 社会主义社会论纲 [M]. 北京：人民出版社，1986：298.

[75]《政治经济学讲话（社会主义部分）》编写组. 政治经济学讲话（社会主义部分）[M]. 北京：人民出版社，1976：227.

［76］黄黎. 党章的历程［M］. 北京：人民出版社，2013：157.

［77］中华人民共和国国务院新闻办公室. 中国的对外援助（2014）［M］. 北京：人民出版社，2014：5.

［78］中华人民共和国国务院新闻办公室. 中国的对外援助［M］. 北京：人民出版社，2011：9.

［79］辞海编辑委员会. 辞海：第2册［M］. 彩图本. 上海：上海辞书出版社，1999：1911.

［80］中国社会科学院语言研究所词典编辑室. 现代汉语词典［M］. 北京：商务印书馆，2016（7）：1613.

［81］中国社会科学院语言研究所词典编辑室. 现代汉语词典［M］. 修订本. 北京：商务印书馆，1996（3）：1551.

［82］周弘. 外援书札［M］. 北京：中国社会科学出版社，2015：自序1.

［83］周弘，张浚，张敏. 外援在中国［M］. 北京：社会科学文献出版社，2007：37-40.

［84］陈莹. 冷战后国际社会对东南亚的援助［M］. 北京：世界知识出版社，2017：56.

［85］陈金明. 新中国外援战略研究［M］. 北京：中国社会科学出版社，2009：36，37.

［86］丁韶彬. 大国对外援助：社会交换论的视角［M］. 北京：社会科学文献出版社，2010：13.

［87］《中国军事顾问团援越抗法实录》编辑组. 中国军事顾问团援越抗法实录（当事人的回忆）［M］. 北京：中共党史出版社，2002：190.

［88］蔡拓. 国际关系学［M］. 北京：高等教育出版社，2011：47.

［89］国家计委地区经济发展司，上海市发展计划委员会，人民日报社新闻信息中心. 二十一世纪可持续发展的中国：上海卷：一［M］. 北京：人民出版社，2001：44.

［90］邢悦. 国际关系学入门［M］. 北京：北京大学出版社，2011：81.

［91］梁云祥. 国际关系与国际法［M］. 北京：北京大学出版社，2012：52.

［92］陈志敏. 次国家政府与对外事务［M］. 北京：长征出版社，2001：5，9-21，24-32.

［93］田旭明. 当代中华民族凝聚力研究［M］. 北京：人民出版社，2016：216.

［94］杨凤春.图解中国政治［M］.北京：人民出版社，2014：246.

［95］王浦劬，等.中央与地方事权划分的国别研究及启示［M］.北京：人民出版社，2016：19-20.

［96］陈一然.亲历共和国60年：历史进程中的重大事件与决策［M］.北京：人民出版社，2009：241.

［97］裴坚章.中华人民共和国外交史：1949—1956［M］.北京：世界知识出版社，1994：7，79.

［98］王泰平.中华人民共和国外交史：1957—1969［M］.北京：世界知识出版社，1998：4.

［99］王泰平.中华人民共和国外交史：1970—1978［M］.北京：世界知识出版社，1999：2.

［100］《上海对外经济贸易志》编纂委员会.上海对外经济贸易志：上册［M］.上海：上海社会科学院出版社，2001：35，47.

［101］《上海对外经济贸易志》编纂委员会.上海对外经济贸易志：中册［M］.上海：上海社会科学院出版社，2001：1242，1245-1251，1254，1259，1264-1265，1274-1277，1286-1288.

［102］《上海对外经济贸易志》编纂委员会.上海对外经济贸易志：下册［M］.上海：上海社会科学院出版社，2001：2206，2208-2211.

［103］上海《中国对外经济贸易丛书》编纂委员会.上海对外经济贸易：1949—1990［M］.上海：上海科学技术文献出版社，1994：572.

［104］《上海人民政府志》编纂委员会.上海人民政府志［M］.上海：上海社会科学院出版社，2004：143，440.

［105］《上海轻工业志》编纂委员会.上海轻工业志［M］.上海：上海社会科学院出版社，1996：30，32，37-39，41，43，47-48.

［106］《上海二轻工业志》编纂委员会.上海二轻工业志［M］.上海：上海社会科学院出版社，1997：26.

［107］《上海建筑材料工业志》编纂委员会.上海建筑材料工业志［M］.上海：上海社会科学院出版社，1997：16.

［108］《上海烟草志》编纂委员会.上海烟草志［M］.上海：上海社会科学院出版社，1998：25.

［109］《上海橡胶工业志》编纂委员会.上海橡胶工业志［M］.上海：上海社会科学院出版社，2000：21，24.

［110］《上海汽车工业志》编纂委员会.上海汽车工业志［M］.上海：上

海社会科学院出版社，1999：15.

[111]《上海卫生志》编纂委员会.上海卫生志［M］.上海：上海社会科学院出版社，1998：43-44.

[112]《上海外事志》编辑室.上海外事志［M］.上海：上海社会科学院出版社，1999：406，425-438，881.

[113] 上海市宝山区地方编纂委员会.宝山县志［M］.上海：上海人民出版社，1992：34.

[114] 上海县县志编纂委员会.上海县志［M］.上海：上海人民出版社，1993：43，289.

[115] 上海市奉贤县县志修编委员会.奉贤县志［M］.上海：上海人民出版社，1987：40.

[116] 上海市嘉定县县志编纂委员会.嘉定县志［M］.上海：上海人民出版社，1992：28.

[117] 上海市南汇县县志编纂委员会.南汇县志［M］.上海：上海人民出版社，1992：3，28.

[118] 虹口区志编纂委员会.虹口区志［M］.上海：上海社会科学院出版社，1999：580.

[119] 长宁区志编纂委员会.长宁区志［M］.上海：上海社会科学院出版社，1999：575.

[120]《上海广播电视志》编辑委员会.上海广播电视志［M］.上海：上海社会科学院出版社，1999：38.

[121] 石林，等.当代中国的对外经济合作［M］.北京：中国社会科学出版社，1989：26，32-33，80-82，85，89，644，646，649，654，657.

[122] 上海市统计局.上海统计年鉴：1987［M］.上海：上海人民出版社，1987：426.

[123] 上海市统计局.上海统计年鉴：1989［M］.北京：中国统计出版社，1989：368.

[124] 上海市统计局.上海统计年鉴：1990［M］.北京：中国统计出版社，1990：323.

[125] 上海市统计局.上海统计年鉴：1991［M］.北京：中国统计出版社，1991：343.

[126] 上海市统计局.上海统计年鉴：1992［M］.北京：中国统计出版社，1992：364.

［127］上海市统计局．上海统计年鉴：1993［M］．北京：中国统计出版社，1993：309.

［128］上海市统计局．上海统计年鉴：1994［M］．北京：中国统计出版社，1994：103，104.

［129］庞松．中华人民共和国史：1949—1956［M］．北京：人民出版社，2010：67.

［130］明斯特，托夫特．国际关系精要［M］．潘忠岐，译．第7版．上海：上海人民出版社，2018（1）：2.

［131］约瑟夫·奈．软实力［M］．马娟娟，译．北京：中信出版社，2013（1）：12.

［132］布尔．无政府社会：世界政治秩序研究［M］．张小明，译．北京：世界知识出版社，2003（1）：204.

［133］贝里奇，詹姆斯．外交辞典［M］．高飞，译．北京：北京大学出版社，2008（1）：76，201.

［134］洛克．政府论：下篇［M］．瞿菊农，叶启芳，译．北京：商务印书馆，2009（1）：14.

［135］多斯桑托斯．帝国主义与依附［M］．毛金里，等译．北京：社会科学文献出版社，1999（2）：331.

二、期刊论文

［1］陈力．对推行援外优惠贷款方式有关问题的探讨［J］．国际经济合作，1998（5）：7.

［2］苏长和．非国家行为体与当代国际政治［J］．欧洲，1998（1）：4.

［3］刘小云．中国对外援助改革与调整二十年［J］．国际经济合作，1998（10）：30.

［4］程序．援外体育教练员成功执教的两大要素［J］．武汉体育学院学报，1998（4）：102-104.

［5］郑成平．加强援外财务管理 保证项目顺利实施［J］．国际经济合作，1999（12）：23.

［6］朴银实，魏晓明，陶谦．对派遣教师教育援外工作效果的影响因素分析［J］．中国高教研究，2000（8）：74-75.

［7］麦沛然．世纪之交的国际经济技术援助［J］．国际经济合作，2000（3）：44-48.

［8］虞慧炯. 光辉的一页：记上海抗美援朝志愿医疗队［J］. 上海档案，2001（1）：54.

［9］王逸舟. 国家利益再思考［J］. 中国社会科学，2002（2）：161.

［10］周弘. 对外援助与现代国际关系［J］. 欧洲，2002（3）：4-5.

［11］张艳. 从法国公共发展援助看我国优惠贷款的改进与完善［J］. 国际经济合作，2002（3）：40-41.

［12］刘丽云. 国际政治学理论视角下的对外援助［J］. 教学与研究，2005（10）：83-87.

［13］沈丹阳. 官方发展援助：作用、意义与目标［J］. 国际经济合作，2005（9）：31.

［14］丁韶彬. 官方发展援助的新趋势［J］. 现代国际关系，2006（5）：24-26.

［15］魏建国. 优化主体，健全管理 加强援外骨干队伍建设［J］. 国际经济合作，2007（2）：4-6.

［16］杨桂林，谢少波，王旭梅. 援外医疗面临的困惑和思考［J］. 医学与哲学（人文社会医学版），2008（5）：77.

［17］周弘. 中国对外援助与改革开放 30 年［J］. 世界经济与政治，2008（11）：33.

［18］张效民. 中国和平外交战略视野中的对外援助［J］. 国际论坛，2008（5）：38-39.

［19］伏霄汉. "对外经济技术援助的八项原则"决策的层次分析［J］. 历史教学（高校版），2008（2）：95-98.

［20］张海冰. 论中国援外不附加政治条件原则的理论基础及现实意义［J］. 当代亚太，2009（6）：94-102.

［21］邓红英. 国外对外援助理论研究述评［J］. 国外社会科学，2009（5）：82-89.

［22］李小云，武晋. 中国对非援助的实践经验与面临的挑战［J］. 中国农业大学学报（社会科学版），2009（4）：46-48.

［23］刘中民. 从单方援助到互利共赢：中国与发展中国家经济关系六十年［J］. 宁夏社会科学，2009（11）：49-52.

［24］李安山. 中国援外医疗队的历史、规模及其影响［J］. 外交评论（外交学院学报），2009（1）：26-45.

［25］王公龙. 权力转移及其对世界政治发展的影响［J］. 国际论坛，

2009（4）：2.

[26] 黄梅波，胡建梅. 中国对外援助管理体系的形成和发展 [J]. 国际经济合作，2009（5）：32-37.

[27] 牛长松. 中国与非洲教育合作的新范式 [J]. 比较教育研究，2010（4）：22-25.

[28] 苏长和. 中国地方政府与次区域合作：动力、行为及机制 [J]. 世界经济与政治，2010（5）：8.

[29] 杨洁勉. 中国世博外交：经验和创新 [J]. 国际展望，2010（6）：3.

[30] 熊厚. 中国对外多边援助的理念与实践 [J]. 外交评论，2010（5）：51-54.

[31] 黄梅波. 中国政府对外优惠贷款的发展历程与前景 [J]. 国际经济合作，2010（11）：47.

[32] 贺文萍. 中国援助非洲：发展特点、作用及面临的挑战 [J]. 西亚非洲，2010（7）：15-16.

[33] 何小欧，马晓宇，孙丽霞. 中兴通讯"走出去"与援外工作 [J]. 国际经济合作，2010（5）：41.

[34] 俞大伟，袁雷. 我国体育对外援助的历史回顾 [J]. 北京体育大学学报，2010（8）：39.

[35] 刘军，唐慧云. 试析中国对越南的经济与军事援助（1950—1978年）[J]. 东南亚纵横，2010（5）：13-18.

[36] 魏雪梅. 中国援助非洲与提升中国软实力 [J]. 国际关系学院学报，2011（1）：31.

[37] 殷晴飞. 1949—1965年中国对外人道主义援助分析 [J]. 当代中国史研究，2011（4）：92-94.

[38] 胡美. 中国援非五十年与国际援助理论创新 [J]. 社会主义研究，2011（1）：143-144.

[39] 张海冰. 发展引导型援助：中国对非洲援助模式探讨 [J]. 世界经济研究，2012（12）：78-83.

[40] 黄梅波，任培强. 中国对外援助：政策演变及未来趋势 [J]. 国际经济合作，2012（3）：81-82.

[41] 董娟. 多学科视角下央地关系研究述评 [J]. 北京行政学院学报，2013（1）：34.

［42］潘亚玲．中国特色对外援助理论建构初探［J］．当代亚太，2013
（5）：97-107.

［43］黄梅波，刘爱兰．中国对外援助中的经济动机和经济利益［J］．国
际经济合作，2013（4）：62.

［44］薛琳．周恩来对外援助思想研究：以新中国对亚非国家援助为中心的
考察［J］．党史研究与教学，2013（3）：69-70.

［45］蒋华杰．农技援非（1971—1983）：中国援非模式与成效的个案研究
［J］．外交评论，2013（1）：31-49.

［46］胡辉.20世纪六七十年代广东省对非洲国家的援助［J］．当代中国
史研究，2013（2）：96-102.

［47］许铭．对非医疗合作与援助：挑战及建议［J］．国际经济合作，
2013（11）：4.

［48］曹启娥．中国对外援助中的伦理思想研究：以对外经济援助为例
［J］．河南社会科学，2013（6）：47-48.

［49］孙同全．中国对外援助研究的现状及流派评析［J］．国际经济合作，
2014（10）：82.

［50］李因才．被"妖魔化"的中非关系：中国在非洲发展中的角色［J］．
当代世界社会主义问题，2014（4）：49.

［51］孙伟．新世纪中非经济合作的发展与变化［J］．国际经济合作，
2014（9）：38.

［52］徐步华．非国家行为体的影响及其限度［J］．理论月刊，2014（5）：
110-112.

［53］侯桂明．我国体育援外教练研究［J］．体育文化导刊，2014（11）：
16-17.

［54］余南平．一种新的国际援助混合模式？——以华刚公司在刚果金项目
为分析视角［J］．华东师范大学学报（哲学社会科学版），2015（1）：62.

［55］赵海波．我国团体操援外工作研究［J］．体育文化导刊，2015（4）：
30-31.

［56］刘方平．中国援外战略转变探析［J］．东北亚论坛，2016（3）：51-54.

［57］蒋华杰．国际冷战、革命外交与对外援助：中国对非援助政策形成的
再考察（1956—1965）［J］．外交评论，2016（5）：81-107.

［58］俞大伟．从无偿到合作：中国体育对外援助主导方式转变探究［J］．
天津体育学院学报，2016（2）：113.

[59] 俞大伟. 中国体育对外援助主体的发展策略研究 [J]. 体育文化导刊, 2016 (12): 8.

[60] 刘方平. 中国援外战略转变探析 [J]. 东北亚论坛, 2016 (3): 51-52.

[61] 张璋. 基于央地关系分析大国治理的制度逻辑 [J]. 中国人民大学学报, 2017 (4): 91.

[62] 刘民权, 张玲玉. 构建公平有效的国际发展援助及合作体系 [J]. 学习与探索, 2017 (12): 147.

[63] 曾润喜, 杨喜喜. 国外媒体涉华政策传播的话语框架与语义策略 [J]. 情报杂志, 2017 (6): 99.

[64] 李小云. 中国援非的历史经验与微观实践 [J]. 文化纵横, 2017 (2): 88-89.

[65] 张斌. 央地关系的演进脉络 [J]. 人民论坛, 2018 (33): 32.

[66] 朱旭峰, 吴冠生. 中国特色的央地关系: 演变与特点 [J]. 治理研究, 2018 (2): 50.

[67] 庄腾腾, 刘宝存. "一带一路" 倡议下我国教育援外基地建设: 进展、挑战与对策 [J]. 河北师范大学学报 (教育科学版), 2018 (4): 56-61.

[68] 杜英. 20 世纪70—80 年代安徽省对非洲经济援助的特点和成效[J]. 安徽史学, 2018 (5): 164-168.

[69] 杨枝煌, 杨南龙. 中国特色对外援助 70 年的基本图景及其优化建议 [J]. 国际贸易, 2019 (12): 73.

[70] 何霁赠, 李庆四. 新时代中国对外援助面临的挑战及改革路径 [J]. 中共中央党校 (国家行政学院) 学报, 2019 (3): 125.

[71] 张中祥. 中国对外援助为什么会遭到前所未有的质疑 [J]. 武汉大学学报 (哲学社会科学版), 2019 (3): 183.

[72] 李康. 新中国 70 年来经济发展模式的关键: 央地关系的演进与变革 [J]. 经济学家, 2019 (10): 19-22.

[73] 黄海涛. 中新合作中城市次国家行为体的地位与作用: 以中新广州 "知识城" 为例 [J]. 东南亚研究, 2020 (3): 116.

[74] 冯旺舟, 肖银洁. 超越修昔底德陷阱还是实现帕累托最优? ——论习近平的国家利益观及其现实启示 [J]. 湖北社会科学, 2020 (2): 27.

[75] 闫红果. 21 世纪以来中国对非洲的 "救灾援助"[J]. 印度洋经济体研究, 2020 (3): 136.

[76] 泽慧. 七十年前逆向而行的抗美援朝医疗队 [J]. 档案春秋, 2020

（4）：20.

三、报纸文献

[1] 战争与和平：答张家荫君 [N] . 人民日报，1950-09-18（3）.

四、档案文献

[1] 上海市档案馆. 上海市抗美援朝运动概况（1953）[A] . 上海：中国人民保卫世界和平委员会上海市分会，1953.

[2] 上海市档案馆. 上海市人民胜利完成捐献任务：献机四百九十八架超额近百分之五十抗美援朝分会发出通知结束捐献工作/《新闻日报》剪报[A] . 上海：中国人民保卫世界和平反对美国侵略委员会上海分会，1952.

[3] 上海市档案馆. 抗美援朝总会公布武器捐款情况：剪报[A] . 上海：中国人民保卫世界和平反对美国侵略委员会上海分会，1952.

[4] 上海市档案馆. 上海申新第一棉纺织厂解放二年来生产、抗美援朝、实施劳保停工学习总结报告[A] . 上海：上海申新纺织第一厂，1951.

[5] 上海市档案馆. 上海市人力三轮车出租商业同业公会自1950年12月起每月在车辆管理费内每辆捐献三百元支援抗美援朝志愿军：上海市工商业联合会发布各报的新闻稿[A] . 上海：上海申新纺织第一厂，1951.

[6] 上海市档案馆. 上海市工商业联合会筹备会关于捐助抗美援朝志愿部队羊毛衫1000件请照样赶制的函[A] . 上海：上海市工商业联合会筹备会，1950.

[7] 上海市档案馆. 申新纺织厂总管理处关于慰劳援朝志愿军和朝鲜人民军以及救济朝鲜难民慰问金捐款文件[A] . 上海：申新纺织厂总管理处，1981.

[8] 上海市档案馆. 永安纺织股份有限公司棉纺公会关于摊收工商联会费及抗美援朝救济朝鲜难民捐献函件收据[A] . 上海：永安纺织股份有限公司棉纺公会，1951.

[9] 上海市档案馆. 上海市橡胶工业同业公会会员厂慰劳中朝战士救济朝鲜难民捐款清册及庆祝"八一"建军节军民联欢大会照片两帧[A] . 上海：上海市橡胶工业同业公会会员厂，1950，1951.

[10] 上海市档案馆. 上海市人民政府卫生局关于上海市医务界抗美援朝组织医疗手术队总结报告[A] . 上海：上海市人民政府卫生局，1951.

[11] 上海市档案馆. 中共上海市委宣传部关于上海市抗美援朝运动的概况（草稿）[A] . 上海：中共上海市委宣传部，1951.

［12］上海市档案馆.中共上海市委宣传部关于各民主党派支持全国人民要求志愿方式抗美援朝保家卫国的宣言等的通知［A］.上海：中共上海市委宣传部，1950.

［13］上海市档案馆.关于颁发"关于组织小型成套设备出口的暂行办法"及下达1964年供应出口计划的通知［A］.北京：国家计划委员会，经济委员会，1963.

［14］上海市档案馆.上海市计划经济委员会援外办公室关于上海市援外工作情况报告［A］.上海：上海市经济计划委员会，1964.

［15］上海市档案馆.李强、李长春关于中国向朝鲜供应成套设备和提供技术援助的协定的议定书［A］.北京：李强（中华人民共和国政府全权代表），1961.

［16］上海市档案馆.上海市对朝鲜提供经济技术援助情况资料［A］.上海：中国成套设备出口公司上海分公司，1964.

［17］上海市档案馆.上海市经济计划委员会关于转发国务院下达援助朝鲜、阿尔巴尼亚轻工业项目筹建任务的通知［A］.上海：上海市经济计划委员会，1961.

［18］上海市档案馆.上海市援外筹建项目资料汇编（1955—1961年）［A］.上海：上海市经济计划委员会援外办公室，1962.

［19］上海市档案馆.上海市仪器仪表工业公司关于要求给援助朝鲜热工仪表厂项目配备后勤人员的报告［A］.上海：上海市仪器仪表工业公司，1963.

［20］上海市档案馆.上海市轻工业局关于援助朝鲜制瓶生产科技专家派遣及出国展览操作工人选派的函［A］.上海：上海市轻工业局，1962.

［21］上海市档案馆.国家计划委员会、国家经济委员会、第一机械工业部关于紧急生产援助朝鲜短波无线电发讯设备所需任务的联合通知［A］.北京：国家计划委员会，国家经济委员会，第一机械工业部，1961.

［22］上海市档案馆.国家计委、市经计委等关于安排援助阿尔巴尼亚、朝鲜、蒙古国的设备的通知函件［A］.北京：国家计划委员会，国家经济委员会，第一机械工业部，1961.

［23］上海市档案馆.上海市对越南提供经济技术援助情况资料［A］.上海：上海市计划经济委员会援外办公室，1964.

［24］上海市档案馆.化学工业部关于请上海市化学工业局协助解决我国援助越南建设橡胶厂事项的函［A］.北京：化学工业部，1958.

［25］上海市档案馆.化学工业部关于提前完成援助越南工作的谢函［A］.

北京：化学工业部，1958.

[26] 上海市档案馆. 第一机械工业部第七局关于请做好援助越南电线厂出国人员准备的通知[A]. 北京：第一机械工业部第七局，1961.

[27] 上海市档案馆. 对外贸易部、越南民主共和国商业部关于中华人民共和国给予越南民主共和国技术援助共同条件的议定书[A]. 北京：对外贸易部，越南民主共和国商业部，1957.

[28] 上海市档案馆. 中华人民共和国给予越南民主共和国的技术援助如果在合同内没有因为技术援助特殊性而另有规定时的处理办法：摘自《中华人民共和国给予越南民主共和国技术援助的共同条件》[A]. 上海：上海市橡胶工业公司人事科，1958.

[29] 上海市档案馆. 上海市仪表电讯工业局关于援助越南太钢一号高炉所需设备生产情况的报告[A]. 上海：上海市仪表电讯工业局，1963.

[30] 上海市档案馆. 第一机械工业部关于安排北京开关厂援助越南任务所需协作配件的函[A]. 北京：第一机械工业部，1961.

[31] 上海市档案馆. 中国针棉织品公司关于援助越南商品的通知[A]. 北京：中国针棉织品公司，1956.

[32] 上海市档案馆. 商业部石油局关于供应水电部援助越南越池电站油料的通知[A]. 北京：商业部石油局，1960.

[33] 上海市档案馆. 关于援助越南南方的十套手术器械和十套刀包方面的通知[A]. 上海：上海市经济计划委员会，1963.

[34] 上海市档案馆. 上海市经济计划委员会关于帮助解决援助越南陶瓷厂所补偿导线的通知[A]. 上海：上海市经济计划委员会，1961.

[35] 上海市档案馆. 上海市对印尼提供经济技术援助情况的参考资料[A]. 上海：上海市经济计划委员会援外办公室，1964.

[36] 上海市档案馆. 上海市对蒙古提供经济技术援助情况参考资料[A]. 上海：上海市经济计划委员会援外办公室，1964.

[37] 上海市档案馆. 上海市对缅甸提供经济技术援助情况的参考资料[A]. 上海：上海市经济计划委员会援外办公室，1964.

[38] 上海市档案馆. 上海市对也门提供经济技术援助情况参考资料[A]. 上海：上海市经济计划委员会援外办公室，1964.

[39] 上海市档案馆. 上海市对马里提供经济技术援助情况参考资料[A]. 上海：上海市经济计划委员会援外办公室，1964.

[40] 上海市档案馆. 上海市对几内亚提供经济技术援助参考资料[A]. 上

海：上海市经济计划委员会援外办公室，1964.

　　［41］上海市档案馆.上海市对加纳提供经济技术援助情况参考资料［A］.上海：上海市经济计划委员会援外办公室，1964.

　　［42］上海市档案馆.上海市对阿尔巴尼亚提供经济技术援助情况资料［A］.上海：中国成套设备出口公司上海分公司，1964.

　　［43］上海市档案馆.上海市对古巴提供经济技术援助情况参考资料［A］.上海：中国成套设备出口公司上海分公司，1964.

　　［44］上海市档案馆.关于请检查援助蒙古人民共和国国庆工程设备交货情况的通知［A］.北京：国家计划委员会，经济委员会，第一机械工业部，1961.

　　［45］上海市档案馆.关于援助古巴甘油提纯厂问题的通知［A］.北京：对外经济联络部、轻工业部，1963.

　　［46］上海市档案馆.关于抽调援助也门修复公路第一批出国人员的报告［A］.上海：上海市经济计划委员会援外办公室，1964.

　　［47］上海市档案馆.建筑工程部关于选派援助越南、柬埔寨、巴基斯坦建设人员的函［A］.北京：中华人民共和国建筑工程部，1958.

　　［48］上海市档案馆.化学工业部关于请挑选援助加纳塑料加工厂人员的函［A］.北京：化学工业部，1959.

　　［49］上海市档案馆.纺织工业部关于布置1959年援助柬埔寨一国一万锭棉纺织漂染全套设备的通知［A］.北京：纺织工业部，1958.

　　［50］上海市档案馆.上海市经济计划委员会关于安排生产援助内蒙古所需设备的通知［A］.上海：上海市经济计划委员会，1961.

　　［51］上海市档案馆.第三机械工业部第十局关于补充安排援助内蒙古国庆工程任务的报告［A］.北京：第三机械工业部第十局，1961.

　　［52］上海市档案馆.商业部、化工部、外贸部、卫生部等关于供应老挝公路工程建工部援外药品、医疗器械及办理支援阿尔及利亚药品的通知与组织供应援助尼泊尔公路市场物资计划［A］.北京：中华人民共和国商业部，1962.

　　［53］上海市档案馆.中华全国供销合作总社关于供应外贸援助老挝炊具的通知［A］.北京：中华全国供销合作总社，1963.

　　［54］上海市档案馆.中国人民保卫世界和平委员会办公室关于援助桑给巴尔设拉子党自行车问题的函［A］.北京：中国人民保卫世界和平委员会办公室，1963.

　　［55］上海市档案馆.教育部关于请协助具体办理有关援助马里、几内亚一批化学玻璃仪器的通知［A］.北京：教育部，1964.

［56］上海市档案馆．教育部关于援助马里一批教学仪器的通知［A］．北京：教育部，1964.

［57］上海市档案馆．商业部援外办公室关于纺织工业部援助古巴纺织厂灯具的函［A］．北京：商业部援外办公室，1964.

［58］上海市档案馆．中国医药公司上海采购供应站关于要求安排援助老挝所需阿诺式消毒器生产的函［A］．上海：中国医药公司上海采购供应站，1965.

［59］上海市档案馆．中国红十字会总会、国际联络部、红十字会上海市分会关于援助印度尼西亚救济大米、摄影等事宜的函［A］．上海：上海市红十字会，1959.

［60］上海市档案馆．上海市轻工业局关于援助古巴救灾肉类罐头生产安排情况的汇报［A］．上海：上海市轻工业局，1963.

［61］上海市档案馆．中纺部转发对外经济技术援助试行条例的通知［A］．北京：中华人民共和国纺织工业部，1963.

［62］上海市档案馆．中华人民共和国技术专业代表团关于援助朝鲜轮胎厂和橡胶制品厂的会谈总结［A］．北京：中华人民共和国技术专业代表团，1965.

［63］上海市档案馆．中国政府对外提供经济技术援助的八项原则［A］．北京：化学工业部办公厅，1964.

［64］上海市档案馆．援助出口附表：上海市对外贸易局1964年对资出口横排表［A］．上海：上海市对外贸易局，1965.

［65］上海市档案馆．上海市冶金工业局关于下达援助越南100毫米无缝钢管车间筹建任务的通知［A］．上海：上海市冶金工业局，1965.

［66］上海市档案馆．文化部关于请上海规划设计院承担援助越南电影录音洗印技术厂的水、电等工艺设计问题的函［A］．北京：文化部，1966.

［67］上海市档案馆．中央林业部等关于援助柬埔寨柬中友谊纺织厂问题的文件［A］．北京：国务院，1965.

［68］上海市档案馆．关于委托上海市承担援助加纳建设绳索厂筹建任务的通知［A］．北京：国务院，1965.

［69］上海市档案馆．第四机械工业部关于下达援助锡兰6412工程生产的通知［A］．北京：第四机械工业部，1965.

［70］上海市档案馆．第四机械工业部关于下达援助几内亚修建"十月二日大会堂"工程（6524工程）生产任务的通知［A］．北京：第四机械工业部，1965.

［71］上海市档案馆．纺织工业部关于安排援助阿富汗丝光机和烘燥机的通

知[A] . 北京：纺织工业部，1967.

　　[72] 上海市档案馆 . 上海市农垦局关于援助阿富汗种禽场项目设备制造问题的情况汇报[A] . 上海：上海市农垦局，1967.

　　[73] 上海市档案馆 . 上海市教育局革委会委托上海市教学仪器供应社代理援助也门中技校设备任务的函[A] . 上海：上海市教育局革委会，1968.

　　[74] 上海市档案馆 . 商业部关于援助桑给巴尔民兵服装的通知[A] . 北京：商业部，1965.

　　[75] 上海市档案馆 . 卫生部办公厅、中国医药公司关于要求办理援助阿尔及利亚医疗队和援助桑给巴尔医疗队1965年需要的药品和医疗器械的联合通知[A] . 北京：卫生部办公厅，中国医药公司，1965.

　　[76] 上海市档案馆 . 中国建筑工程公司关于1965年援助蒙古、几内亚、缅甸、索马里、加纳五个国家职工所需医疗器械的计划[A] . 北京：中国建筑工程公司，1964.

　　[77] 上海市档案馆 . 中国建筑工程公司关于1965年援助蒙古、几内亚、缅甸、索马里、加纳五个国家职工所需药品的计划[A] . 北京：中国建筑工程公司，1964.

　　[78] 上海市档案馆 . 商业部援外办公室关于煤炭部援助坦桑尼亚需用物资问题的函[A] . 北京：商业部援外办公室，1965.

　　[79] 上海市档案馆 . 对外文化联络委员会办公厅关于报送援助阿尔及利亚一百五十万份教育用品筹备会议纪要的函[A] . 北京：对外文化联络委员会办公厅，1965.

　　[80] 上海市档案馆 . 中国医药公司上海采购供应站关于援助阿尔及利亚和桑给巴尔医疗队所需药品和医疗器械已办理完毕的情况汇报[A] . 上海：中国医药公司上海采购供应站，1965.

　　[81] 上海市档案馆 . 商业部援外办公室关于要求组织供应援助朝鲜物资的函[A] . 北京：商业部援外办公室，1965.

　　[82] 上海市档案馆 . 对外贸易部、第一轻工业部、商业部关于援助越南自行车、缝纫机等物资的联合通知[A] . 北京：对外贸易部，第一轻工业部，商业部，1965.

　　[83] 上海市档案馆 . 商业部、纺织工业部、对外贸易部关于我国援助越南混纺毛毯等物资的联合通知[A] . 北京：商业部、纺织工业部、对外贸易部，1965.

　　[84] 上海市档案馆 . 中国对外公路工程公司关于要求解决援助越南所需测

量用品的函[A].北京：中国对外公路工程公司，1965.

[85] 上海市档案馆.中国医药公司关于迅速办理援助越南药品的通知[A].北京：中国医药公司，1965.

[86] 上海市档案馆.中国医药公司上海化学试剂采购供应站关于请协助安排援助越南麦芽糖生产的函[A].上海：中国医药公司上海化学试剂采购供应站，1967.

[87] 上海市档案馆.对外贸易部、中国人民解放军商业部军事代表业务办公室关于1970年对越南无偿援助汽油二万吨的通知[A].北京：对外贸易部，中国人民解放军商业部军事代表业务办公室，1967.

[88] 上海市档案馆.中国医药公司关于要求迅速办理援助肯尼亚药品和医疗器械的通知[A].北京：中国医药公司，1965.

[89] 上海市档案馆.中国医药公司上海采购供应站关于组织供应对外经济联络委员会援助肯尼亚药品和医疗器械的汇报[A].上海：中国医药公司上海采购供应站，1965.

[90] 上海市档案馆.商业部援外办公室关于供应农业部援助古巴农场一批体育服务器和实验室仪器设备的通知[A].北京：商业部援外办公室，1965.

[91] 上海市档案馆.中国医药公司、中国化工进出口公司关于要求办理援助索马里药品的联合通知[A].北京：中国医药公司，中国化工进出口公司，1965.

[92] 上海市档案馆.中国医药公司上海采购供应站关于援助索马里药品已办理托运的情况汇报[A].上海：中国医药公司上海采购供应站，1965.

[93] 上海市档案馆.上海市手工业管理局关于援助索马里大鼓、谱架灯、沙发、安排生产的函[A].上海：上海市手工业管理局，1968.

[94] 上海市档案馆.中国医药公司关于迅速办理援助尼泊尔红十字会药品的通知[A].北京：中国医药公司，1965.

[95] 上海市档案馆.中国医药公司上海采购供应站关于供应华侨事务委员会援助印尼共和大学一批齿科医疗器械情况的函[A].上海：中国医药公司上海采购供应站，1965.

[96] 上海市档案馆.关于援助也门8s350柴油机碰损处理问题的通知[A].北京：第六机械工业部，1966.

[97] 上海市档案馆.关于援助马里影院家具生产的通知[A].上海：上海市经济计划委员会，1966.

[98] 上海市档案馆.关于安排援助几内亚大会堂需用特殊钢门等加工件问

题的通知［A］．上海：上海市经济计划委员会，1966.

　　［99］上海市档案馆．关于无偿援助越南蔬菜种子的通知［A］．北京：对外贸易部，农业部，商业部，等，1967.

　　［100］上海市档案馆．中国人民解放军化学工业部军事管制委员会生产组后勤办公室、中国化工进出口总公司关于下达1969年援助越南、阿尔巴尼亚、古巴、朝鲜药品的联合通知［A］．北京：中国人民解放军化学工业部军事管制委员会生产组，1969.

　　［101］上海市档案馆．上海市对外经济联络小组关于请交付援助巴基斯坦、尼泊尔等国公路桥梁用钢材的函［A］．上海：上海市对外经济联络小组，1969.

　　［102］上海市档案馆．中国人民解放军商业部军事代表业务办公室关于援助佐法尔"人民阵线"价值人民币五万元的棉布要求从援外指标内组织供应的函［A］．北京：中国人民解放军商业部军事代表业务办公室，1970.

　　［103］上海市档案馆．中国医药公司关于要求办理援助阿尔及利亚药品的通知［A］．北京：中国医药公司，1965.

　　［104］上海市档案馆．中国红十字会总会关于请上海市红十字会协助办理援助索马里罐头托运的函［A］．北京：中国红十字会总会，1968.

　　［105］上海市档案馆．中国红十字会革命委员会关于要求协助调拨援助东巴基斯坦救灾物资的函［A］．北京：中国红十字会革命委员会，1970.

　　［106］上海市档案馆．上海市水产局革命委员会关于援助罗马尼亚冻鱼的情况报告［A］．上海：上海市水产局革命委员会，1970.

　　［107］上海市档案馆．关于抽调援助也门修复公路第三批出国人员的报告［A］．上海：上海市经济计划委员会，1965.

　　［108］上海市档案馆．教育部关于发运援助马里、几内亚教学仪器的通知［A］．北京：教育部，1965.

　　［109］上海市档案馆．关于确定援助加纳纺织针织项目的水厂施工安装方面若干具体分工问题的通知［A］．上海：上海市经济计划委员会，1965.

　　［110］上海市档案馆．上海金属软管厂关于报送援助朝鲜翻译资料的函［A］．上海：上海市金属软管厂，1966.

　　［111］上海市档案馆．上海市第二商业局革命委员会、上海市农业局革命委员会关于下达援助越南蔬菜种子保送计划的通知［A］．上海：上海市第二商业局革命委员会、上海市农业局革命委员会，1971.

　　［112］上海市档案馆．上海市医药工业公司革命委员会关于援助阿尔巴尼亚输液车间筹建和设计问题的复函［A］．上海：上海市医药工业公司革命委员

会，1972.

[113] 上海市档案馆．［上海市革命委员会工业交通组］全国计划会议文件：一九七六年对外援助成套项目计划（草案）［A］．上海：上海市革命委员会工业交通组，1975.

[114] 上海市档案馆．上海市轻工业局1975年对外援助项目计划［A］．上海：上海市轻工业局，1975.

[115] 上海市档案馆．上海市外经局上海市对外援助成套项目计划［A］．上海：上海市计划委员会，1983.

[116] 上海市档案馆．上海市革命委员会工业交通组关于安排援助桑给巴尔黏土砖瓦厂土建任务的通知［A］．上海：上海市革命委员会工业交通组，1971.

[117] 上海市档案馆．上海市革命委员会工业交通组关于下达援助桑给巴尔铸铁车间土建施工任务的通知［A］．上海：上海市革命委员会工业交通组，1971.

[118] 上海市档案馆．上海市革命委员会工业交通组关于承担援助阿尔及利亚小型医疗器械厂筹建任务的复函［A］．上海：上海市革命委员会工业交通组，1973.

[119] 上海市档案馆．上海市革命委员会工业交通组关于承担援助达荷美体育场设计任务的复函［A］．上海：上海市革命委员会工业交通组，1973.

[120] 上海市档案馆．关于承担援科威特体育中心设计任务的函［A］．北京：对外经济联络部，1978.

[121] 上海市档案馆．关于承担援马达加斯加制药厂设计和筹建任务的函［A］．北京：对外经济联络部，1978.

[122] 上海市档案馆．关于承担援塞舌尔高级中学的筹建任务的函［A］．北京：对外经济联络部，1978.

[123] 上海市档案馆．关于承担援罗马尼亚项目承建和筹建任务的函［A］．北京：对外经济联络部，1978.

[124] 上海市档案馆．关于同意由上海市承担援卢旺达面粉厂筹建、设计任务的函［A］．上海：上海市对外经济联络局，1978.

[125] 上海市档案馆．关于承担援赞比亚党部大楼舞台协作任务的函［A］．北京：对外经济联络部，1978.

[126] 上海市档案馆．关于承担援尼泊尔造纸厂的筹建和设计任务事的函［A］．北京：对外经济联络部，1978.

［127］上海市档案馆.上海市医药工业公司革命委员会关于请下达任务给玻璃机械厂承担援助越南玻璃厂加工订制钢门窗1400平方米的函［A］.上海：上海市医药工业公司革命委员会，1971.

［128］上海市档案馆.上海市革命委员会工业交通组关于安排援助阿尔巴尼亚冶金联合企业试验项目急需设备、仪表生产任务的通知［A］.上海：上海市革命委员会工业交通组，1972.

［129］上海市档案馆.上海市革命委员会工业交通组关于安排援助罗马尼亚单晶硅厂试验项目所需设备、仪器生产任务的通知［A］.上海：上海市革命委员会工业交通组，1972.

［130］上海市档案馆.上海市对外经济联络小组关于商请承担援助苏丹友谊厅所需洗碗机生产任务的函［A］.上海：上海市对外经济联络小组，1972.

［131］上海市档案馆.上海市革命委员会工业交通组关于请承担援助苏丹友谊厅工程所需餐具生产任务的通知［A］.上海：上海市革命委员会工业交通组，1972.

［132］上海市档案馆.上海市对外经济联络小组关于援助斯里兰卡大厦自动液压升降台生产技术会议纪要［A］.上海：上海市对外经济联络小组，1975.

［133］上海市档案馆.上海市革命委员会工业交通组关于援助扎伊尔人民宫餐具生产的通知［A］.上海：上海市革命委员会工业交通组，1977.

［134］上海市档案馆.上海市革命委员会工业交通组关于安排援助朝鲜地铁电动客车配套用轴流风扇生产任务的通知［A］.上海：上海市革命委员会工业交通组，1977.

［135］上海市档案馆.关于承担援孟加拉氮肥厂协作任务事的函［A］.北京：对外经济联络部，1978.

［136］上海市档案馆.上海市农业局革命委员会、上海市第二商业局革命委员会关于下达援助越南蔬菜种子保种计划的通知［A］.上海：上海市农业局革命委员会，上海市第二商业局革命委员会，1971.

［137］上海市档案馆.中国对外公路工程公司革命委员会关于供应援助老挝公路用油毡的函［A］.北京：中国对外公路工程公司革命委员会，1971.

［138］上海市档案馆.轻工业部援外组关于落实援助朝鲜像章、绣像问题的函［A］.北京：轻工业部援外组，1971.

［139］上海市档案馆.上海市对外贸易局革命委员会、上海市物资局革命委员会关于援助越南华兰缺少原材料黄血盐钾的报告［A］.上海：上海市对外贸易局革命委员会，上海市物资局革命委员会，1972.

［140］上海市档案馆.商业部、中国人民解放军卫生部军事管制委员会关于供应援助刚果医疗器械、药品等物资的通知［A］.北京：商业部，中国人民解放军卫生部军事管制委员会，1972.

［141］上海市档案馆.对外贸易部、商业部关于1972年无偿援助越南石油产品的通知［A］.北京：对外贸易部，商业部，1972.

［142］上海市档案馆.燃料化学工业部、商业部、对外贸易部关于1973年援助越南南方药品、农药供货计划的通知［A］.北京：燃料化学工业部，商业部，对外贸易部，1973.

［143］上海市档案馆.商业部、对外贸易部关于1973年援助法塔赫面粉问题的通知［A］.北京：商业部，对外贸易部，1973.

［144］上海市档案馆.上海市革命委员会财贸组、上海市革命委员会工业交通组关于下达1974年援助越南和供应阿尔巴尼亚、朝鲜药品任务的通知［A］.上海：上海市革命委员会财贸组，上海市革命委员会工业交通组，1974.

［145］上海市档案馆.国营上海鱼品加工厂革命委员会关于告援助越南鱼松听加工、鱼罐头听印铁涂料计划的函［A］.上海：国营上海鱼品加工厂革命委员会，1973.

［146］上海市档案馆.商业部关于援助莫三鼻给解放军阵线粮食问题的通知［A］.北京：商业部，1974.

［147］上海市档案馆.农林部关于商请承担援助柬埔寨扩种棉花的项目的函［A］.北京：农林部，1975.

［148］上海市档案馆.商业部关于紧急援助柬埔寨油料的通知［A］.北京：商业部，1975.

［149］上海市档案馆.上海市物资局革命委员会关于援助巴基斯坦废钢提运的通知［A］.上海：上海市物资局革命委员会，1975.

［150］上海市档案馆.商业部日用工业品局关于援助越南筹建棉纺织印染厂急需印花底布的涤棉衬布的函［A］.北京：商业部日用工业品局，1975.

［151］上海市档案馆.商业部关于援助兄弟党物资问题的通知［A］.北京：商业部，1975.

［152］上海市档案馆.商业部关于援助圣多美和普林西比解放运动小麦三百吨的补充通知［A］.北京：商业部，1975.

［153］上海市档案馆.卫生部外事局关于请协助协助解决援助塞舌尔床单、枕套所需货源的函［A］.北京：卫生部外事局，1977.

［154］上海市档案馆.上海市革命委员会工业交通组、上海市革命委员会

科学技术组关于下达援助越南军事装备物资生产任务的通知[A].上海：上海市革命委员会工业交通组、上海市革命委员会科学技术组，1971.

[155] 上海市档案馆.上海市革命委员会工业交通组关于安排援助越南科研项目的通知[A].上海：上海市革命委员会工业交通组，1971.

[156] 上海市档案馆.中国轻工业品进出口总公司革命委员会关于援助越南塑料衣钩的函[A].北京：中国轻工业品进出口总公司革命委员会，1972.

[157] 上海市档案馆.上海市对外贸易局革命委员会关于援助越南救灾工作的情况汇报（一）[A].上海：上海市对外贸易局革命委员会，1971.

[158] 上海市档案馆.上海市对外贸易局革命委员会关于援助越南救灾工作的情况汇报（二）[A].上海：上海市对外贸易局革命委员会，1971.

[159] 上海市档案馆.上海市对外贸易局革命委员会关于援助越南救灾工作的情况汇报（三）[A].上海：上海市对外贸易局革命委员会，1971.

[160] 上海市档案馆.上海市对外贸易局革命委员会关于援助越南救灾工作的请示报告[A].上海：上海市对外贸易局革命委员会，1971.

[161] 上海市档案馆.商业部关于供应援助巴勒斯坦红新月会物资的通知[A].北京：商业部，1972.

[162] 上海市档案馆.上海市革命委员会工业交通组、上海市革命委员会财贸组关于下达多边援助米糠油厂筹建任务的通知[A].上海：上海市革命委员会工业交通组，上海市革命委员会财贸组，1976.

[163] 上海市档案馆.中央广播事业局关于借调电视天线技术员参加援助阿尔巴尼亚电视台检修问题的函[A].北京：中央广播事业局，1976.

[164] 上海市档案馆.关于承担北也门萨那棉纺织印染厂技术合作任务的函[A].北京：对外经济联络部，1978.

[165] 上海市档案馆.关于承担坦桑友谊纺织厂锅炉设备检修事的函[A].北京：对外经济联络部，1978.

[166] 上海市档案馆.上海市革命委员会关于上海市1975年对外援助成套项目的计划[A].上海：上海市革命委员会，1975.

[167] 上海市档案馆.上海市外经部、外经局关于停建援助越南、阿尔巴尼亚、柬埔寨、老挝等国的项目工作通知[A].北京：中华人民共和国对外经济联络部，1979.

[168] 上海市档案馆.上海市第一商业局革命委员会关于完成1971年援助越南药品、医疗器材任务的情况汇报[A].上海：上海市第一商业局革命委员会，1971.

[169] 上海市档案馆. 援助越南医疗器械厂工程技术组工作总结[A]. 北京：援助越南医疗器械厂工程技术组，1977.

[170] 上海市档案馆. 中国医药公司上海采购供应站革命委员会关于紧急援助巴勒斯坦任务完成的情况报告[A]. 上海：中国医药公司上海采购供应站革命委员会，1970.

[171] 上海市档案馆. 积极做好外经工作更好地为四化服务（外经工作情况第十五期）[A]. 上海：上海市对外经济联络局，1980.

[172] 上海市档案馆. 关于 1980 年工作总结和 1981 年工作计划[A]. 上海：上海市对外经济联络局，1981.

[173] 上海市档案馆. 上海市 1980 年对外援助成套项目计划[A]. 上海：上海市人民政府，1980.

[174] 上海市档案馆. 上海市 1981 年对外援助成套项目计划[A]. 上海：上海市计划委员会，1981.

[175] 上海市档案馆. 关于报送《上海市 1979 年对外援助成套项目计划》的通知[A]. 上海：上海市对外经济联络局，1979.

[176] 上海市档案馆. 上海市 1983 年对外援助成套项目建设计划[A]. 上海：上海市计划委员会，1983.

[177] 上海市档案馆. 关于同意承担与罗马尼亚生产技术合作项目的函[A]. 上海：上海市对外经济联络局，1979.

[178] 上海市档案馆. 关于下达援利比里亚木器家具厂筹建和设计任务的通知[A]. 上海：上海市对外经济联络局，1979.

[179] 上海市档案馆. 关于承担北也门公路局机修厂技术合作任务的通知[A]. 上海：上海市对外经济联络局，1979.

[180] 上海市档案馆. 关于同意承担对叙利亚渔业考察任务的复函[A]. 上海：上海市对外经济联络局，1979.

[181] 上海市档案馆. 关于同意承办向南斯拉夫提供成套项目的函[A]. 上海：上海市对外经济联络局，1979.

[182] 上海市档案馆. 关于同意承担派遣缝纫专家科技合作项目的复函[A]. 上海：上海市对外经济联络局，1979.

[183] 上海市档案馆. 关于请选派蘑菇种植技术人员赴苏里南进行考察的函[A]. 北京：中华人民共和国农业部，1980.

[184] 上海市档案馆. 关于请承担斯里兰卡淡水鱼养殖试验站技术指导任务的函[A]. 北京：对外经济联络部，1981.

[185] 上海市档案馆.关于同意承担以联合国名义援泰碾米厂考察任务的复函[A].上海：上海市对外经济联络局，1979.

[186] 上海市档案馆.1983年对如何开创新局面的设想[A].上海：上海市对外经济联络局涉外处，1983.

[187] 上海市档案馆.化学工业部、机械工业部、对外经济贸易部关于要求安排援助孟加拉国化肥厂扒料机按时交货问题的函[A].北京：中华人民共和国化学工业部，中华人民共和国机械工业部，中华人民共和国对外经济贸易部，1984.

[188] 上海市档案馆.中华全国总工会关于要求给加纳工会代表团援助二千五百件汗衫的函[A].北京：中华全国总工会，1980.

[189] 上海市档案馆.商业部特需局关于援助冈比亚体育场窗帘用料2384米的函[A].北京：商业部特需局，1980.

[190] 上海市档案馆.商业部外事局关于请供应莫桑比克解放阵线党一批援助物资的函[A].北京：商业部外事局，1982.

[191] 上海市档案馆.中华全国总工会关于援助马里、扎伊尔、莫桑比克工会物资的函[A].上海：中华全国总工会，1982.

[192] 上海市档案馆.中国红十字会总会、上海市红十字会关于援助佛得角粮食事宜的情况汇报、函[A].北京：中国红十字会总会，1979.

[193] 上海市档案馆.中国红十字会总会、上海市红十字会关于援助泰国罐头、药品器械等物资的清单、函[A].北京：中国红十字会总会，1979.

[194] 上海市档案馆.中国红十字会总会关于委托上海市红十字会办理援助在巴基斯坦境内阿富汗难民药械的通知、函[A].北京：中国红十字会总会，1982.

[195] 上海市档案馆.中国红十字会总会关于援助巴勒斯坦红新月会药品和器械的函[A].北京：中国红十字会总会，1982.

[196] 上海市档案馆.中国红十字会总会、上海市红十字会关于援助几内比绍大米、津巴布韦和北也门药品的通知、函[A].北京：中国红十字会总会，1982.

[197] 上海市档案馆.中国红十字会总会关于援助黎巴嫩二十吨药械的函[A].北京：中国红十字会总会［1982—1983］.

[198] 上海市档案馆.上海市政府批转上海市对外经济联络局关于外经工作情况的报告[A].上海：上海市人民政府，1980.

[199] 上海市档案馆.关于上海市1980年对外援助成套项目计划执行情况

的报告[A].上海:上海市对外经济联络局,1980.

[200] 上海市档案馆.罗马尼亚单晶硅实习生工作情况(外经工作情况第二十五期)[A].上海:上海市对外经济联络局办公室,1979.

[201] 上海市档案馆.上海市外经局对外援助成套项目计划执行情况报告[A].上海:上海市对外经济联络局,1982.

[202] 上海市档案馆.关于扩大对外经济技术合作任务归口管理的请示[A].上海:上海市对外经济联络局,1979.

[203] 上海市档案馆.援坦桑尼亚打井技术合作任务胜利完成:外经工作情况第二十四期[A].上海:上海市对外经济联络局办公室,1979.

[204] 上海市档案馆.关于全国外经工作会议主要情况和贯彻意见的报告[A].上海:上海市对外经济联络局,1980.

[205] 上海市档案馆.冶金工业部关于选拔援助越南太原钢铁厂生产专家的函[A].上海:冶金工业部,1960.

[206] 上海市档案馆.中国橡胶工业公司上海分公司援助朝鲜橡胶制品厂筹建工作1964年度总结[A].上海:中国橡胶工业公司上海分公司,1965.

[207] 上海市档案馆.上海市化学工业局关于规定对朝鲜技术援助项目任务的报告[A].上海:上海市化学工业局,1960.

[208] 上海市档案馆.上海市纺织工业局援外工作办公室关于一支高举毛泽东思想伟大红旗的援外工作队的材料:记援助加纳棉纺织厂专家组政治思想工作[A].上海:上海市纺织工业局援外工作办公室,1966.

[209] 上海市档案馆.轻工业部关于援助蒙古造纸厂工作的几点经验材料[A].北京:轻工业部,1959.

[210] 上海市档案馆.关于进一步改进援外医疗队工作的几点意见[A].北京:卫生部,对外经济联络部,外交部,1979.

[211] 上海市档案馆.中国橡胶工业公司上海分公司援外一组关于援助朝鲜橡胶制品厂筹建工作的汇报[A].上海:中国橡胶工业公司上海分公司援外一组,1965.

[212] 上海市档案馆.关于对外经济技术援助工作的发言稿[A].北京:方毅(对外经济联络委员会),1965.

[213] 上海市档案馆.上海汽车厂关于援助朝鲜、越南、阿尔巴尼亚车辆、维修配件、随车工具包装质量二吨转子发动机车集中利用使用、在产品质量上存在问题、展览品费用事宜[A].北京:第一机械工业部,1973.

[214] 上海市档案馆.国家科学技术委员会关于请研究承担朝鲜向我国申

请援助项目的函［A］．北京：国家科学技术委员会，1959.

［215］上海市档案馆．上海市科学技术委员会关于无法承担朝鲜向我国申请援助项目的复函［A］．上海：上海市科学技术委员会，1959.

［216］上海市档案馆．上海市农业局革命委员会关于无法承担援助朝鲜蔬菜项目的复函［A］．上海：上海市农业局革命委员会，1976.

［217］上海市档案馆．第二轻工业部对外联络司关于请另行选派援助古巴木制玩具专家的函［A］．北京：第二轻工业部对外联络司，1966.

［218］上海市档案馆．上海市总工会组织部关于答复应聘出国的经济、技术援助专家和技术人员凡是工会会员的保留会籍、停交会费的通知［A］．上海：上海市总工会组织部，1964.

［219］上海市档案馆．对外经济联络部1972年援助阿尔巴尼亚工作意见［A］．北京：对外经济联络部，1972.

［220］上海市档案馆．上海市经济计划委员会援外办公室国家计委方主任在上海市援外工作党员干部会上的报告［A］．上海：上海市经济计划委员会援外办公室，1962.

［221］上海市档案馆．关于上海市1979年对外援助成套项目上半年执行情况报告［A］．上海：上海市对外经济联络局，1979.

［222］上海市档案馆．农业部关于援助古巴工作的专家卫妙根评奖事迹材料的函［A］．北京：农业部对外联络局，1965.

五、电子文献

［1］商务部条约法律司．商务部令2014年第5号《对外援助管理办法（试行）》［A/OL］．（2015-10-30）［2019-12-31］．http：//yws.mofcom.gov.cn/article/jyjl/201510/20151001151563.shtml.

六、学位论文

［1］张郁慧．中国对外援助研究［D］．北京：中央党校，2006：12.

七、未正式出版的内部资料

［1］上海市统计局，《上海统计》杂志社．上海市对外经济统计年鉴：1949—1988［Z］．上海：内部资料，1989：208-209.

［2］上海市人民政府外事办公室《上海外事志》编辑室．上海外事四十年：1949—1989［Z］．上海：内部资料，1990：85.

八、外文文献

［1］ ROSENAU J N. Distant Proximities, Dynamics beyond Globalization ［M］. Princeton: Princeton University Press, 2003: 78.

［2］ DUCHACEK I D. Perforated Sovereign Ties: Towards a Typology of New Actors in International Relations ［M］//HANS J. MICHELMANN, PANAYOTIS SOLDATOS. Federalism and International Relations: The Role of Subnational Units. Oxford: Oxford University Press, 2001: 32.

［3］ HOCKING B. Localizing Foreign Policy: Noncentral Governments and Multilayered Diplomacy. London: The Mac Millan Press Limited, 1993: 34-35.

［4］ FRIEDMAN M. Foreign Economic Aid: Means and Objectives ［J］. 1958, 47 （4）: 500-516.

［5］ MORGENTHAU H. A Policy Theory of Foreign Aid ［J］. The American Policy Science Review, 1962, 56 （2）: 8-27, 301-309.

［6］ BALDWIN D A. Analytical Notes on Foreign Aid and Politics ［J］. Background, 1966, 10 （1）: 66-90.

［7］ HUNTINGTON S P. Foreign Aid for What and for Whom ［J］. Foreign Policy, 1970 （1）: 161-186.

［8］ WALTZ K. Theory of International Politics ［M］. New York: Random House, 1979: 200.

［9］ WHITE J. The Politics of Foreign Aid ［M］. New York: St. Martins Press, 1974: 31.

［10］ HILL H. Comment on "China's Foreign Aid at a Transitional Stage" ［J］. ASIAN ECONOMIC POLICY REVIEW, 2014, 9 （2）: 320.

［11］ KITANO N, HARADA Y. Estimating China's Foreign Aid 2001 - 2013 ［J］. Journal of International Development, 2016, 28 （7）: 1050-1074.

［12］ STEFFE, NRIMNER. China's Foreign Aid and Investment Diplomacy ［J］. NEW GLOBAL STUDIES, 2017, 11 （2）: 161.

［13］ MELVIN G. COMMUNIST CHINA'S FOREIGN AID PROGRAM ［J］. Current History, 1965, 49 （289）: 150.

［14］ COPPER J F. China's Foreign Aid in 1978, Maryland Series in Contemporary Asian Studies, 1978, 1979: 45.

［15］ ROTBERG R I. Chapter 9: China's Foreign Aid in Africa ［J］. China into

Africa, 2009: 198-200.

[16] CHUKAENUKA, IFEOMA O C. China's Foreign Aid to Africa: Socio-Economic Impact of the Tazara Aid Project on Tanzania [J] . The Social Sciences, 2013, 8 (1): 41.

[17] AXELDREHER, FUCHS A, HODLER R. Aid on Demand: African Leaders and the Geography of China's Foreign Assistance [J] . CESifo Working Papers, 2015: 1-45.

[18] EADIE G A, GRIZZELL D M. China's Foreign Aid, 1975—78 [J] . The China Quarterly, 1979 (77): 217-234.

[19] FURUOKA F. Determinants of China's and Japan's Foreign Aid Allocations in Africa [J] . African Development Review, 2017, 29 (3): 385-386.

[20] COPPER J F. China's Foreign Aid and Investment Diplomacy in Southeast Asia [J] . China's Foreign Aid and Investment Diplomacy, 2016, 2: 40.

[21] KITANO N. China's Foreign Aid: Entering a New Stage [J] . Asia-Pacific Review, 2018, 25 (1): 107.

[22] KITANO N. China's Foreign Aid at a Transitional Stage [J] . Asian Economic Policy Review, 2014, 9 (2): 307.

致　谢

我自幼长在农村，父母的憨厚、朴实滋育了我"为人实在"的性格，这种性格使我选择了一条"人间正道"。我始终坚信，无论从事什么职业，身在何种岗位，只要心怀感恩、心有阳光，踏实干、努力干，总有实现人生价值的那一刻。在"人间正道"上行走，即便是普普通通，人也心安。

我是在工作了5年之后去攻读博士学位的，由于家境贫寒，为了生存，硕士毕业后我不得不先参加工作，但我始终无法忘记，学术研究一直是我追寻的"人间正道"。在求学途中，有幸结识了自己的导师，在学术研究、学术态度、学术修行以及做人做事等方面，导师给予我很多的指导和帮助。为了确保这篇学位论文尽可能地完善，我的导师付出了大量心血，从推敲标题，到斧正结构，再到规范表述，以及向我提供文献资料，耗费了导师很多的时间和精力。由于我自身的学术领悟能力一般，导师就论文提出的一些宝贵意见和建议，有些我吸收了，有些虽吸收了但不一定到位，导师不断跟进向我讲授，从而确保最大限度地修改、完善好这篇文章。同时，在读书期间，我也有机会认识了多位校内外的博导和老师，有幸聆听到各位老师精彩的授课和学术报告，开阔了自己的学术视野，受到了很大的启发。

求学的道路上充满了艰辛。从某种程度上而言，学术之路也是一条"清苦"之路，在这条道路上行走，有时不得不选择"妥协"。为了集中精力开展论文写作，我曾在相当长的一段时间里过着"公交站—档案馆—公交车—图书馆—宿舍—食堂"这种点线生活，远离亲友，偶尔想起来才打一个电话，匆忙聊几句又投入资料整理和论文写作中，现在想来，十分愧疚……

与大多数同龄人一样，在"过三奔四"的年纪，我已处在"上有老、下有小"的人生阶段。面对多种压力，也许我无法摆脱"中年油腻男"的烦恼，但如果让我重新做一次选择，我还是会选择攻读博士学位，努力追寻自己的学术梦想，并尝试在学术研究的道路上走得稳健、走得长远。

最后，感谢我的博导朱新光老师，感谢华东师范大学的刘军老师，感谢华东政法大学的陈金钊老师、刘风景老师，感谢上海交通大学的张远新老师，感谢上海师范大学的蒋传光老师、张正光老师、张志丹老师、耿步健老师、周书俊老师、石书臣老师、李亮老师、宋佩玉老师、黄福寿老师、赵银亮老师，感谢我的师兄杨成龙、周泽龙、徐鸿飞，感谢我的博士班同学许勇、祝业亮、傅昕源、张朋林、王瑞、庞思娇、王凯、钱晋、潘喜莲、李朋来、张金福、张光紫、薛朋、史红光，感谢浙江生态文明干部学院的各位领导和同事，感谢我的父母和岳父岳母，本书的出版离不开各位的关心和支持。